放大之旅

——教育帮扶二十年

Fangda Zhilü:
Jiaoyu Bangfu 20nian

刘彭芝◎著

人民出版社

序　言

刘彭芝

这是一本讲述我和中国人民大学附属中学以及创新人才教育研究会教育帮扶历程的书，我把它定名为《放大之旅》。

一个人从小我走向大我的过程，是放大之旅。

一所学校履行社会责任的过程，是放大之旅。

一个学术社团履行社会责任的过程，是放大之旅。

孟子说："此天之所与我者，先立乎其大者，则其小者弗能夺也。"

做人，要立其大，做大写的人；办学校，要立其大，办大写的学校；办社团，要立其大，办大写的社团。

二十多年来，我和我的同事，把个人命运、单位命运融入祖国的教育事业，不仅将人大附中由一所北京市的普通重点中学办成国内领先、世界一流的名校，而且走出校门，到北京郊区，到中西部欠发达地区帮扶薄弱学校；不仅让创新人才教育研究会在学术上有所建树，而且在更大的平台上动员和组织优质资源开展教育帮扶。我们念兹在兹，朝斯夕斯，兢兢业业，孜孜矻矻，就是努力做大写的人，努力办大写的学校和学术社团。

我们在放大之旅中，直道而行，进德修业。

万物尽秋色，一室难为春。一个国家的教育事业，当然需要一批顶尖学校的示范和引领，但更需要所有的学校都在大队伍里。教育领域，应该只有更好，没有不好。

全面小康，难在全面，贵在全面；教育均衡，难在均衡，贵在均衡。大家好才是真的好。教育要高质量可持续发展，必须均衡。

教育均衡，需要大声呼吁，讲透道理；更需要事理融通，知行合一。

推进教育均衡，政策倾斜很重要，薄弱学校奋发图强很重要，优质学校和社会力量的牵手帮扶也很重要。

人大附中和创新人才教育研究会在完善自我的同时，一直在尽心尽力帮扶薄弱学校，能帮几所就帮几所，能走多远就走多远。

我们的想法很简单，点一盏灯，为乾坤增色。

我们的愿景也很简单，如果每所优质学校和每个相关学术社团都去点灯，教育的上空一定会满天星斗。

放大之旅就是点灯之旅。灯点燃了，人与人，校与校，共同提升，共同光辉。

当然，放大之旅也是艰辛之旅。本书中的每一个故事，背后都有汗水和泪水，但所有的艰辛都是我们自找的，我们是志愿者。

有一种崇高叫自讨苦吃。我们虽然还没达到崇高，但我们始终追求崇高。在追求崇高的放大之旅上，我们艰辛，我们欢喜。

视频集锦

目 录
CONTENTS

第一章
走上帮扶之路

　　一所示范校的意义，不仅在于自身发展得多好，还在于发挥了多大的示范和辐射作用。变"独善其身"为"兼济天下"，帮助更多的薄弱校和教育欠发达地区提升办学水平，才是更高境界地履行社会责任。基于这样的认识和思考，我们走上了教育帮扶之路。

一、北京人在新密

2002 年，人大附中走上教育帮扶之路。

2014 年 10 月，人大附中被国务院扶贫办授予"全国社会扶贫先进集体"称号，是全国基础教育领域唯一一所获此荣誉的中学。

进入新时代，教育公平前所未有地受到举国上下的高度关注和重视。党的十九大报告提出，要"推进教育公平"，"努力让每个孩子都能享有公平而有质量的教育"。

有人问我眼光怎么那样超前，早

图 1-1　人大附中被授予"全国社会扶贫先进集体"称号

在 20 年前就带领人大附中开始了促进教育均衡的实践探索。

其实，一开始走上这条路，是被找上门的。

急 新密教育之所急

2002 年，北京市评出 14 所首批示范高中校，人大附中总分名列第一。报道出来后，一些教育同行和有关领导先后前来参观学习，其中就有河南省新密市新上任的林市长。

新密市是一个县级市，位于黄河之滨、嵩山脚下，隶属省会郑州市。在国务院大力实施促进中部地区崛起的战略下，新密的经济发展迎来了新的机遇。但令林市长忧心的是，新密的教育在郑州郊县是最薄弱的，尤其高中教育比较稀缺。当看到人大附中办得这么好，他就动了合作的念头。

2002 年 8 月，林市长专程来到人大附中，恳请我们到河南办学，把人大附中"搬"到新密去！

那时，我的想法是先练好内功，没有想过去外地办学。但我还是为此召开了校务会，经过讨论，大家一致认为不可行。于是，我们婉言谢绝了林市长。

没想到，林市长很执着："你们不同意，我就在人大附中校园里站着，一直站到你们同意为止！"后来，他真的跑到人大附中站了两天。

到了第三天，我让校办老师去看看林市长走了没有，老师回来说，还在。我坐不住了，再次召开校务会商议。我说："总不能让林市长这样一直站下去吧？人家既然这么看得起咱们，咱们也没什么了不起的呀。他们有这样的诉求，决心又这么大，要不咱们就试试？"

这一次，大家也都心软了。

2003 年 1 月，我们与新密市政府正式签署协议，合作创办"人大附中郑州分校"。

3 月，我和王珉珠书记来到新密参加奠基仪式，为这所新校挖开了第一锹土，并在新密招聘了 18 位骨干教师。

4 月，我们接收首批 18 名郑州分校的教师来人大附中培训，并参加海淀区教工委、教委举办的"刘彭芝教育思想研讨会"。学校为他们精心设计了培训课程，安排各学科的骨干教师一对一地带他们。升旗仪式上，我将他们请上台，一一介绍给全校师生。参加此次培训的陈灿玲老师记忆犹新：

> 第一次参加人大附中的升旗仪式，我们被邀请到主席台上。我站在最边上，刘校长一把拉住我，笑着说："请这个小个子的老师给大家讲几句吧。"我的心怦怦直跳，走到主席台中间，说："在这里，我感到创新的气息扑面而来，自上而下对学生的尊重感我心怀；参观校史馆荣誉室时我眼花缭乱，学校里各种现代化设施令我大开眼界……我将在这个美丽的学校汲取营养……"没想到，初次相见，刘校长竟给了我一个有 4000 多人鼓掌的大台子。

令我们始料不及的是，没多久，新密市领导班子变动，林市长调离新密，政策不能连续，资金不能到位，学校工程建设中途停止，招生招教工作受到影响……郑

图 1-2　首届 18 名新密教师赴人大附中培训

州分校在筹建之初就举步维艰。

在这种情况下，我们提出了中止合作。

2004 年 6 月，新密市新任市长率队来到人大附中，恳请我们将郑州分校办下去。经积极协商，我们决定与新密市新一届政府牵手合作。

2004 年 9 月，人大附中郑州分校正式开学。人大附中先后派出白宝燕、赵晓阳、朱家华、王玉珍、王忠真、乐进军等六位专家和骨干教师到郑州分校工作。朱家华被聘为新密市市长助理，乐进军被聘为新密市教体局副局长，以带动当地教育质量整体提升。

外派团队走进郑州分校时，学校还未筑起围墙。偌大的校园里，几栋楼房孤零零地矗立在大片尚未平整的庄稼地里，荒草中甚至还隐藏着几个坟头。学生课外活动就在这野地上开展。食堂设施不全，老师学生只能吃一些容易加工的食品。澡堂没完全建起来，有些男孩就用凉水洗头、洗澡。停电、停水、停气是常有的事。由于建设资金不能及时到位，在建工程开开停停，待建工程迟迟不能开工……

面对这些教育教学之外的麻烦事，外派团队没有怨言。我和他们一次次地奔走协调、积极争取，努力使学校正常运转起来。

在新密办学打开了我们的视野，使我们不仅看到了中西部地区对优质教育的迫切需求，也对优质学校的社会责任有了更多更深的思考。后来，在中英名校论坛上，我在"把握时代脉搏，履行社会责任"的发言中，进一步阐述了我的思考：

> 我们正在努力构建社会主义和谐社会。社会主义和谐社会的核心是以人为本，基石是公平正义。实现社会公平，首先要实现教育公平，因为教育公平是"起点公平"。随着中国经济的发展和生活水平的提高，人民群众对教育公平的渴望比以往任何时候都强烈，对教育公平的诉求，正在由公平享受教育向公平享受优质教育过渡。满足人民群众对公平享受优质教育的诉求，是中国中学肩负的义不容辞的社会责任。
>
> 一所优质校的社会责任是双重的，它既要履行所有学校都要履行的共同的社会责任——为国家培养合格的接班人，为社会输送优秀人才，还要尽最大的努力，充分发挥优质学校的示范和辐射作用，帮助更多的薄弱校和教育欠发达地区提升办学水平，这才是更高境界地履行社会责任。

走出去，请进来，动起来

"把人大附中搬到新密去"，最重要的是把人大附中的办学理念带过去。我们帮扶教育薄弱地区，最根本的工作，就是要为当地培养一批有先进理念和教学方法的优秀教育工作者。

作为郊县中学，郑州分校的教师大多不曾走出过河南。为了提升他们的育人理念，人大附中外派团队在学校开展"教师成长与学校发展"系列讲座，内容包含教育观、教学观、师生观、师德建设、教师专业发展等主题，这些讲座结合人大附中的具体案例，每周一讲。

"从这些培训里，我明白了教师不仅要做人梯，还要注重自身专业发展，为自己的人生搭建云梯。我了解到人大附中博士毕业的老师也要从初中教起，六年大循环教学，只有全面把握各年级学生特点，才能做到胸有丘壑，培养可持续发展的学生。后来我做了校长，也在我们学校实行三年循环教学……"一位郑州分校老师深有感触地说。

我们尤为重视学校领头人的培训。郑州分校的工作刚步入正轨，我们就邀请范同钦校长赴京观摩学习20天，深度了解人大附中工作的方方面面。我和王珉珠书记多次跟他沟通交流，并安排好日程，学校所有教育教学活动全面向他开放。范校长回去后，专门开会向全校教师介绍了此行的收获和体会。

"北京人在新密"、"新密人在北京"，成了合作交流的常态。几年中，我们先后邀请新密市主管教育的副市长、教体局领导、郑州分校的干部、教师，以及新密市各个乡镇重点中小学的领导、骨干教师共36批、400余人次来京开阔视野、进修学习。

他们走进了人大附中的常态课堂。郑州分校的刘慧琴老师在《我的四次幸福之旅》中写道：

> 2006年，我以一名语文教师的身份去人大附中取经学习。人大附中的课堂有太多东西吸引着我，每节课都让我有所思、有所获。这里的课堂是宽松的，这里的知识是生成的，这里的学生是幸福的。且不说名家课堂之出神入化，就是年轻老师的课堂也让人耳目一新。随手推门走进一节语文课，年轻老师还未开讲，学生请求就最近发生的一个热点新闻进行辩论。闪着火花的思想、犀利且不失理性的语言，让辩论高潮迭起，使我很难相信眼前的这些是中学生。站在讲台前的教师只是微笑着、聆听着，既没有打断学生的辩论，也没有在辩论结束时发表什么"官方"观点。细细品味这看似不作为背后，是对学生认知需求的尊重。学生是学习的主人，自主、合作、探究在这里蔚然成风。我从中领悟到："所谓教学，就是教学生如何学。"
>
> 从教15年，自以为教学有方，实质上还是以自我为中心，变相地灌输知识。在一节节听课中，我原来的认知被颠覆，对素质教育、新课标有了深层理解。返回新密，重上讲台，一切仿佛在突然间焕发生机。感谢人大附中，给了我教育生涯的第二个春天。

2005年7月，人大附中召开暑期培训大会，我们特意给新密68个名额。除了郑州分校的干部、教师代表外，新密市教体局领导、新密市部分学校校长也应邀参会。

参加此次培训的王鹏程老师在《走进北京》中写道：

我一度认为人大附中的教师是神，是遥不可及的。但听了老师们的发言，我才知道：他们付出了多少汗水、泪水、心血！人大附中的每一个教师、员工都在本职工作上追求完美，就连后勤部门都不例外。后勤主任田和平说：下雪就是扫雪的命令；木工师傅滕建国说：只要老师需要，我就尽快做到；食堂职工杨锦芳说：食堂就是我的家；厨师魏二明说：只要用心，行行出状元。

我在心里对自己说：树立榜样，永远努力，追求卓越。

他们还受邀参加了中英名校论坛等国际高端会议。郑州分校的陈灿玲老师感言：

2005 年 12 月，在人大附中的邀请下，我生平第一次走进人民大会堂，参加中英名校论坛，和培养出十几位首相的英国伊顿公学校长零距离接触。世界名校长们的精彩演讲令我大开眼界。

人大附中先后派出骨干教师、教研组长、外籍教师等共 15 批、200 余人次赴新密讲学、指导。在郑州分校，经常可以看到人大附中教师的身影：语文特级教师沈献章、于树泉来传经送宝，历史特级教师李晓风来指导高三毕业生作最后冲刺，心理教师陈华、万秋实来给班主任作心理辅导培训……每年暑假和一些节日、周六周日，我和王珉珠书记都会带着人大附中的领导班子去新密，给当地政府、教委领导建言献策，给郑州分校的教师、学生、家长做培训。

走出去、请进来的同时，在郑州分校内部，几位外派干部也带着教师们动起来，扎扎实实地做好课堂教学和专业化成长：提出"两心"、"三性"、"四种精神"（即爱心、责任心，积极性、主动性、创造性，奉献精神、拼搏精神、团队精神、

图 1-3 人大附中历史特级教师李晓风赴郑州分校讲学、指导

图1-4 刘彭芝校长、王珉珠书记、李峪副校长在郑州分校听取工作汇报

科学精神），改进提升教师们的工作作风；开展新老教师结对子活动，建立听课、评课、公开课、研究课制度，设立教研组、备课组，强化教师们互助互学；成立教科室，创办《教科研园地》杂志，引导教师们写论文、做课题……

他们走进课堂。一年下来，把绝大部分教师的课都听过了。乐进军是主抓教学的副校长，只要有空就去听课，写了厚厚的几本听课笔记。听完之后，和教师们评课的时间往往比上课还要长。除了按照好课的要求和标准分析得失，他强调最多的是"教是为了学"，帮助教师转变理念。对于一些"潜力股"老师，他会经常去听，以追踪他们的发展进步。对于一些有特色的好课，他会鼓励教师形成论文，刊登在《教科研园地》上。他还经常叫上同组老师一起听课、研讨，尽可能改变单打独斗、各自为战的状况。

外派团队非常重视集体教研。他们提出要求，教学处在排课时，安排出各个教研组、备课组集中教研的时间。开始，他们去旁听，常常会扑空——教师们还不太习惯这样的团队合作，组长也不知道该怎么做。于是，他们就手把手地教，如何集体备课、集中教研；给组长们出谋划策，精心设计活动内容，让组里的每个人都承担一定的任务，贡献各自的经验和智慧。慢慢地，活动开展起来了，团队的气氛也有了。在全校大会上，一些突出的教研组、备课组会受到表彰。

为了给郑州分校培养自己的干部，增强"造血"功能，2005年暑假，我和周建华副校长等人到了新密，对郑州分校的师资队伍进行考评，在竞聘、民主评议的基础上公开选拔了六位中层干部。郑州分校的刘军荣老师说：

> 人大附中的领导做事公平公正，他们按人品和能力选人、用人。2005年暑假，刘彭芝校长带队来到郑州分校，通过自我推荐述职、民主测评、个人业绩展示等环节进行干部选拔。这种选人制度当时在新密尚属首例，大家既充满了好奇、怀疑，又满怀期待。我个人也是在这次选拔中有机会做了教务处副主任。这次选拔大胆起用新人，让一批思想觉悟高、真正有能力、愿意干的年轻人有了广阔的施展平台和空间。

此次新密之行，我们还从郑州分校、新密一高、二高、实验高中等学校选拔了部分高一优秀学生到人大附中"留学"。一年后，周聪同学说："在人大附中的这一年，丰富多彩的校园生活开阔了我的视野，扩大了我的知识面，使我可以用更正确的视角去看待自己的过去、现在和未来。"作为"小使者"，他们也会将一种独特的精神文化带回郑州分校，带回到同学们之间。

渐渐地，这所新学校有了新风貌、新气象。教师们感叹："与人大附中合作，像是打开了一扇窗，吹进一缕春风，让我们认识到什么是真正的教育。"

立 德树人是根本

什么是真正的教育？

教育的本真是育人，育人的本真是立德树人。

多年来，人大附中一直致力于培养品德高尚、全面发展的学生。走进新密，我们发现：为了帮助更多农家娃考上大学、改变命运，当地的教育把关注点更多地放在升学率上。学生每天要在教室里待十几个小时，师生靠拼体力苦教、苦学。从备课到讲课，从编班到辅导，从考试到总结，几乎都是围绕高考、中考进行。与升学无关的工作不受重视，大多数领导和教师存在"学习还顾不上呢，哪有时间搞活动"的观念。

面对不同理念的冲突，我们的外派团队旗帜鲜明地提出德育是"根"的教育，要把德育放在学校一切工作的首位，这是战略问题、原则问题、方向问题。他们把人大附中关于"德育工作的五个坚持"的思想带到了郑州分校——始终坚持把德育放在学校一切工作的首位；始终坚持把师德建设作为德育的基础；始终坚持把德育贯穿到学校生活的各个方面；始终坚持德育的时代性和针对性；始终坚持把道德教育和法治教育结合起来。

作为主抓德育的副校长，王忠真起草了《人大附中郑州分校德育实施纲要》，内容包括德育工作的思路、规章制度、评估激励机制、校歌校训、师风校风、家庭教育、心理健康、专题教育等，并提出建设爱国主义教育基地、军训教育基地、劳动教育基地、德育活动教育基地等。这份操作性很强的文件，后来由新密市教体局在全市中小学推广。

立德树人，首先要立师德。郑州分校开展"师德教育系列活动"，通过组织"用爱和责任，把讲台人生谱写得更精彩"的演讲比赛、"什么是一堂好课"的大讨论、评选校园十大师德标兵等，规范执教行为，弘扬师德正气。

在《德育纲要》的引领下，郑州分校在学生教育上提出"铁的纪律、爱的教育"，以及"自我约束、自我教育、自我服务、自我管理"的"四自精神"；

每月开展一个德育专题活动，每周重点培养一个习惯，引导学生提高认识，规范行为；

积极推进校园文化建设，路边的标语牌，"每面墙壁都会说话"的精心布置，无声地宣讲礼貌和文明；

成立家长学校，建立"三位一体"的德育教育网络；

创作校歌，创办《心育》校报，外派团队将他们每个人的联系方式都写在小报上，学生们可以直接找他们交流谈心；

……

学校是传承知识的场所，也是涵养精神气质的圣地。在外派团队的精心设计下，郑州分校开展了很多大型德育活动，带给学生有温度的教育。

2005 年清明节，学校组织全校 1200 名师生徒步 20 余公里去新密市烈士陵园扫墓，缅怀先烈事迹，学习先烈精神。这既是对全校师生进行的一次爱国主义教育，也是一次磨炼意志、培养吃苦精神的远足活动，参与人数之多、影响之大，在新密市尚属首次。2006 年清明节，郑州分校全校师生又一次来到这里。学校后勤人员特意提前将烈士墓碑修整一新。王玉珍校长、朱家华教授培土、浇水，在烈士陵园种下一棵棵青松。学生们向革命先烈献花圈，许下继承先烈遗志、完成未竟事业的铮铮誓言。

2006年4月，与新密市第二高级中学联合举办"弘扬炎黄精神，传承中华美德"大型社会实践活动，带领学生在黄帝宫前祭祀先祖，感受中华文明的源远流长；

开展"让雷锋精神永驻我心"系列活动，医院、社区、车站、敬老院留下年轻学子热情奉献的身影，学生们来到福利学校与残障学生联欢，走进村镇慰问荣誉军人、鳏寡老人、革命老干部；

设立"诚信考场"，在无人监考的情况下，考场秩序井然，培养学生诚实守信的品格；

……

郑州分校还在全校开展读书活动，引导学生读红色经典，读中外名著，从书中获取精神的滋养。不少班级都建立了读书角，很多老师、学生都把自己的图书拿出来共享。郑州分校的王鹏程老师在《一个女孩的故事》中写道：

我班有个女生曾是个成绩优秀的学生。可是有一段时间成绩出现下滑。她变得郁郁寡欢，一个人独来独往。我很担心她，几次找她谈话，可她什么也不说。期末考试，她的成绩更糟了。

寒假的一天，她妈妈打来电话："我女儿不想上学了。"她说假期里孩子情绪低落，提出要退学，问她原因，却什么也不肯说。

我给那个女生打电话，劝她说："下学期你先返校，不交学费。如果感觉不好，再退学也不迟。"开学后，我在班上见到了她。她依然神情落寞。我想跟她谈谈，可她回避着我。

3月中旬，班上的学生偶然得知有一本讲述人大附中故事的书《人生为一大事来》，就找老师借来读。那位女生也来跟我借书，我笑着给了她。没想到，一个星期后，她来还书，眉眼间都是笑意。随后，班上先后有几十名学生阅读了这本书。他们激动地写下了一篇篇读后感。一天，那位女生又来找我，希望在班上分享大家的读后感。我欣然同意了。

随后，她和其他同学一起积极发动和组织了八（一）班的读书报告会，并在会上激情洋溢地诵读了自己的读后感。她说："当看到刘校长和人大附中人那些感人的故事时，我有一种莫名的冲动，我要像她那样为自己选定一件人生大事。"

之后，在校领导的鼓励下，她又参加了学校的读书报告会。

报告会之后，这位女生就像变了一个人，有了笑脸，有了热情，有了朋友，成绩不断提高，在班里已名列前茅。

"这里不仅是我长智健体的理想之地，更是我修身立德的场所。"一位学生在日记中写道。由于德育工作突出，新密市首届高中德育工作研讨会、新密市首届政教主任及优秀班主任研讨会在人大附中郑州分校召开。学校先后被授予"新密市德育工作先进单位"、"郑州市文明单位"、"郑州市文明学校"等称号。

课 改为师生终身学习奠基

2005年暑假，我和周建华副校长用人大附中高一年级的英语期末考试试卷，对郑州分校高一优秀学生进行测试，结果只有3人及格，最高分也只有62分。郑州分校的学生大多来自农村，受各方面条件限制，英语学科比较薄弱。我们决定在全校开展"双语教与学"活动，以英语为突破口，促进学校办学水平全面提升。为此，我们还派去人大附中外籍教师凯乐。

那是一个和煦的冬日，一次特殊的全校英语大课在操场上举行。凯乐老师时而指着自制的钟表卡片，耐心地讲解英语的表达、发音技巧；时而举起一幅美丽的挂图，介绍国外的风土人情。他还深情地讲起远在故乡的父母、亲人……妙趣横生的课堂上，学生们感受到了英语的魅力！

凯乐老师特意为希望个别交流的学生留出时间。瞬时，讲台前排起了长队……

在新密讲学的一周，凯乐老师把时间排得满满的。他深入一个个班级听课，精心指导老师教学，热情回答学生的提问；他走进备课组参加研讨，认真探讨教学方法，耐心解答教学难题。课余时间，还到篮球场和学生们一起打球，他快速运球、飞身上篮的漂亮动作，赢得阵阵喝彩。

凯乐老师要走了，学校领导拿出3000元钱给他，作为一周讲课的酬劳。他拒绝了："我是来帮忙的，在这里的每一天我都很快乐。"许多师生自发来到校门口，依依不舍地与凯乐老师挥手告别。

郑州分校决定成立凯乐教育基金会，将凯乐老师回赠给分校的3000元作为第一笔资金，用以资助优秀贫困生。听说这件事后，我委托周建华副校长代表人大附中捐资 10000 元。新密市副市长、政协副主席各捐资 1000 元。郑州分校的老师、家长也纷纷加入捐资助学的行列。

学校成立了英语角，创办了英语节。在英语节上，学生们表演英文版的独幕话剧，唱起动听的英文歌曲，还有一些学生用英语自编、自导、自演小品……

英语教师被派到北京、上海、南京等地学习培训。校内专门辟出 300 平方米建设了"英语城"，让师生们在洋溢着异域风情的纯英语环境下"教"与"学"。

郑州分校英语教研组组长刘军荣老师回忆：

> 以英语学科为切入口，将弱势学科培养成优势学科，是人大附中专家们具有前瞻性的又一有力见证。
>
> 当了解到县城学生的英语比较差，王玉珍校长说："不要急功近利仅仅靠刷题来学习英语，要创造浓厚的学习氛围，激发学生的学习兴趣，从根本上去解决问题。"
>
> 为此，她想了很多办法，搞了很多活动。2007 年 9 月，当得知上海有一个高规格的双语教学活动论坛，她当即派我和另一位老师赴上海学习。回来后，我们把从会上了解到的全国各地双语教学情况作了汇报。王校长和领导班子反复斟酌，决定充分利用青年教师的口语优势，在初中部学科内进行双语教学尝试，为学生创造学习英语的氛围，增加听英语、用英语的机会，为学生的长远发展奠基。
>
> 时间已经证明，16 年前人大附中专家们的做法，恰恰对应了今天国家提出的加强"英语学科核心素养"的要求。郑州分校的学生进入大学后的学业发展及走上社会后的职业发展，都在告诉我们：领导们当时的决策是何等高明，眼光是何等高远！

郑州分校的英语学科成绩提高很快，初、高中六个年级的英语成绩在新密市名列前茅。英语教研组多次被授予全市"优秀教研组"称号，被邀请在全市分享教学经验。

课程改革是个系统工程。在抓好国家课程校本化实施的同时，几位外派干部着手建设校本课程。他们对全体教师进行动员，鼓励教师结合自身所长和学生需要开设有特色的选修课。朱家华教授与语文老师商讨："我们生活在新密，应该让学生了解新密、热爱新密。新密大地本身就是一部生动的历史文化教科书，我们开发一本《古老的新密》乡土教材，怎么样？"

在朱教授的倡议下，学校开发第一本校本教材。教师和学生一起编写，还把当地文史馆、文物局的退休老专家请来帮忙，并建立了四个校本课程研发基地。书稿付梓之时，时任新密市黄帝文化研究所副所长、秘书长刘峰亭在序言中写道："人大附中郑州分校的领导与教师，以高瞻远瞩的超前意识，将新密的历史文化引入课堂，实实在在地为新密做了一件继往开来的大好事。"

《古老的新密》选修课开设后，兄弟学校纷纷到郑州分校学习取经。课题获河南省优秀成果一等奖，授课教师刘慧琴在郑州市市级重点课题经验交流暨成果展示会上作了经验介绍。

第一门选修课开设后，"中国传统文化"、"趣味政治"、"英语视听欣赏"、"健美操"、"管乐"、"象棋"、"诗词鉴赏"、"数学建模"……郑州分校40多门选修课如雨后春笋般涌现出来。

为了激发学生对物理、化学的兴趣，学校创办了"物理化学节"。师生共同策划方案，并由学生推动实施。为期一个月的活动期间，学生们参观科技馆，观看优秀的科技电影展播，组织丰富多彩的科学晚会，举办有趣的物理、化学知识竞赛，还把"科技大篷车"这个"流动的博物馆"开进了校园。课堂内外，他们开展了许多趣味小实验，创办了科学小制作展，撰写了内容丰富、质量较高的论文，还出版了《物理化学节专辑》。

为了给学生搭建发展特长、展示才华的舞台，学校组建了各种各样的社团，开展丰富多彩的文化课擂台赛、课外活动、实践活动，很多在新密都是独一无二的。

在多元开放的校园里，学生的兴趣被激发，潜力被发掘，成为主动的学习者、创造者。这样的学习经历被他们深深地铭记和怀念。

郑州分校2009届毕业生、解放军信息工程大学硕士许栋浩说：

在其他学校唯分数论的时候，母校传承了人大附中的教学理念，追求德智体美劳全面发展。学校开设了很多兴趣班，我参加了无线电兴趣小组，至今仍记得在课堂上亲手做出一台能接收电台信号的收音机时的激动和惊喜。在这里，我学到更多的是创新思维、动手能力以及沟通技巧，这些令我受益终身。

郑州分校 2011 届毕业生，英国华威大学商学院硕士，就职于德勤管理咨询公司的白萧玉说：

> 当时整个新密都处于应试教育中，我们却能够获得跟北京人大附中一个体系的素质教育，拥有具备新式教育思想的教师队伍、注重德育的管理队伍、有求必应的校长信箱和羡煞旁人的学生活动，如各种各样的选修课、社团活动、机器人比赛、校园歌手大赛、秋季越野赛、中英文双语的升旗仪式等等。感谢我的母校，在考试和竞争之外，让我们认识了丰富、多元、有爱、包容的世界。

2007 届郑州分校毕业生、中国农业大学博士生、就职于中国农业科学院的张水勤说：

> 在郑州分校的三年，是我视野逐步开阔、思维日益灵活的重要时期。这些变化来源于入学伊始的北京本部之行，那是我第一次走出河南，看到了更大的世界，有了日后要走出去的想法；这些变化得益于学校先进的多媒体教学，对我后来的学习和生活方式产生了深远影响；这些变化来自于学校丰富多彩的课余生活，从策划班级晚会到双语交流等，培养了我们多方面的能力……现在我工作在距离人大附中不足两公里的中国农业科学院，每逢节假日或累了、倦了的时候，我都会在这个有限的距离里走个来回，看看自己出发的地方，为现在的自己加油。

农村学校走进 E 时代

2007 年 3 月，人大附中、人大附中郑州分校、宁夏六盘山高中开通三地远程教学网，开展英语远程互动视频教学；5 月，人大附中、人大附中郑州分校、宁夏六盘山高中、新疆和田中学、西藏拉萨中学等，通过远程教学共同参加"第 16 届'人在太空'国际学术会议"，学生们用英语和国际宇航员进行现场视频对话……

时至今日，郑州分校的老师说起来仍是激动不已：

15 年前，远程教育在北上广这些发达地区可能不是问题，但在一个六线的小小县城，简直就是天方夜谭。当我们和学生一起坐在远程教室，与北京、贵州的学生同上一节课，即时参与课堂互动时，我们震撼了！曾经遥不可及的梦想竟然变成了现实！

　图 1-5　北京、宁夏、河南三地远程互动视频教学开通仪式

现代教育技术是教育发展的助跑器。人大附中在这方面布局比较早。1997 年接任校长后，我们制定了创办"国内领先、国际一流"中学的奋斗目标，率先推出"现代教育技术工程"，即以发展信息技术为切入点，推动学校跨越式发展。在郑州分校的建设中，我们希望这所新建校一开始就站在现代教育技术的制高点上。

乐进军副校长在《在新密支教的日子》中写道：

刚到郑州分校的时候，我带了一个数码相机和一个 U 盘，没想到这两个在北京司空见惯的东西让老师们很新奇。尤其是数码相机，拍照不用胶卷，无需冲洗，立即就能看到照片，实在太方便了。班主任们搞活动时都来找我借相机，我也乐于让它"充公"，发挥更大作用。由此可见在教育技术方面地域间有很大差距。再有，网络对我来说是不可或缺的，但当时郑州分校只能通过电话拨号上网，又慢又不稳定。虽然当时新密已开通宽带网络，但学校还是个被遗忘的角落。

面对"黑板＋粉笔"的传统课堂，我们忧心如焚，急切盼着让学校走上数字化之路，利用网络缩短与先进教育的差距，让老师们便捷地获得更丰富的优质教学资源，提升自己的专业水平。为此采取了"几步走"战略。

首先是给老师们配备笔记本电脑。尽管这早在计划之列，但事到临头，又面临经费困难。学校努力筹集了一些资金，给老师提供一定补贴，耐心地说服他们出资购买电脑。

参照人大附中本校，给每个教室装配了数字讲台、电脑、投影等多媒体系统，不但使每个教室都成为多媒体教室，会议室也能够使用电脑投影。

学校的网络也逐渐开通了。光纤到校，网速能够满足使用需要。这在当地可算是独此一家。

硬件设施都到位后，给老师们开展了一系列有针对性的培训，教他们如何用电脑备课、制作课件等。老师们应用水平进步很快，逐渐能自己找资源，开发课件，用电脑网络上课、开班会。看到他们一天天变得熟练，课堂也越来越生动有趣，我们由衷地感到欣慰。

为了帮助郑州分校尽快实现教育信息化，人大附中电教中心负责人白宝燕常常在北京、新密两地奔波。

网络架起了桥梁。我们为郑州分校免费提供了人大附中的网校资源、习题库和校内教育教学的全部资源，安装了人大附中自主研发的各种教育教学管理系统软件。人大附中176名优秀教师，成为郑州分校的教师资源库。为了使这些资源得到充分利用，郑州分校又投资开通了远程教学网，使学生足不出户就能和人大附中的特级教师、优秀学生进行交流。这极大地促进了郑州分校教育教学质量的快速提升。

和郑州分校一起走进E时代的，还有这里的学生。为了培养学生的计算机应用能力，郑州分校引进了中国科学技术协会与英特尔公司的合作项目——英特尔"求知计划"。该项目是英特尔教育计划的一部分，旨在帮助技术条件相对落后地区8至16岁的青少年，通过计算机应用技能做课题研究，掌握在21世纪知识经济社会中所必需的基本技能。学校委派新来的信息技术教师许朝峰参加"求知计划"项目培训。

许朝峰是一名非统招毕业的计算机专业大专生，找工作时屡屡碰壁。抱着试试看的心情，他给新建的人大附中郑州分校投了简历。令他意外的是，学校不仅破格录取了他，还为他提供了外出学习培训的机会。学成回校后，又力排众议，支持他走上讲台，在信息技术课上开展"求知计划"项目。

该项目30课时为一期。在老师的引导下，学生从身边生活中找课题进行研究，如周末学校门口交通拥堵问题，节约水资源和水资源净化管理问题，等等。他们通过多媒体技术查找资料、综合分析，并提出解决对策。

几个月后，第一期"求知计划"结业典礼在郑州分校举行。学生既是这次活动的主角，也是活动的组织者。他们自行设计了精美的请柬、标志清晰的校内泊车线路图。他们走上讲台，通过PPT展示、汇报自己的研究成果：

> 在左上角的这幅图上，我们看到贫困山区的孩子多么渴望学习啊！在右上角的这幅图上，一顿年夜饭竟然吃掉了19.8万元！这些被吃掉的钱能资助多少失学的贫困儿童啊！朋友们，您对资助失学儿童有什么好建议？您对制止铺张浪费又有什么好建议？

他们还拿起话筒，落落大方地走到新密市市长、教体局局长面前进行采访。面对来宾的提问，他们彬彬有礼、从容不迫地回答……

"求知计划"逐渐发展成为郑州分校的拳头项目。推行以来，先后有多个学生的作品在"求知计划"官网发表，学生项目连续三年荣获全国主题活动一等奖，许朝峰也成为该项目省级骨干教师和全国主讲教师。郑州分校获得"求知计划"项目优秀管理单位，并承办了两届河南省"求知计划"教师交流会。

在"求知计划"顺利开展的同时，许朝峰又将机器人项目引入选修课，并带领学生摘得第八届、第九届河南省青少年机器人竞赛一等奖、第九届中国青少年机器人比赛一等奖。

许朝峰曾给我写信说：

> "求知计划"之所以能在这里顺利开展、开花结果，一个重要原因就是人大附中郑州分校是一所注重培养学生综合素质的学校，有您的先进教育教学理念做支撑，有朱家华教授、王玉珍校长这些关心年轻教师成长的领导在前面领跑。如果没有这些，在新密是很难推行"求知计划"、开展机器人这样有素质教育特色的课程的。如果没有这些，我的人生也将会是另外一种局面。我的点点滴滴的成功，展示着人大附中教育理念在郑州分校的成功。您的教育理念将影响我终生，也会通过我的教育方式影响一批又一批的学生。

多年来，从许朝峰的课堂上，一个又一个学生发现、发展了兴趣，并最终走上了计算机、机器人等专业发展的道路。现就读清华大学伯克利学院的程晨曦，回忆自己的中学生活说：

> 我在郑州分校学习六年，感触最深的是学校对学生综合素质的培养和对学生各种兴趣的重视。学校有各种各样的兴趣班，我们可以做自己喜欢的事，也从中更加了解自己。我有幸参加了机器人兴趣小组，主要负责编程。在指导老师的带领下，曾代表学校参加了两次全国比赛，并有幸被选中去上海参加英特尔"求知计划"高级实验班的培训。也因此，我非常了解自己的兴趣所在，读大学时毅然选报计算机专业。到现在我还一直热爱着自己的专业，并已成为一名研究未来机器人及自动驾驶算法的研究生。这与在中学时的启蒙是分不开的。我非常庆幸能在这样的一所中学读书，这里不会辜负每一个有梦想的人。

帮，是为了"不帮"：人大附中郑州分校更名

时光飞逝。自 2003 年 3 月为郑州分校挖下第一锹土，不知不觉过了六年。

郑州分校以"河南一流、中原名校"为办学目标，已发展成为一所质量较高、在当地有影响力的学校。先后被评为"郑州市教育教学工作先进单位"、"郑州市德育工作先进单位"、"郑州市教科研先进集体"、"全国艺术教育先进学校"、"全国信息技术示范学校"等。学校各年级、各项成绩都在新密市名列前茅，高考本科上线率居新密市首位，初中学科成绩位居全市 50 多所学校之首。每年都有近百名学生被中国人民大学、北京师范大学、南开大学等重点大学录取。先后有近百名学生在国家、省、市级各类竞赛中获奖。

实践证明，人大附中的办学理念、经验在郑州郊县也能开花结果，通过优质教育资源辐射带动欠发达地区提升办学水平是可行的，效果是显著的。

北京和新密相距遥远，尤其是人大附中作为一所中学，人力、物力、财力均有限，在实际操作上存在诸多难题。但既然帮了，就一定要把这所学校办成、办好！可以说，在这个过程中，我们全力以赴，克服了很多常人无法想象的困难。

　　人大附中的帮扶是需求推动，是急新密教育之所急，不为挂牌，更不为占有。所以，当郑州分校已逐渐走上正轨，并成为一所优质校，我们决定将它交还给当地政府。经双方协商，我们与新密市政府解除了合作办学关系。人大附中郑州分校更名为新密中学，成为人大附中联谊学校。我们继续利用网络共享、教师干部培训等方式对其提供帮助。从合作到联谊，帮是为了"不帮"，这是我们开始走上帮扶之路，探索远距离帮扶的第一种模式。

　　2009年1月13日，换牌仪式将在新密举行。挂牌容易摘牌难。当时我正患肺栓塞住院治疗，准备委托王珉珠书记代为发言，但王书记和新密市市长、教体局局长都迫切希望我能去。

　　于是，我不顾医生"随时有生命危险"的警告，上了飞机。王书记回忆说：

> 　　那天到了首都机场，刘校长心肌缺氧，脸色苍白，换了任何一个人绝不会在这种情况下冒险登机，可是刘校长却毅然决然地上了飞机。那一路她所忍受的病痛，那一路我所感受的焦虑和担心，这一切绝不是用语言所能描述的。

图1-6　刘彭芝校长带病全程参加新密中学揭牌仪式

下了飞机，新密的领导、老师带着备好的氧气袋来接我。那时正是寒冬腊月，会场很冷，没有空调，没有暖气，他们就找来一个取暖器放在我身后。

凛冽的寒风中，我和新密市市长一起为新密中学揭牌。

后来，在我的倡议下，新密中学与当地的优质校新密二高合并，成为地区教育发展的领航校。

2018 年 1 月 21 日，北京。在人大附中教育帮扶专题报告会上，新密市原市长，副市长，新密二高副校长陈灿玲等作了发言。他们用两组数字，来说明人大附中进驻新密对带动当地教育发展所产生的影响——

第一组数字：2003 年之前，新密的高考成绩每年本科上线仅数百人，在郑州周边几个县中倒数第一；人大附中进去后，高考成绩开始上升，至 2017 年，新密本科上线超过 3000 人，一本上线将近 1000 人，在周边地区名列第一。

第二组数字：2003 年被首次派往人大附中培训的 18 名老师，后来有近 10 人成长为各级中学校长，还有一些成长为省级骨干教师；2005 年人大附中为郑州分校选拔、培养的校长助理、中层干部，如今大都成为新密教育的领军人物，其中近 10 人成长为校长、副校长。

表 1-1 2003 年首批进京 18 位教师的后续发展

1	孙德亮	新密一高校长
2	高征	新密实验高中校长
3	陈灿玲	新密二高副校长
4	刘文生	新密曲梁初中校长
5	李海新	新密市白寨初中校长
6	吕宏坤	新密金凤路学校校长
7	司海举	新密高中副校长
8	周明顺	新密一高教务主任
9	白铁军	新密二高督导室主任
10	魏国强	新密市实验初中办公室主任
11	王彩凤	新密市教师进修学校高级讲师
12	刘华	新密二高教研组长，省骨干教师
13	王永忠	新密二高教研组长

续表

14	张显运	洛阳师范学院教授
15	王建伟	郑州二中信息中心主任
16	李金芳	新密二高市级骨干教师
17	范新凯	副校长，已退休
18	王明杰	高三年级组长，已退休

表 1-2　2005 年提拔的校长助理的后续发展

1	高征	新密实验高中校长
2	李红军	新密市二中专校长
3	陈灿玲	新密二高副校长
4	韩九智	新密二高副校长
5	刘文生	新密曲梁初中校长
6	王鹏程	新密市岳村初中校长

这些干部、教师都有着深深的人大附中情结。在我们离开新密后，他们成为人大附中办学理念和实践的"传承人"。他们说：

"纪念郑州分校的最好方式不是怀念，而是把人大附中的教育理念传承下来，传播开去，让更多的新密孩子受益。"

"一路走来，如果没有刘彭芝校长和人大附中殚精竭虑的帮助、扶持，就不会有新密教育发展的今天。我们必将用更好的教育硕果来回报人大附中的大爱与担当。"

启示

新密离北京路途较为遥远，又是一个经济和教育欠发达的地区。在时任新密市市长的真诚请求下，我们克服重重困难前往办学，在新密市政府的大力支持和人大附中支教团队以及当地教师的共同努力下，这所新建的郊县中学成为当地最好的中学，并带动了整个新密市基础教育的提升。由此，我们得到了这样的启示：

1. 教育帮扶的关键是派驻、培养领头人。我们先后向新密派送了多位校长、书记，并在当地培养了多名校长助理、中层干部等，前者将先进的教育理念与实践根植当地，后者逐渐成长为新密教育的领军团队，这是提升学校办学质量、带动整个地区教育发展的关键所在。这也成为人大附中教育帮扶的一种模式。

帮扶河南新密

2.教育帮扶必须实实在在，不能挂名了之。人大附中通过网络、派出专家教师前往分校常驻与讲学等各种途径向新密辐射、共享优质教育资源，可谓倾囊相助、全力帮扶，而不是简单的挂牌冠名。

3.地方政府重视和支持是教育帮扶取得成效的有力保障。新密市政府聘任人大附中派驻干部在政府教育主管部门担任领导职务，在政策上保障了优质教育资源的辐射，有效带动了当地教育质量的整体提升。

4.远距离帮扶取得成效后，将建成的优质学校交还给地方政府，与当地优质学校合并，成为地区教育发展的领航校，人大附中通过网络、培训等多种方式继续输送优质教育资源，为当地教育的后续发展助力。

5.对经济、教育薄弱地区的远距离教育帮扶在实际操作上存在诸多难题，以一校之力持久帮扶难以为继，因此，由区域内的名校帮扶薄弱校比区域外帮扶更为现实、长久。

6.对河南新密进行教育帮扶，我们总结出一条经验，即帮一所，成一所，优秀一所；而成一所，就要摘掉"人大附中"牌子，放飞一所。

二、到延庆山区去办学

> 对于地处北京西北部偏远山区的延庆县永宁中学来说，2010 年高考是个重大转折。这一年，永宁中学高考本科上线人数实现零的突破，有 56 名学生过了本科线。消息传来，整个延庆县都轰动了。
>
> 这个奇迹的背后，是人大附中对永宁中学及延庆山区长达 5 年的教育帮扶。

到 北京最偏远山区去"拉手"

"我们的家乡，在希望的田野上。炊烟在新建的住房上飘荡，小河在美丽的村庄旁流淌……"人大附中 11 名骨干教师离开京城，赴延庆县永宁山区支教。汽车在下着细雨的崎岖山路上行驶，他们在车上一首接一首地唱起了歌。

2005 年初，为了加快农村教育发展步伐，北京市教委组织实施百所城乡中小学"手拉手"帮扶工程。人大附中的帮扶对象是延庆县永宁中学。

确定帮扶关系后，我和王珉珠书记到永宁中学调研，并提出了四点意见：赠送一批校服给永宁中学的学生，并将校服上"人大附中"的名字改为"延庆永宁中学"；两校的学生、教师、干部分别建立一对一"手拉手"关系，共同提高，共同进步；为永宁中学开通人大附中校园网，两校实现网上相互学习、研究和探讨；接收一些永宁中学的学生到人大附中"留学"。

我们邀请永宁中学的领导和教师来人大附中听课，参加各学科的教研活动和主题班会，为永宁中学开通了远程网络系统，并派出人大附中高三各科教研组长、备课组长一行 10 人，到永宁中学对高三学生进行专题辅导。

12 月 4 日，我带着人大附中 800 多名师生，为永宁中学送去校服和书籍。那天，北京遭遇入冬后的首次降温，气温降到零下十度左右。狂风呼啸，操场上黄沙飞扬。我和永宁中学校长张安民共同举起一面写着"手拉手，心连心，同一片蓝天，同一个梦想"的旗帜，两校学生兴高采烈地交谈。

图 1-7 刘彭芝校长、王珉珠书记在永宁中学与学生交流

　　永宁中学是延庆县最薄弱且唯——所地处乡村的高中，当时，已十年无一人考取本科。看到我们这么真心实意、真抓实干地帮，当地领导多次希望人大附中在"手拉手"基础上进一步挂牌承办这所学校。我也在思考：教育帮扶，到底从什么时候入手好呢？孩子的培养要从小抓起。这些山里的孩子基础比较薄弱，如果我们从小学、初中就接手，效果会比较明显，到了高中才进入，效果会如何？

　　为了满足当地的需求，也为了深入开展教育帮扶的研究和实践，经校务会讨论，我们决定去山里办学，在延庆办分校。从新高一开始，在永宁中学设两个班，由人大附中的教师来教。我们想实验一下，看看三年下来，人大附中的优质资源到底能在这些学生身上起多大作用。

　　付诸实践，最难的就是派人。在人大附中，"一个萝卜一个坑"，要"拔"出几个并不容易。更何况，延庆是远郊，离家远，外派教师都得住在那里。他们本来在大都市，有着熟悉的工作和相对舒适的生活，抛家别子去山村支教，这得克服多大的困难啊！为此，我们作了大量的工作，我一个一个地跟教师谈，动员了 11 名各学科的骨干教师组成支教团队。

　　这 11 名支教老师中，有 50 多岁的老教师，上有老，下有小；有 30 多岁的青年教师，孩子还在上幼儿园、小学；有正在热恋中的年轻教师……他们个个都存在实际困难。一位青年数学老师，夫妻俩都在人大附中工作，为了派他去延庆，学校给他爱人减去了班主任工作和一个班的课，便于她独自照顾孩子和家庭；两位老教师即将退休，他们在人大附中本已轻车熟路，到延庆却要面临新的工作挑战和艰苦的生活条件；人大附中校内副校长、语文特级教师肖远骑，被任命为人大附中延庆分校校长，当时他的胳膊摔伤了，还没有养好。

令我感动的是，我们的老师身上都有着强烈的担当和奉献精神。"刘校长一动员，我就同意去了，因为我知道刘校长做的是正确的事，至于我个人的困难，都是可以想办法克服的。"一位支教老师后来回忆。

我理解老师们的困难，想尽办法为他们解决后顾之忧。刚放暑假，我和王珉珠书记专程去了趟延庆。当看到当地为老师们准备的房间——简陋的学生宿舍、上下铺、一间房子住四个人，我一下子急得掉了眼泪。我请联系人带我们找到了教委主任和分管教育的副县长。我对他们说："我们的老师年龄都在 30 岁到 60 岁之间，他们得常年在这里工作、生活，这样的条件他们还能来吗？来了以后能坚持几天啊？我们学校做了那么多工作，老师们克服了那么大的困难来这里，为了把支教工作长期做好，我们有责任给他们提供最起码的工作、生活条件啊！"

延庆县教委的领导表示非常抱歉，他们没了解清楚，以为是支教大学生短期实习。

为解决老师的住宿问题，我们去了三趟延庆。直到县教委领导亲自下去安排好了教师的宿舍，我才放下心来。

从人大附中到永宁中学的距离有多远？政治教师李虎曾做过统计，他们走过最短的一条路是 88.8 公里，最长的一条路是 158 公里，但平时走得最多的一条路是 110 公里。这些路都要经过燕山山脉，崎岖难行。为了保证安全、避开堵塞，他们

图 1-8　人大附中赴延庆支教老师合影

每次都会灵活绕道，选择最好走的路线。多数老师平时都住在延庆，每个周末回家一次，有两个年轻老师还兼有本部的课，每周几次往返在山路上。一般情况下，来回至少要花费 5 个小时。遇上特殊情况，有一次他们单程就走了 8 个小时。

永宁中学食堂的饭菜，几乎每天都是豆腐、大白菜。一位支教老师 80 多岁的老母亲听说后，心疼地跟儿子说："要不妈去给你做饭吧。"山里的冬天很冷，这给生长于江南的肖远骑校长留下深刻印象：

> 经历了延庆的冬天，才能真正体会到什么是刺骨的寒冷！每个清冷的夜晚，陪伴我们的只有凛冽的寒风，因为实在太冷了，我只能把自己裹在被子里，坐在床上备课、批改作业。白天在学校工作，办公室设施简陋，门窗封闭不好，我会不自觉地把手抄在羽绒服里，同事们开玩笑说"你越来越像山沟里的人了"。与平日舒适的工作环境相比，我才知道在山村里要守住这份事业需要多大的毅力。

地处塞北的永宁中学，冬天的气温比北京城区至少低 5—10 度。我们惦记着身处永宁的老师们，我和几位校领导带着给老师们买的雨伞和羽绒服赶到了永宁中学。

孙葳老师在《赴延庆永宁支教有感》中记录了当时的场景：

> 我支教第一年的冬天，一个寒风凛冽的早晨。楼道里保洁阿姨正在拖地，我站在楼道口，想等地面干了再进去，以免踩脏。可奇怪的事情发生了，拖过的地方似乎永远不会干，而且像镜子一样光滑照人！我试着一迈步，顿时

图 1-9 刘彭芝校长给延庆支教老师送羽绒服

味溜一下险些摔倒！原来，由于气温过低，拖过的地面立刻结了一层薄冰，整个楼道宛若溜冰场！我正迟疑着如何"滑"向教室时，外面突然传来喊声："刘校长来了！"我惊讶地向窗外望去，真是刘校长！在夹杂着雪花的呼啸寒风中，刘校长带着附中的干部们给我们送冬装来了。原来，得知这几天要降温，刘校长首先想到在延庆支教的我们，顶着风雪严寒赶过来了。在校领导的关怀下，在延庆工作和生活虽然艰苦，但我们每个人心里都无比地充实和快乐！

远离都市的繁华，我们的支教老师用坚强和乐观克服了衣食住行等种种困难。他们说："我们走进大山，是为了让孩子们走出大山，学到更多的知识，回报社会，建设家乡。"

堂 堂都是公开课

2007 年 9 月，人大附中延庆分校正式开学。我们把永宁中学高一四个班中的两个班设为"人大附中延庆班"，全部由人大附中老师执教。另外两个班的老师到"人大附中延庆班"听课。

当支教老师走进课堂时，他们遇到了更大的挑战。

原来，他们面对的不只是班上的学生，还有全天候听课的老师、领导。开学第二天，延庆县教委中教科的张平科长组织县里所有高中的教学副校长、高一年级组长及全体教研员来听课。永宁中学和其他兄弟学校的老师，随时推门听课。同学科的教师、不同学科的教师、非教学一线的职员都来听。通常，教室的前面、后面、过道上，但凡有空隙的地方都坐满了人。

肖远骑老师的语文课，精心制作了 PPT，把学生带入了诗画般的情境中，并通过他抑扬顿挫的品读、不断深入的鉴赏，引导学生在思想的原野上自由驰骋。听了肖远骑讲的《雨巷》，延庆县教研室的桂老师评价："这样的课堂是轻松的，充满活力的，带给学生的是一种感受幸福、舒展生命的体验。"

山里学生英语基础薄弱，杨莉老师每次课前教学生唱英文歌，每节课教学生学一句英语格言。课堂上，她结合课本内容，引用相关的影视作品、新闻人物，设计各种趣味性的活动让学生参与。

李多芬老师的数学课既生动又通俗易懂，连当地的音乐老师都去听，学生们说听他讲课从不犯困。

李虎老师的政治课充满思辨，他将抽象的理论融入现实生活场景，让学生在轻松愉快的气氛中掌握深刻道理。

孙崴老师的历史课，历史人物、历史故事栩栩如生。

……

人大附中老师的课堂堂精彩，就连永宁中学的门卫老史也听课上了瘾。"我不看大门的时候，就去听人大附中老师的课，听他们讲课就是一种享受。"他说。

一个学期下来，听课的教师达到 2000 多人次。有位永宁中学的老师，每天都来听课，不到一学期就记了两大本笔记。

2007 年是北京市启动新课改的第一年。人大附中老师"以人为本、多元开放"的课堂教学模式，为山区老师在新形势下开展教学带来了启发。

可是，堂堂都是公开课，人大附中的老师得承受多大的压力啊！我们都知道，当老师最头疼的就是上公开课，要做各种各样的准备。更何况，给延庆山区的孩子上课，对他们来说也是一个新课题。

英语教师杨莉暑假里花费了很多心血精心备课，可到了延庆一上课，发现这里的学生英语基础很薄弱，口语能力几乎为零。这对习惯了在人大附中全英文授课的她来说，所有的准备都要推翻重来。为了创造真正适合山区孩子的课堂，支教老师潜心研究、精益求精，每天晚上都要熬夜备课。赴延庆不到一个月，他们每个人都病了一场。

除了全天候开放常态课堂，我们的老师还通过远程教学等方式，为全县的高中老师上示范课；走进教研组，对当地的教师进行评课、指导；开展专题讲座，培训延庆县中小学校长、班主任、骨干教师，将人大附中的教育理念和教学经验传送到延庆。肖远骑校长回忆说：

> 在学校开放日，我为全县的语文教师上了一节示范课——"我有一个梦想"。上课那天，多媒体教室挤满了听课的老师。课后，我毫无保留地对自己的教学预设、课堂生成进行剖析，还结合语文教学中的难点作文教学问题给全县的老师作了一场专题讲座。我们一直讨论了两个多小时才结束。几天后，县教研室的桂老师说我的专题讲座效果很好，请我在全县的语文教学活动中再作专题讲座，这对我既是荣誉也是挑战。

肖远骑校长先后为延庆的领导、教师作了"现代教育与现代校长"、"新课程背景下的现代教育与现代教师"、"新课程下教育教学实践"、"学校特色与品牌建设"等专题讲座。

作为班主任，马静老师把在人大附中带班的经验带到了延庆，为山区孩子量身定做了丰富多彩的主题班会，从学法指导到人生导航，从小组趣味运动会到脑力大比拼，既是对学生人生观、价值观的引领，也为他们指明了奋斗的方向。她先后给永宁中学的班主任举办了"我是一名志愿者"、"感恩的心"示范性主题班会。

"我愿意成为一名光荣的志愿者，我承诺——尽己所能，不计报酬，帮助他人，服务社会……"。"我是一名志愿者"主题班会上，学生的宣誓铿锵有力。马静老师将人大附中注重培养学生的社会责任感，以及服务他人、服务国家的意识和能力的传统带到了永宁中学。主题班会后，志愿者还现场采访了肖远骑校长："您放弃京城的优越环境来山里支教，因为过度劳累还生病了。请问，是什么原因使您坚持了下来？"

肖校长回答："我们来延庆支教的老师，都是志愿者。我们都有一个共同的心愿，就是希望你们都成为有用之才，让你们踩在我们的肩膀上起飞，飞出大山，飞向更加广阔的天地。"

在"感恩的心"主题班会上，马静老师播放了很多家长辛苦劳动的视频，那是她冒着凛冽的寒风到家长工作现场拍摄的。镜头中，孩子们重新认识了自己的父母；学生参与配音的童话"苹果树的故事"，俏皮中不失深刻，让大家懂得"无论如何，父母永远都在那儿，倾其所有使你快乐"；根据真实故事改编的小品《母子》，让学生在感动之余陷入深思……当学生哽咽着说出自己对家人的感激之情时，在场的领导、老师、家长也流下了眼泪。

教育是浸润的过程，是播种的事业。一位家长深有感触："这一年我的孩子变化太大了，越来越懂事了。回家看到我累了，放下书包，立刻帮我做饭、烧水。她说老师教育她百善孝为先，爱别人先从爱父母开始。孩子在这儿上学，我放心。老师不仅教给她知识，还教会她如何做人。"

令支教老师感动的是，延庆的教师们非常珍惜这近在家门口的优质资源，他们虚心求教，不放过每一个学习机会。每次讲座，报告厅里总是挤满了人，屋里坐不下，就搬个凳子坐在门口听。每一次开展教研活动，都会比预期的时间长，中午吃饭的时间到了，老师们还沉浸其中，不愿离去。他们录下支教老师的示范课，刻成光盘反复学习。

延庆县教委的一位领导说："人大附中优质教育资源的引入，不但带来了全新的教育理念和教学方法，使我们的课堂教学发生了根本性改变，也使延庆的教育生态更完整、和谐，更富有生命力。"

一片丹心献永宁

2008 年元旦前夕，我和校领导班子研究，如何将人大附中的校园文化更多地带到延庆，我们想到了已在国内外享有盛誉的人大附中艺术团。

1 月 3 日，延庆县影剧院热闹非凡，这里正在上演一台精彩的节目——"在灿烂阳光下"。动人心弦的交响乐、多姿多彩的舞蹈等，让在场的观众如痴如醉。这是人大附中艺术团给延庆人民的新年献礼。

延庆人说：人大附中艺术团是来延庆演出的文艺团体中水平最高的，人大附中的学生太厉害了，人大附中的素质教育太好了。

把人大附中素质教育的理念带到延庆山区，让每个孩子都有出彩的机会，这也是我安排这场演出的初衷。山里的孩子淳朴可爱，但不善于表达，少有兴趣爱好。他们的学习，更多地局限在教科书的世界里。

初次接触延庆山区的孩子，肖远骑老师深受触动：

第一节语文课后，孩子们蜂拥而至，把我紧紧地围在中间，七嘴八舌地说："老师，你用的那个电脑真好，还能听到声音，看到会动的图像。""老师，北京城里好吗？我长这么大还没去过呢！""老师，他们说在你们那里，孩子们都可以学特长，我可想学体育了！"在孩子们带着稚气的话语中，我才真正体会到城乡之间教育差距之大。

在课余沟通中，我了解到很多孩子家里条件较差，父母长期在外地打工，过年的时候才回家，平时跟着爷爷、奶奶生活。家里没有书籍，更没有电脑。我就考虑着怎样来帮助这些孩子拓宽视野。看到很多孩子都很喜欢看我在课上用多媒体教学，我就每天上课前给孩子们介绍一篇文章，放几张我在国外拍的照片，介绍一点我从网上找到的资料，让大山里的孩子认识神秘的宇宙、可爱的大自然、美丽的异国风光……，让他们也能与城里孩子一样，用现代化的教学设备去认识世界，我感觉自己的付出是值得的。

为了帮山里的孩子补上短板，提升他们的综合能力，支教老师利用课余时间，教他们做 PPT、使用基本的 office 软件、剪辑小视频，为他们开设"课前三分钟演讲"、"时政交流会"、"诗歌朗诵会"，带着他们做班刊、英语手抄报、跳集体舞。

"没有歌声的童年是苍白的。"信息技术教师李彦强回忆说，"2007 年 9 月 1 日，永宁中学在操场上举行新学期开学典礼，学生们升国旗、唱国歌。紧接着，我被那歌声震惊了。是什么原因？估计你想不到。学生们唱出来的歌声，7 个人能唱出7 个调。后来，我用业余时间教学生们吹口琴，因为 20 块钱就可以买到一把口琴，开销低。再后来，有些学生拿来二胡、吉他等乐器，我也一样教给他们。"就这样，多才多艺的李老师，每周利用两个中午休息时间教孩子们吹口琴、弹吉他、拉二胡，甚至玩魔方。他被孩子们亲切地称为"强老师"。一个学期下来，原来连五线谱都不认识的学生也能吹出简单的练习曲了，有的拿起谱子就可以弹奏出动听的乐曲。很多学生都有了一两项特长。

在他们的努力下，延庆分校的吉他队从无到有，舞蹈队从无到有，合唱队从无到有……

一年后，延庆分校成功举办了首届"英语嘉年华"活动。这项活动是由学生组织的，从英语剧本的编写，到主持人的串词，从表演服饰的选择，到舞台动作的编排，都是学生自己设计的。为了让大山里的孩子能够自信地走上舞台，支教老师牺牲周末和午休时间，帮他们练音准、对台词、学走步、借服饰、做道具、配音乐……

图 1-10　李彦强老师教延庆学生吹口琴、弹吉他

2008 年 5 月 28 日，"英语嘉年华"活动在永宁镇影剧院举行。人大附中延庆班的 79 名学生，每个人都走上舞台展示才艺。他们改编的英语剧《睡美人》《哈姆雷特》更是大获成功。当地的领导、教师、家长看了都无比震惊："真想不到，我们大山里的孩子也能有这么精彩的表演！"支教老师感慨："当我们相拥称庆的时候，突然感觉到，孩子们已经破茧成蝶了！"

2009 年，支教老师组织了一次北京游活动。他们带着延庆分校的学生参观中国科技馆、奥体公园，并走进人大附中。我安排校办负责人亲自接待并全程陪同讲解。看到人大附中学习生活的丰富、成绩的优异，对延庆分校的学生是一种鼓舞和鞭策。看到教学楼专门打出的欢迎条幅，他们有了一种回家的感觉，有了要与本部学生共同进步、共同奋斗的愿望与决心。

在那段难忘的岁月里，支教老师的心与那里的孩子、那所学校、那片土地紧紧地连在一起。

赠人玫瑰，手有余香。支教的经历，也使支教老师们得到了锻炼，思想得以净化，境界得以提升。

仇金家老师从 2003 年起，就参与国家新课标下高中数学教材（北师大版）编写的部分工作以及教参教辅的编写工作，还参与了普通高中课程标准试验教科书教师培训教学系列片的录制工作。因为去延庆支教，一些后续工作只能中断，个人的专业发展受到影响。但他却说："山里的孩子对老师更依赖、更需要，也更知道感恩。20 多年的教育生涯中，最令我感动、难忘的就是去延庆支教那一年。我的人生经历更加丰富，我的心灵受到了洗礼。"

崔登才老师说："我是农民的儿子，是农村这片沃土养育了我，是农民不怕苦不怕累的精神给了我拼搏的动力。回到农家子弟中间，帮助他们实现人生理想，是我义不容辞的责任。"

……

人大附中老师到永宁支教，成为永宁人口口相传的善事。在当地政府召开的座谈会上，永宁镇党委陈书记说：

　　我们永宁人积了八辈子的德，才把人大附中的老师请来了，这是我们想都不敢想的，这个事情的意义太重大了！延庆条件艰苦，比起北京罪受大了。人大附中支教老师的奉献精神、踏实的作风、深情的投入，都是我们没有料到的。人大附中的老师这么拼命干，对我们当地老师的触动很大。通过名校办分校，把整个地区的教育氛围都给带动起来了。

2008 年初，永宁镇政府给人大附中送来了一面锦旗，上面写着：一流教育造福山乡百姓，优质资源带动均衡发展。

支教老师当场回赠一副对联：

> 手拉手，手挽八达峻岭，八方延庆；
> 心连心，心怀万里长城，万家永宁。

帮 了，就要帮到底

在苦苦坚守了两年，延庆分校正办得红红火火时，我们却不得不作出了一个决定：撤回来！

这是因为，长期驻守延庆，给支教老师的家庭生活带来了很大影响。仇金家老师的孩子小，他爱人既要工作，还要带孩子，非常辛苦。一天深夜，突然听到敲门声，娘儿俩吓得躲进被子里哭。彭松老师做了胆囊摘除手术，术后两天就出院撑着去上课了，因为延庆分校只有他一个物理老师。杨莉老师的爱人做大手术，她却不能在身边照顾。还有一位年轻老师，当时正谈恋爱，常年住在延庆，见不着面，男朋友也吹了……

尤其是随着人大附中各项事业越做越大，我们也真的派不出那么多老师了。第一年派出 11 人，教一个年级，第二年增加了一个年级，增派了两个人。如果接着办下去，又要招收新一届学生，还得增加多少人？这样下去，真得把人大附中"拆"了！

而且，通过两年的实践，我认识到这样跨区域、远距离的支教也不是长久之计。延庆县城也有优质学校，由它们区域内帮扶农村校更为现实。因此，在北京市教委在延庆县召开的教育帮扶现场会上，我提出了一个新思路——分类帮扶，逐级带动。即人大附中与延庆一中、永宁中学三校联合，由延庆一中帮助永宁中学办高中，将永宁中学调整为九年一贯制学校，人大附中通过远程教育、教师培训等方

图 1-11　与延庆的"留学生"在人大附中校园

式，实现与延庆县教育资源的互动交流，达到分层次带动教育发展的目的。延庆县政府经过认真研究和慎重评估，采纳了我们的建议，使当地教育布局更加合理。永宁中学一直是人大附中联谊校。

可是，既然帮了，就要对这些孩子负责到底！经与当地教委、学生家长等多次协商，我们克服困难，在有限的空间里腾出教室、宿舍——人大附中延庆班 79 名学生高三时在人大附中就读一年。人大附中延庆分校第二届学生在高二时全部转到延庆一中就读。

延庆班的学生来到人大附中后，与人大附中的学生同步上课、同步练习，对他们是一个不小的挑战。如何帮助他们建立自信、提升成绩呢？延庆班的语文老师兼班主任庞美玲是这样做的：

　　首先要强健精神。每次上完作文课，我都特意从全年级选取一些能够激励学生的优秀作文，给我们班的学生分析、朗读，甚至让全班大声齐读，感受其中的精神力量，让这份力量通过诵读注入学生们的心灵。比如，《生命的养分》这篇作文，我选择了"每一个人都要寻找一份属于自己的养分，让自己突破黑暗，成为一棵参天之木"；《青年精神》这篇作文，我选择了"青年精神，是积极向上的同义词，它让人联想到初升太阳的蓬勃朝气，初绽花朵的精美希望"……除了作文，我带着学生在课堂上分析、讨论的每一篇文言文、古诗、说明文、散文，其实都有一个意义：丰富学生的内心。这些能对学生的精神世界起到的积极作用，也许是无法衡量的，但作为老师，我始终相信，做了，就有意义。

从他人那里汲取力量的同时，我深知，学生内心的强大更需要自身的力量。我找一切机会肯定他们，让每一个同学都能得到表扬。延庆班的学生名次相对固定，仅仅表扬成绩好的那几名同学，时间长了就失去了激励的意义。所以我不仅表扬总分高的学生，还表扬各个板块得分高的，表扬进步大的，这样就形成了次次不一样的情况，让每个人都能感受到自己的进步，都意识到全班同学你追我赶的学习劲头。

针对延庆班学生基础比较薄弱，我专门对中学语文的重点知识体系、能力体系、思想体系做了梳理，分配到每节课上讲给学生。比如，在讲某个实词、虚词时，我会把这个词背后的一串知识呈现在学生面前，同时还要把词与词之间的内在联系分析清楚，形成一个知识网络，让学生不再孤立地学习某个知识点，而是真正能够理解、运用。我们的课程思维量很大，学生们听课非常投入，更重要的是他们在思考，在脑海中一遍遍地进行不同角度的加工。配合着梳理知识体系，我带着学生在解读文章、提高思想认识等方面也下了很多功夫，一点点提升他们的思维品质。

5月中旬，按照本部的惯例，高三学生回家自主复习，有需要的可以到校找老师答疑。考虑到实际情况，学校决定，延庆班的所有学生继续留在学校，安排老师辅导直至高考前三天。

高考的那几天，我们的支教老师专程到延庆送考。再次走进延庆，他们心潮涌动，有人写下了这样的心语："孩子们，让我们再送你一程！孤帆远影，碧空尽处，是无穷的天地。无论你们将来鹰击长空，还是鱼游海底，我都在这里守候着……"

7月下旬，高考成绩揭晓。延庆两个班79名学生，有9人选择提前报考高职，剩下的70人有56人考上本科。其中有两名学生考到了600分以上，进入全县前8

名的行列，而他们当初的中考成绩都排在全县 200 名之后。

这些走出大山的孩子，现在大多已走上工作岗位，有做医生的，有当老师的，有银行职员，也有政府公务员。

周建华副校长算过一笔账。支教两年，人大附中支教老师在京城与延庆分校间往返奔波近两万公里，换来的是这么多的孩子上了大学。一个孩子上了大学，就有可能改变一个家庭的命运，这种改变甚至又有可能影响一个村庄。这，大概就是我们支教的意义吧！

人大附中延庆分校第二届、两个班的学生，虽然我们的支教老师只教过他们一年，但这段经历对他们的人生也产生了深远的影响。"我想成为您，有一天，站在讲台上，我想有个学生会被我影响，就像当年您影响我那样……"在仇金家老师的班上，有学生在大学期间主动申请到云南农村支教，还有学生立志成为像仇老师一样优秀的数学教师。

北京延庆永宁中学

张成凯同学在《忆师恩》中写道：

如今我已经成为一名数学教师，走上了教书育人的道路。每当我站在黑板前画出立体图形时，学生们都会掌声不断，问道："您怎么画得这么好！您是从哪学的呀？"我都会告诉他们这是我高中的数学老师仇金家教给我的，正是他在我心中埋下了教育的种子。

课堂上，仇金家老师总是引导我们用巧妙的方法去理解数学概念，而不是简单、机械地记忆。在他的数学课上，各个知识点从来都不是孤立的，而是点连成线，线连成网。

刚入学的我并没有认真记笔记的习惯，直到第一次小测，发现自己把空集与 0 的关系混淆了。仇老师讲解后问我："没有回顾笔记吗？"我不好意思地小声说："没认真记笔记。"下课后，仇老师耐心地对我讲解了艾宾浩斯遗忘曲线，分享了优秀学生的笔记案例。从那天开始，我建立了记笔记的习惯。这个习惯一直伴随着我，使我受益终身。

这一年与仇老师的相处，在我心里留下了深深的印记。那颗种子早已发芽，未来我也要像仇老师一样成为一名优秀的数学教师。高三填报志愿时，我毫不犹豫地填报了数学师范专业。

毕业后我如愿成为一名数学教师。我从不把知识点灌输给孩子们，而是让他们体会知识间的联系，学会如何思考。而这正是仇老师当年教给我们的。

由于和人大附中"手拉手"办学成绩显著，2009年，延庆永宁中学被教育部评为全国教育系统先进集体。2013年，永宁中学得到了北京市政府"城乡学校一体化建设"专项拨款7000多万元，学校面貌发生了翻天覆地的变化。如今的永宁中学，已是当地一所办学条件优越、育人氛围浓厚的优质中学。

启示

永宁中学地处北京郊县最偏远的山区，人大附中派出学校领导和骨干教师组成的团队承办永宁中学，更名为人大附中延庆分校。三年后创造了高考奇迹，也为这所学校带来了发展的机遇，促进了区域教育的合理分布。

1. 政府搭台，学校参与，这是大面积开展教育帮扶的制度保障。人大附中帮扶永宁中学是北京市教委"手拉手"对口支持项目。2014年北京市政府又实施了通过组建教育集团"让老百姓孩子在家门口上好学校"的做法。实践证明，由政府出面组织教育帮扶意义重大，效果显著。

2. 优质教育资源可以在短期内有效提升教育教学质量。人大附中支教老师从高一接手，在短短三年内就使两个班级56名农村学生考入大学本科，实现了零的突破。这充分说明高水平的师资团队即使是在高中阶段才介入也能取得突出成绩。

3. 区域内分层帮扶、逐级带动是更可持续的帮扶方式。本地的优质学校有能力对乡村学校进行帮扶，而且帮扶起来更便捷、有效，外来优质学校的帮扶只是起到开题或示范的作用，完成帮扶任务之后就可以取消冠名，主体文章应由当地优质学校去完成。

4. 教育帮扶可以多有作为。我们在帮扶过程中发现问题，通过向政府建言献策，协助乡村学校调整教育布局，改善教育生态。

第二章
帮一所，就要成一所

　　真心实意、真抓实干、求真务实，是人大附中教育帮扶的特点。帮扶薄弱学校，我们真心实意，竭尽所能，陆续派出几十名优秀干部，引领带动优质教育资源发挥作用；落实帮扶措施，我们真抓实干，一抓到底，不做表面文章，不搞形象工程；解决帮扶中的问题，我们求真务实，科学研究，着眼发展，着力需求，让薄弱学校实现可持续发展。正因为如此，我们帮一所，成一所；成一所，优秀一所。

一、北航附中：五任校长的接力

北航附中（现更名为"北航实验学校"）创建于 1960 年，坐落在北京航空航天大学校园，是一所名副其实"长"在大学里的中学。近十年来，北航附中一步一个台阶从低谷回升，其变化之大、成果之丰，令人瞩目。在这背后，是人大附中人和北航人戮力同心的努力，是人大附中倾尽全力的帮扶，是人大附中五任外派校长持续的接力。

愿 以金针度与人

北航附中在 20 世纪七八十年代曾经是一所很好的学校。但从 2000 年开始，办学质量严重下滑，学校陷入办学资源匮乏、中高考成绩滑落、社会声誉受损的尴尬境地。校园占地只剩下 21 亩，办学的软硬件设施都落在全区后面。部分优秀教师待不下去了，一些优秀生源也纷纷流失，就连北航自己的子弟也留不住了。

北京航空航天大学的领导为此着急了。在北航附中办学最困难的时候，大学领导多次找我，希望我们能帮帮北航附中。大学领导说："刘校长，如果再这样下去，北航附中就得解散了！把学校交给你们办吧。"

面对如此恳切的求助，面对北航附中的现状，我和王珉珠书记都觉得不能再推辞了，我们得接下来！好在有帮扶新密的经验，我已经意识到最有效的帮扶方式应该是在区域内就近帮扶。北航附中距人大附中很近，选派干部到北航附中，可以带去人大附中的办学理念和办学经验，带去人大附中人的工作作风和精气神。"授人以鱼不如授人以渔，更不如派出带领打鱼的领头人。"接管北航附中，我们也正好可以对区域内的帮扶模式作进一步探索。

可怎么接，派谁去接，需要认真研究。

我召开了人大附中校务会，经过讨论，最后决定先派刚从英国做访问学者回来的副校长宋官雅赴北航附中担任校长。2006 年 2 月，人大附中与北航附中签署合作办学协议。一年后，宋官雅校长因工作调离北航附中。人大附中又派去了第二任校长李峪。

学校办学质量为什么下滑？制约北航附中发展的主要原因是什么？我对李峪说，你们要好好调研，找出下滑原因才能扭转局面。

2007年3月22日，我和人大附中全体校务会成员到北航附中参加李峪、吴鹏程的任命会。北京航空航天大学党委书记杜玉波亲自主持并在干部教师会上宣布任命决定：由人大附中校长刘彭芝兼任北航附中校长，人大附中书记王珉珠兼任北航附中党总支书记，人大附中党委副书记李峪担任北航附中执行校长、党总支常务副书记，人大附中校长助理吴鹏程担任北航附中德育副校长、党总支副书记；北航附中曹阳继续担任教学副校长，杨建继续担任行政副校长。

北航实验学校
中学部

人大附中的校长和书记为什么到北航附中兼任校长和书记？在场的干部教师疑虑不解，我笑着说："我们是友情出演、朋友帮忙，一起来为北航附中的复兴添把柴加把火。用杜玉波书记的话说，就是解决北航大学教职工想让孩子接受优质教育的民生问题。"

李峪和吴鹏程上任后，我和王珉珠书记多次到北航附中深入一线调研，召开各种形式座谈会；李峪和吴鹏程也通过多种形式摸情况，找问题。不到一个月，我们与北航附中90%以上的校级领导及中层干部、骨干教师进行了交流，多次深入教学一线听课。北航领导很支持我们的工作，我和王珉珠书记每次去北航附中，杜玉波书记或北航其他领导都会陪同我们一起考察。附中老师们说："从来没有这么多大学领导来我们学校。"

让我印象特别深的是，因为学校操场被大运会征用，学生做操只能在楼前楼后的空地上凑合，连个运动的地方都没有。大概是进驻一个月后，我和杜玉波书记等北航领导在校园里边走边看，我指着两座楼之间的一排临建房对杜玉波书记建议："你看看这个学校，连个做操的地方都没有，孩子们怎么活动啊？把这排临建房拆了吧，这样就能给孩子们腾出一个小操场了。"

我说完后，北航后勤处的负责人说："还需要建操场吗？北航的操场那么大，离着也不远，随他们用。"

我说："你们有几万名大学生，自己用还不够呢！你们用时我们用不了，你们不用了我们才能用。学校操场就像孩子的书包，他们每天都得上操，都要上体育课，都要活动，离得了吗？用北航的操场根本不现实，无法保证附中孩子们上体育

课和每天课间活动的需求！"

进驻北航附中，我一直在思考，制约学校发展的最主要因素是什么。在教育一线工作几十年，我体会，无论做什么事，细节决定成败；无论干什么工作，一具体就深入。经过一个多月的深入调研，我们发现，北航附中的办学条件已远远落后于时代发展，甚至落后于海淀区山后的薄弱校；原有的五六十亩校园因大运会占地切割只剩了二十余亩；中学的标准操场是 400 米，北航附中连 200 米都没有。特别让我们惊讶的是，附中学校法人在北航，隶属大学后勤处管理，自己没有独立的财权、人事权、决策权，学校经费没有国家拨款渠道，只是从大学财务中切出一块，完全不能满足附中学校发展需求。北航附中办得不好大学不满意，大学越不满意就越限制，越限制附中就越办不好，由此形成了恶性循环。

经过深入考察调研，我和王珉珠、李峪、吴鹏程多次商讨、分析，最终归纳出制约北航附中发展的八大问题：财务拨款渠道不通、经费紧缺、硬件设施落后、生源不足、好教师流失、实验室数量不足、设备亟待更新、校园需要改造（没有操场）。

调查分析后，我联系北航杜玉波书记，并请李峪校长向北航打报告，提出希望北航党政班子为北航附中召开一次专题会，研究北航附中的发展问题。

2007 年 6 月 1 日，北京航空航天大学党委召开党委常委会，专门商讨北航附中的发展与建设问题。

杜玉波书记、李未校长和北航党委常委们以及北航附中全体班子成员参加会议。我在会上把八大问题一一摆出来，请北航领导重视并协助解决。同时，我提出"在目标定位上，将北航附中从'子弟学校'的定位向北京市高中示范校转变；在实际发展中，加快步伐，使北航附中尽快步入高中示范校行列"。我的建议得到与会领导的一致同意。李未校长说："今天这个会议意义十分重大。重大在北航附中建校 50 年来，第一次在北航校务委员会上就附中的问题进行深入的研讨，是一次根本性的转变。从这次会议开始，北航附中将从一所子弟中学向北京市示范中学转变的根本决策就定下来了。"

变化由此发生。

会议之后，我又来到北航附中，与学校领导班子研究校园改造方案。决定先针对最急需、最不能满足办学需求的地方进行改造。利用暑假，我们拆除了院中的临建平房，给学生建成小操场；改造了阶梯教室、大会议室；更新了校园网，改造了监控设备，还搭建了临时的特色教室，建设了艺术健身教室；等等。新学期开学，校园面貌焕然一新。学生们有了自己的小运动场，崭新的阶梯教室，师生们的精神面貌随着环境的变化而逐渐振奋昂扬起来。

我们又配合北航想尽办法多方协调，终于在 2008 年使北航附中的办学经费纳入国家财政拨款渠道，从源头上解决了附中办学经费紧缺的状况。

为了尽快转变学校面貌，除了抓好各项常规工作，我们重点抓了制度建设，干部队伍和教师队伍的建设培养。激发骨干，让他们重新看到学校发展的美好前景，看到个人发展的希望。同时，确立以初三、高三毕业年级工作为关键突破口，力争短时间内迅速提升北航附中办学水平，凝聚人心，鼓舞士气，稳定生源。

为了树立师生的信心，激发带动团队士气，我们想了各种办法。不仅派出优秀干部，还选派了优秀教师、优秀班主任，并在北航附中初一特别设计了"北航附中人大附中班"，由人大附中数学教师邓兰萍、张颖，语文教师谢颖辉，英语教师刘春燕任教，刘春燕担任班主任。同时又在人大附中高一创意成立"人大附中北航附中班"，接收北航附中一批学生到人大附中"留学"。

2007 年"一模"结束后，李峪和吴鹏程召开了高三、初三成绩分析会，和老师们一起通过数据分析优势，找出问题，制定有针对性的解决措施。为鼓舞毕业班学生的士气，人大附中派驻的干部全部在高三、初三担任副班主任，我也担任了文科班副班主任。"一模"后，我到班里指导学生制定目标，为他们加油鼓劲；为了让初三学生树立冲刺的信心，我参加初三学生家长会，给孩子们打气鼓劲，指导家长如何给孩子帮忙不添乱。两个多月的冲刺，收到良好效果，北航附中初高三成绩有了明显提升。

"人大附中的领导把一种拼搏的、奉献的、责任的意识传递给了北航附中。"北航附中的老师这样说。

刘春燕老师常驻北航附中，2008 年夏天，她孩子面临中考，可是她早出晚归，全部身心都扑在北航附中的学生身上。她的学生感叹："做刘老师的学生比做她的孩子幸福！"

谢颖辉老师刚到北航附中时，孩子才一岁多，老母亲腿脚不方便，家里老老小小都需要照顾。可她克服了所有的困难，扎根在北航附中校园。

李峪校长在北航附中担任执行校长的日日夜夜，起早贪黑，全部身心都扑在工作上，终于累倒了，血小板降到 2 万以下，随时都有生命危险。有人劝她离开北航附中。

李峋回忆：

在病情最危急的时候，我也曾想到放弃在北航附中的工作，但是看到北航附中教职工对新班子期待的眼光，看到北航附中刚刚稳定的局面，凝聚起来的人心，振奋起来的士气，我又割舍不下了。其实人大附中比我优秀的干部何止一人，只是北航附中经不起在一年多里两次班子调整的折腾。为了刘校长所托付的事业，为了大学领导和职工对优质教育的渴望，我没有向刘校长提出调回人大附中的请求。

2008 年 6 月，得知李峋的病情还没有得到控制，我决定立刻把她调回人大附中。可是，北航附中的帮扶不能半途而废。一个病倒了，我们得有人顶上去。经校务会研究，决定派人大附中主管教学的副校长罗滨接替李峋。当时，罗滨刚从美国出差回来，一下飞机，还没来得及回家，就被我的电话找来。我告诉她，校务会决定派她去北航附中接替李峋担任执行校长。

为了将帮扶进行到底，也为了让我们的外派干部真正融入北航附中，在征求了吴鹏程本人的意见后，我们和大学领导商量，打算把他的组织人事关系调到北航。

图 2-1　北京航空航天大学召开党委常委会专门商讨北航附中问题

可消息传出不久，北航附中就接到了一封匿名举报信，接着又重复来了六封。信中列举了吴鹏程的十条罪状，从经济上、业务上等多方面攻击他。罗滨看了这些匿名信很生气，认为没有一条属实。如何处理这件事呢？我经过思考，决定马上召开北航附中全体教职员工大会，请北航主管领导、纪委书记参加会议，在会上公布这封匿名信。我相信，暗中搞阴谋诬陷的人见不得阳光，把这件事公布出来对全校教职员工也是教育。会上，我对着屏幕上匿名信中的内容逐条剖析，指出，经过调查，这十条全都不属实。了解事情的真相后，北航附中的老师都很气愤。此后，再也没有匿名信之类的事情发生。

2009 年 4 月，吴鹏程的组织人事关系转入北航，成为一名真正的北航附中人。帮扶，不仅需要真心实意、毫无保留的付出，需要真刀真枪下气力的苦干，有时还要承担风险，承受委屈，没有一点奉献精神和无我的境界，是坚持不下来的。"你若不离不弃，我必生死相随。"这是匿名信事件后吴鹏程在北航附中全校大会上讲的话，也是承担教育帮扶使命的人大附中人的诺言。

图 2-2 拆除临建平房，为学生建起了操场

激活每一个细胞

当初，走进北航附中的李峛校长发现，这里有一支功底不错的师资队伍，学校不乏优秀、有才干之人。

"只是，他们总是停留在怀念美好的过去上，对学校现状没有信心，工作没有干劲。要想转变局面，首先得把人心激活起来。"李峛校长回忆说。

我们召开北航附中发展建设报告会，与北航附中全体教师一起探讨学校的发展规划，拟定了具体的发展目标——要在短时间内把北航附中建成一所声誉良好、教学质量较高、办学特色鲜明的海淀区示范校。

有了目标就有了方向。我为北航附中全体教职工作了人大附中办学理念及教育实践与探索的报告；王珉珠书记、周建华副校长分别作了"学习型学校建设的理念与实践策略"、"教师专业发展的探索实践"报告；人大附中各学科教研组长，多次深入北航附中搞跨校主题教研活动；一批人大附中名师到北航附中开设选修课，如语文特级教师于树泉开作文专题讲座，陈莲春老师开设"张爱玲作品赏析"，等等。

2007年，北京市全面启动新课程改革。我们创意成立人大附中、人大附中分校、北航附中"课改联合体"，三校教师集体备课，一起进行校本研修，共同实施模块考核及学分认定，还实现了跨校选修课程。这让北航附中师生受益匪浅。

北航附中规模小，教师少，有的学科只有两三名教师，现在能和这么多同学科的教师在一起交流切磋，他们的视野和思维被打开了。北航附中副校长许杰说："人大附中有很多名师资源，通过和他们近距离接触，既感受到他们的风采，也使我们更透彻地理解课标和教材的内容，更准确地把握教学方向。"

两校教师亲密无间的合作，成就了不少佳话。人大附中袁中果老师与北航附中王泽民老师携两校学生组成"人大附中—北航附中FVC"机器人联队。从2007年5月海淀区机器人比赛，到2007年8月全国青少年机器人大赛，一路过关斩将，连创佳绩。2007年10月18日，这支队伍参加了在韩国首尔举行的首届亚太地区VEX机器人工程挑战赛，经过激烈角逐，夺得金奖。

事实证明，当教师的专业化成长得到关注时，他们就会变得朝气蓬勃。

一所优秀的学校，不仅要有一支优秀的教师队伍，还要有一支优秀的干部队伍。当时，北航附中在干部培养上出现了"断层"。为了增强北航附中自身的"造血"功能，必须培养他们自己的干部，但这个过程也不是一帆风顺的，我们做了大量的工作。

2008年6月，通过深入调查、公开选拔，反复做工作，我们从学校提拔了八位校长助理，分管德育、教学、科研、行政等方面的工作。他们先后在自己的岗位上成长、成熟起来，个个成为独当一面的管理行家，其中许杰、燕辉升任副校长。

许杰曾讲述过自己走上副校长岗位的心理历程：

> 记得当时刘彭芝校长找到我，希望我担任北航附中教学副校长，我没有答应，后来说急了，我还哭了。这个担子太重了，我怕干不好，一方面会影响学校的发展，另一方面也辜负了领导的信任。后来，我为什么又想通了、接受了呢？这主要是被刘彭芝校长和人大附中外派干部为了北航附中的发展殚精竭虑、没日没夜的奉献精神所感染。我想，人家"外人"尚且如此，我作为北航附中人怎么就不能为了学校的发展多承担一些呢？

副校长燕辉说："人大附中的领导、教师带来的这些东西，把我们一步步引向了正轨。原来我们老师也想使劲，但不知道该如何使劲。"

"龙"在腾，"虎"在跃，北航附中的活力被激发起来了。

走好课改"上坡路"

罗滨是人大附中主管教学的副校长，抓教学、科研得心应手，派她接替李峪、担任北航附中执行校长，她二话不说就去了。罗滨后来回忆：

> 我到北航附中负责学校的全面管理，刘校长嘱咐我，要带领学校走正道，走大道，实现发展。实事求是地说，这份工作对我来说，既突然、又有很大的压力。一是我在人大附中一直做副校长，没有全面管理学校的经验；二是当时正值北京市高中课改第二年，老师们遇到很多困难，焦虑多、担心多；三是北航附中正处在发展期，实际情况与大家的期待距离还较大。但是，事情紧急，只有一条路：努力干好。

向上的路总是艰难的。一所学校，安全是保障，质量是生命。罗滨到北航附中后，在全面完善管理制度，确保安全底线、保证学校稳定运行的同时，认定要排除一切困难，开展教育教学科研活动，让更多老师参与，让更多学科参与，只有这样才能推进新课改，让每个孩子都能享受到更好的教育。

自2008年7月开始，罗滨带领北航附中开展了为期一年的系列课改研修活动。

他们首先从课堂教学切入。让"努力上好每一节课"成为教师的行动。为了提升课堂教学质量，罗滨自己作讲座，还先后邀请了教育部教师发展基金会杨春茂主任、时任北京教育科学研究院副院长张铁道、时任北京市教委基教二处李奕处长、北京教育学院时俊卿教授等专家来校讲座。同时在教研组、年级组组织各类研讨，并邀请了40多位市区教研员分别到学校各个学科听课，给教师以现场指导。这是北航附中历史上第一次如此全面的诊断和指导，为学校教学质量的提升进一步奠定了基础。

为了给教师发展搭建更大的平台，罗滨还想方设法引入资源，邀请北京市课改项目现场会在北航附中召开：

> 当时，我向北京市课堂教学策略项目的负责人时俊卿教授提出申请，把课堂教学的现场会放在北航附中。时教授同意后，我们全校动员，开始准备现场课。突然有一天，时教授给我打电话，问我会不会有问题，我听出他的担心，于是非常坚定地反问："你信任我吗？"他说："信任。"我说："那就不要有任何担心。"放下电话，我心里难受得很，我理解时教授的担心，也很坚决地让他放心，但是我心里何尝不担心啊！市级现场会就得有市级水平。于是，我们只能下更大的力气，带领教师、干部事无巨细，全面准备。现场课更是精心打磨：一起备课、听试讲、讨论、修改，史倩老师的初中数学、柴婵娟老师的高中历史，一遍又一遍。最终获得一致好评，也开启了相关教师参与课改的新征程。

新课改需要新课程方案、新课程标准、新教材，学生要选课、教学要实现三维目标。我们围绕"学校高中新课程推进，教师队伍建设整体设计、整体推进"，以"聚焦高中课程改革，关注学生需求"为主题，开启了连续五次的校本研修之旅：

"新课程，我们怎样走过"，关注学生的学习需求、关注教师的教学困惑；

"校本研修的评价与跟进"，从满足学生需求和教师改进服务两个方面，研究如何进一步做好新高二教育教学工作和新高一的起步工作；

"北航附中新课程师生恳谈会"，对新一年教学的思路和方法进行调整，对前两次活动效果进行初步检验，对新课程改革进行更深入的讨论；

"北航附中高中语文学习需求与教学改进讨论会"，聚焦学生对学法的强烈需求，选择语文学科先行，各科紧跟其后，开展系列学科需求与教学改进研讨；

"基于学生需求的教学改进——学科跟进规划"，总结推广语文学科的经验，推动其他学科改进教学方法，提高课堂教学质量和效率。

北航附中的老师们说："这样的校本研修，着眼学生需求，贴近教师，贴近课堂，又能循序渐进，让每一位老师受益。"

罗滨是北京市化学学科带头人，2007年进入高中新课程时，她在人大附中任副校长期间开设了一门国家选修课"实验化学"，受到学生热烈欢迎，成为一门需要抢课的选修课。到北航附中作执行校长，她把这门选修课也带到了北航附中，并在北航附中成立"名师工作坊"、"特级教师王人伟工作室"等，借助专家、名师的力量助推教师成长。

回顾自己在北航附中的一年，罗滨说：

我在北航附中虽然仅仅一年时间，却经历了很多很多，包括高考在内的一个完整学年教育教学周期中所有的工作，还有奥运会、工资改革、课改、引进人才、一些矛盾的解决等等，遇到了很多难事，感觉自己是在极限的边缘工作。但这一年也带给我太多的成长：让我体会了管理上的"严"与"宽"，学会了整体性思考、坚韧地面对困难、智慧地推进工作；让我更深刻理解了教学改革中的"快"与"慢"，学会了整体设计、机制助力、专业的支持，快速地学习、静心等待成长。这些都源于人大附中带给我的重要品质：一是爱，爱学生、爱教育。因为爱，所以有更多的智慧解决问题，有勇气面对。二是执着，一切为了学生的发展，敏锐的洞察，学生需要什么，就去努力做什么。三是学术领导力，这是教育教学质量的根本保证，也是重要的影响力。

扶上马，送一程

2009年6月，海淀区教委调罗滨到区教师进修学校担任党总支书记、常务副校长。经过校务会反复研究，人大附中又派出主抓高三工作的校内副校长于秀娟出任北航附中第四任校长。

得知要派她去北航附中，于秀娟心里不情愿，我也很理解她。在人大附中教历史、做班主任、抓高三，虽然任务繁重、压力也大，但她毕竟已轻车熟路，何况还有十几年积累下来的与同事、对附中的深厚感情。不过，于秀娟深明大义，心里纵有一百个不情愿，但她深知帮扶薄弱校的重要意义，理解"人的生命有大小之分"这句话的含义和分量。

与人大附中惜别之时，于秀娟流下了依依不舍的泪水，还抛给我一句话："校长，把我派到别的学校去，您会后悔的！"

其实，我心里又何尝舍得放手呢？于秀娟主抓的工作业绩突出，离开她人大附中确实会受影响。不过，北航附中的发展已到关键时刻，我们必须派一个熟谙人大附中教育理念、爱教育、爱学生、懂管理、能带领北航附中师生"打鱼"的领头人顶上去！

走马上任前，于秀娟恳请我说："校长，我是一个不会骑马、不爱骑马、害怕骑马的人，突然有一天被放上了马背。出于好意扶我上马的人，千万不要松手，请您再送我一程吧！"就这样，于秀娟接下了北航附中校长的接力棒，我和王珉珠书记退而担任顾问。

于秀娟很快发现自己是幸运的。"前任校长们给我打下了坚实的基础。"在继承他们改革成果的基础上，她"不动声色"地一头扎进调研中。她与每一位校务会成员和中层干部谈心，与老师们"聊天"。每天早上，她都早早来到学校，走进教学楼，与早到的老师和学生"不期而遇"，与他们亲切交谈。一个多月下来，她对北航附中的情况已谙熟于心。

就任校长后的第一次教师大会上，于秀娟讲到了人大附中高三团队的三种精神：团结合作的精神、科学研究的精神、努力拼搏的精神。后来她又加上了守正创新的精神。从那时起，这四种精神便成为北航附中发展的旗帜，也成为北航附中人精神的指引。

据北航附中的老师们说，于校长经常深入年级听课，了解每位教师的教学情况。每节课后，她都给出非常专业的点评和中肯的意见，还特别要求大家重点研读《教学反思与教师专业发展》。如今，每位教师每月上交教学反思已经成了惯例，学校还把其中优秀篇目及时编写成《教学反思集》。老师们的科研意识越来越浓厚，越来越多的老师参与区级、市级、国家级课题，并获得了优异的成果。

学校要实现持久发展，离不开青年教师的成长。于秀娟在这方面极有心、极用心。她有规划地培养年轻人，不只看一年、两年的发展，还着眼于未来的发展。英语教师刘晶的论文多次在区、市级刊物发表，承担的国家级课题"语感阅读"获得出色成果。2012 年她被评为海淀区骨干教师，2013 年被任命为北航附中英语组初中教研组长。对此，于秀娟校长欣喜地说："他们才刚起步，将来一定会更优秀！"

一个好校长，应该是一个优秀的领跑人。他不会满足现状，更不会只把眼睛盯在考试成绩上。而是有理想、有目标、勤学习、善思考，永远不满足，带领全校师生员工向着前方不停地奔跑。

于秀娟担任北航附中校长后，没有满足学校既有的变化和成绩，而是适时提出了"大学中学联动培养"模式，提出了"让学生走进大学实验室，与大学教授、专家、博士生、研究生、大学生面对面交流，把选修课开到大学课堂"的办学设想，努力构建北航附中"走内涵发展之路——打造魅力德育，推进智慧课堂，发展科技特色，建构小而精的生态校园"，形成符合自身特点的特色发展愿景。

于秀娟说："北航附中是'长'在大学里的附属中学，我们的学生每天都浸润在大学浓郁的学术气氛和航空航天高科技的创新氛围中，这是一个得天独厚的优势，我们可以依托大学的资源发展科技特色，打造小而精的生态校园。"

写文章有写什么和怎么写的问题，当校长管理学校也有个做什么和怎么做的问题。我的最大体会是，做什么比怎么做更重要，干正确的事比正确的干事更重要。干正确的事是大前提，大前提成立了，一顺百顺。根据学校自身特点制定发展目标，这就是在干正确的事。

走 特色发展之路

在于秀娟带领下，北航附中依托丰富的大学资源，积极探索大学中学联动培养科技创新后备人才的新模式。附中先后与北航的 29 个院系、研究所建立合作关系。北航的大学教授走进附中开办讲座，时任校长怀进鹏院士亲自为学生作"计算机技术的昨天、今天、明天"讲座；大学教授为中学生开设选修课，传递科技前沿的最新动态；附中学生走进北航的实验室、大学课堂，零距离体验科学研究；北航的很多大学生社团也向附中开放，附中的学生和大学生们一起参加各种社团活动。几年中，于秀娟和她的团队做了如下努力——

2008 年，北航工程训练中心成为北航附中的定点培训基地，工程训练中心所有实验室和教师资源向北航附中开放；

2009年，北航无人机所与北航附中达成稳定共建关系，不仅在飞行器科学教育、航模队训练等方面大力支持附中，并承诺在北航附中完成抗震加固改造后为其建立"飞机模拟驾驶教室"；北航系统工程系将本系的"系统工程可靠性国家重点实验室"向附中科技课程开放，学校初中选修课"科普大世界"形成与该实验室的共同固定课程；

2010年起，北航多媒体艺术学院在附中初高中开设"Flash动画设计"、"3DMAX设计"选修课，为学校电脑多媒体制作小组安排指导教师；北航生物工程学院与北航附中达成共建协议，为北航附中开发相关科技教育资源，以供学生选修课、科技活动和科技小组使用，并为学校参加创新大赛的学生提供研究科研环境和指导；北航电子工程学院向附中开放电磁波训练教室、电子仪器训练教室、网络安全实验室等科技教学资源；北航统战部提出与北航附中共同申报北京市"翱翔计划"；

2011年，北航虚拟现实国家重点实验室为附中开设选修课程及科普讲座；北航团委向附中开放所有大学社团，并力促大学社团在附中设立分社；北航大学飞行学院支持北航附中建立北航附中通用航空科技教育基地。

截至2011年4月，北航附中与北航大学14个院系、研究所建立了稳定的合作关系，附中学生可以进入的北航大学生科技课堂训练中心8个，实验室22个。

2012年，经北京市教委批准，北航附中与北京航空航天大学共同开办"高中通用航空科技教育实验班"，时任北航校长怀进鹏院士担任实验班领导小组组长。"通航班"在培养模式、课程设置、教师团队等很多方面都进行了改革。这一培养模式开启了培养通用航空后备人才的探索之路，从高中阶段就把心怀蓝天梦想的孩子们带到了翱翔的起点。

图2-3　北航附中学生走进大学实验室

北航附中在充分利用大

学资源的同时，在办出特色、培养科技创新人才方面还充分挖掘其他社会资源。

学校与IBM已形成长期稳定的科技教育合作，每年都会在校内开展"IBM EWeek"课程学习，以及虚拟清洁能源发电比赛；2010年，第一次和企业联合形成了科普校本教材——《北航附中—IBM EWeek PowerUp》

图 2-4　北航附中学生在大学虚拟现实实验室上选修课

清洁能源教材；与中华世纪坛、北京植物园、中国地质博物馆、北京教学植物园、中国科技馆等单位都建立了固定联系，每年举办各类科技教育活动，其中，参加北京教学植物园每年举办的"壳牌美境"活动已经成为学校的固定活动之一。北航也积极帮助附中寻找社会资源，比如在西昌卫星发射中心现场参观卫星发射等。

图 2-5　北航附中学生王铁获得第十五届"北京青少年科技创新市长奖"

在这种大学中学联动引领学生进行科技活动，培养学生的科学方法、科研意识和科技精神的培养模式下，北航附中一些拔尖创新人才苗子已崭露头角——有学生入选翱翔计划并作大会发言；有学生科技创新作品在日本中学国际科技节上展示……

2010年，中央电视台《成长在线》栏目参访北航附中航模队。同年11月，《人民日报》大地教育专刊报道了附中的科技节活动。

"北航附中模式"越来越引人注目，学校逐渐形成了以航天科技为龙头、以航模和机器人为亮点的科技教育特色，成为名副其实的北京航空航天大学的"附属学校"。

2013年，于秀娟不幸罹患重病，忍受着身体的痛苦，精神的压力，她没有放下工作。两次手术回到工作岗位后，仍一如既往地为北航附中的发展殚精竭虑，为扩大学生的活动空间奔走忙碌。为了让她好好养病，2015年9月，人大附中联合总校决定把她调回总校工作，早已成为"北航人"的原书记吴鹏程接任于秀娟，成为人大附中派往北航附中的第五任校长。

图2-6 刘彭芝校长与北航附中历任校长接受采访。现场自左至右为：刘彭芝、李岧、吴鹏程、宋官雅；背景屏幕上左三为罗滨，左四为于秀娟

就这样，我们外派到北航附中的校长，调走一个，又派去一个；病倒一个，又顶上来一个，北航附中在五任校长的接力中稳步发展、提升。

经历了十几年的帮扶，北航附中从下滑走向崛起，而今已成为涵盖小学、初中、高中的北航实验学校，并于 2017 年 4 月接管了中关村中学分校（原学院路中学）。在这所小而精的优质校里，教学楼、实验楼拔地而起，室内体育馆落成使用，各类专业教室配备齐全。学校各类办学指标不断提升，中考成绩稳居海淀区前列，高考成绩逐年提高，重点本科上线率达 85%。老师们感慨"学校发生了翻天覆地的变化，进入了快速发展通道"。

据说网上曾经流传着一篇文章《名校背后的故事：盘点北京中学之最》。在所列举的"十个之最"中，"最牛的普通中学"是北航附中。文中写道："北航附中与人大附中合作办学以来，教育教学质量不断提升。作为一所普通校，近年来，高中录取分数与高考成绩都超过了很多示范中学。"

经过北航附中、人大附中两校教师员工的共同努力，如今的北航附中，已不再是"最牛的普通中学"，而是海淀区一所"真牛的优质中学"——

2011 年，成为海淀区示范校；

2012 年，成为北京市科技教育示范校、北京市教育科研先进单位；

2013 年，成为北京市体育传统校；

2014 年，成为北京市高中优质资源校；

2015 年，成为北京市金鹏科技团成员校；

2015 年 11 月，更名为北航实验学校，涵盖小学、初中、高中；

2017 年，被授予全国航空特色学校示范学校；

2018 年，荣获全国首批 STEM 教育领航学校；

2020 年 10 月，获评海淀区高中新品牌学校。

当初我们走进北航附中时，校园里缺少生气，教师员工人心涣散。短短几年，我们开展的各项工作一点点收到了成效。人大附中五任校长的帮扶接力，带去了人大附中人的教育理念、工作作风、精神风貌，从班子到骨干，从骨干到群众，干部带动员工，教师带动学生，逐渐形成一个"场"，使校园恢复了勃勃生机。一个好校长，一个优秀的领导团队，不就应该有形成"场效应"的能量吗？有了这个"场"，才能聚集人气，凝聚人心，团结起来一起干事业；有了这个"场"，就能化腐朽为神奇，创造出教育的奇迹。

而今，借力北京航空航天大学和人大附中，北航实验学校因势而谋、顺势而为，正大手笔地书写着一所老校新的历史篇章。

启示

北航附中由于各种原因从一所优质学校滑落为一所较为薄弱的学校。人大附中以不冠名的方式开展帮扶，先后向该校派去五位校长，在他们的带领下，北航附中扭转颓势，提升为区域内让老百姓满意的学校。

1.授人以鱼不如授人以渔，授人以渔不如派出组织打鱼的人。人大附中给北航附中先后派去五位校长。教育帮扶不仅需要无私奉献，还需要坚定不移的信念。

2.帮扶薄弱校不仅需要从内也需要向外挖掘资源。我们在帮扶过程中不仅帮助北航附中从内改善管理与教育和教学，而且充分寻求北京航空航天大学的资源和支持，让北航附中从软硬件两方面都得到很大的改善。

3.帮扶不是复制，而是要根据校情，寻找学校的潜在优势，使其特色发展。北航附中是一所"长"在北京航空航天大学校内的学校，学生每天都浸润在大学浓郁的学术气息和航空航天高科技的创新氛围中，这是一个得天独厚的优势，所以我们提出了"走内涵发展之路——打造魅力德育，推进智慧课堂；依靠北航大学资源，发展科技特色"的发展思路。

4.近距离帮扶有着天然的地域优势，可以充分共享优质资源。北航附中距离人大附中较近，有利于教师之间的交流与互动——集体备课、听课评课、短期集中培训……这对于提升薄弱校的办学质量至关重要。

二、人大附中翠微学校：诲人显翠，成著于微

2018 年 4 月，北京电视台《非常向上》栏目以"发现身边的'黑马校'"为题，报道了"通过薄弱校重组改制"后的人大附中翠微学校。

随着镜头走进人大附中翠微学校，这里很像微缩版的人大附中，学生自信阳光，教师乐教敬业，家长认可度高。

伤 筋动骨也要帮

2014 年，北京市和海淀区教委构建"教育新版图"，经过调研后发现，海淀南部的翠微地区优质教育资源相对紧缺，而最薄弱的要算翠微中学和卫国中学，于是，提出希望由人大附中承办这两所学校。

当时，人大附中已先后向薄弱校输出了几十位干部和骨干教师，实在很难再往外派团队了。可是，这两所学校的情况又确实令人揪心。

正当我们左右为难时，人大附中联合总校党委书记、人大附中副校长刘小惠来找我："校长，让我去试试吧。"

听到小惠的话，我感到很震惊同时又很担心。小惠当时担任着学校党政领导的重任，且刚做完手术，再任一个校长，这么艰巨的任务，身体吃得消吗？我很惊讶地问："你行吗?"

小惠很坚定地说："校长，没事，让我去试试吧!"

听她这么说，我没再阻拦。经校务会讨论，同意刘小惠出任人大附中翠微学校校长。

几天后，她拿来一份草拟的外派团队名单给我，一共 16 人，有主抓人大附中高三、初三教育教学的校内副校长、校长助理，还有特级教师、教研组长，以及包括体育在内的各个学科的市区级学科带头人、骨干教师，个个都是精兵强将。

看着这份名单，我对小惠说："你这是要把人大附中拆了呀?"

小惠笑着说："校长，去翠微、卫国的教师可以采取轮流支教的方式，先派出

这些老师，以后再给换回来。在人大附中，应该形成一种支教的风气，鼓励老师们轮流去支教，对支教的老师要予以表扬、加分。"

学校教师队伍本已捉襟见肘，她一下子就提出要抽走16个人，而且都是精兵强将！说实话，我真是舍不得！

小惠主动请缨，震撼之余我的第一感觉是心疼，无论如何也得帮她一把。不过，帮是帮，可看着她递给我的名单，我还是担心会对人大附中造成"伤筋动骨"的影响。

校务会反复讨论，最终还是通过了派这16个人到翠微、卫国。一位主管教学的副校长听说要抽调这么多骨干，难受地说："我真是心疼啊！疼得像挖心挖肉似的。"可既然要承担社会责任，就必须要有奉献精神。

2014年4月30日，人大附中与海淀区教委签署了承办翠微中学、卫国中学的协议，两校合并更名为人大附中翠微学校（简称"人翠"），将初中部设在原卫国中学，高中部设在原翠微中学。

2014年5月12日，人翠举行成立大会。我和市区相关领导及人大附中联合总校的领导出席了大会。新任人翠校长的刘小惠一一介绍了人大附中支教团队成员后，对全校师生员工说："从今天开始，我们16名干部教师将与翠微中学、卫国中

图2-7　刘彭芝校长参加翠微学校开学典礼，右三为翠微学校校长刘小惠

学全体教职员工集结成一支新的团队，齐心协力办好我们的学校——让我们的学生在这里成长得更健康更快乐，让我们的教师员工在这里工作得更幸福更有尊严，让我们的学校发展成为一所有品牌、有特色的好学校，不辜负市区领导的重托和人民群众的期盼。"如果说人大附中为了帮扶薄弱校不惜伤筋动骨，那每一个奋勇前往的人大附中人，也都是义无反顾，在所不辞。

走出去是光荣的，而走出去的路却充满艰辛。无论对人大附中还是对翠微、卫国两校；无论对支教的干部教师，还是对原来两校的教职员工，注定都要经历一段艰难痛苦的过程。

小惠曾说："独当一面出来闯，有时内心的割裂感特别强。在人大附中，有困难找刘校长，有靠山。出来了，自己什么事都得做，什么角色都得演，什么人都要打交道。一开始真的感觉有时挺无助的，也更佩服刘校长的头脑和胸怀了。"

刘蓓，现任人翠副校长，主管初中部。1997年她大四实习时就来到了人大附中，用她自己的话说"我是土生土长的附中人"。告诉刘蓓要派她去翠微时，我对她说："你在人大附中快20年了，该出去锻炼锻炼啦。"刘蓓一听很惊讶："校长，这事太大了，能让我考虑一下吗？"

刘蓓后来回忆说：

> 去翠微帮扶是学校交给的任务，我没有二话。让我舍不得的，是自己近20年身处其间的附中团结融洽的工作氛围，与自己合作得非常好的领导同事。而最让我发愁的是，女儿生下来直到小学毕业，都在通州由我母亲照看，我一周才见女儿一次。终于她该上初中了，可以在我身边上学了，如果我去翠微，再把孩子交给老人合适吗？让她自己在附中上学我见不着也管不了，行吗？学习、安全、青春期……去翠微唯一让我心动的是，如果去了那里，大概就能辞去当时承担的双师教学任务，减轻由此带来的工作负担和压力。没想到，校长一句"'双师教学'跟着你上翠微吧，那里的学生可能更适合边远地区第二课堂的学生"，把我这可以偷点儿懒的念头也打消了。

深思熟虑后，刘蓓作出了决定——带着女儿去翠微！让她没想到的是，女儿坚决不干，"我不去翠微，穿翠微的校服太丢人了！"家人也不理解，别人千方百计、不惜一切想上的人大附中，咱们怎么就自己放弃了呢！

图 2-8　人大附中翠微学校部分支教老师合影

不过，刘蓓有自己的想法：

经过我们两个多月的入校调研，我认为翠微、卫国的学生也有很多优点。他们待人彬彬有礼，行为举止有规矩，课间操都很认真，还很有节约意识；只是整体上缺乏自信，成绩不够好。让女儿去翠微读书，可以让翠微、卫国的老师学生看到我们帮扶的决心，看到我们会像对待自己的孩子那样，去对待人翠的所有孩子。我希望他们相信，在不久的未来，我们一定能办出一所让孩子们引以为傲的学校！

派到翠微支教的老师们，都像刘蓓一样，各有各的困难。赵志勤、季雪娟、陈

图 2-9　刘彭芝校长与人大附中翠微学校老师开会讨论问题

颖、谭松柏等老师，孩子都要上小学，他们放弃了上人大附小而把孩子送到了翠微小学；为了方便工作，谭松柏老师和家人在人翠附近租房，他爱人甚至从国企辞职，在翠微附近另找了一份工作；季雪娟老师把自己在世纪城的房子卖了，换到人翠对面置房安家，下定了扎根在翠微的决心。

舍得，舍得，有"舍"才会有"得"。背负光荣的使命，人大附中的外派干部和教师，舍一己一校得失之小我，求帮扶薄弱之大得，满腔热忱地投入帮扶工作。

向上之路始于脚下

人大附中团队进入卫国中学、翠微中学后，各种各样的问题扑面而来。

翠微中学的校园只有 13 亩地，操场跑道只有 140 米；卫国中学也不到 15 亩，连基本的办学条件都不达标。学生每天进进出出的校门口贴着各种各样的街头广告，甚至还有治疗不孕不育的小广告。校园里道路狭窄，让人感到压抑，唯一空旷点儿的运动场，竟被高高的铁丝网护栏围住，更给人一种憋闷透不出气的感觉。看到这种状况，我立刻提出："运动场上的铁丝网必须拆掉！"

在这么小的学校，卫国中学的三栋楼却有两栋被出租，仅有一栋楼可供教学使用。我们进去时，楼道灰暗，毫无生气。操场北面的一栋楼被培训机构租用，墙上挂着培训机构的牌子，合同上定的租期是 50 年；校园西侧的一栋大楼，是羊坊店街道委员会的办公楼。看到每天几百名成人和学生一起在校园里穿插行走，上班、上课，我心想：这样的环境哪儿像个学校啊！一定得想办法，培训机构必须走！

可让培训机构腾退租用楼房，说说容易做起来实在难。当时学校与培训机构已签订了几年合同，让他们立刻搬走，会伤及人家的利益。所以刚开始商谈，他们或态度不好甚至凶狠。或以负责人不在北京为由推脱，糊弄我们不予商谈；或提出培训学员已正常上课，中途停课要承担很大损失，等等。进入翠微、卫国的最初两三个月，我几乎每天都要为腾退卫国中学北楼一事奔走交涉，与政府和培训机构协调商讨，研究进展，应对各种问题。个中的艰辛与艰难，我所承担的压力和危险，难以尽言！

为了加快腾退进度，市、区、街道的相关领导及公安部门有关人员都深入学

图 2-10 刘彭芝校长与翠微支教团队

校，参与解决腾退教学楼之事。我和小惠校长分工合作，密切配合，与培训机构负责人进行谈判。最后，北京市教工委书记、海淀区主管教育的副区长，街道办事处、海淀教委齐抓共管，才终于把被占用的两栋楼还给学校办学。

卫国校园西侧的楼是羊坊店街道的办公大楼。我们看到四层大楼里的办公室井然有序，办公设备安置得妥帖齐全，感觉让政府把这么大的办公空间腾退出来几乎不可能。就提出先腾出三四两层，设备比较多的一二楼层暂缓。但海淀区政府和羊坊店街道大力支持配合，主管教育的副区长亲自出面协调，最终用了几年时间，这栋大楼全部腾退给学校了。

同样，当时的翠微中学也有一栋半楼被出租。人翠校园小、办学空间不足仍旧是个问题。我们注意到卫国中学围墙外的 189 中学空置多年，后被别的学校占用。我多次找市区领导商谈，市教工委书记、海淀区主管区长亲自主持召开班子会，作出了将 189 中学日后交给人大附中翠微学校的决定。现在，这个校园已成为小初贯通的人翠小学部。

现在的人翠，已旧貌换新颜。能在这么短时间内完成办学环境的提升、改造，这和市区政府领导的大力支持，我和小惠校长的密切配合、全力投入分不开。从翠微、卫国两所学校的蜕变，充分证明了政府下大气力将薄弱校办成优质校的决心。

除了硬件条件差、基本办学条件不达标，翠微、卫国两校的软实力之薄弱也令人震惊。让我们特别着急的是优秀教师大量流失，在岗教师很少有教学骨干，很多人所学专业与从事的工作完全不对口。师资队伍决定着办学质量，这种情况必然导致学校生源大量流失。

这里的确是海淀教育的洼地。中高考成绩在全区连年垫底；学校生源流失率居高不下，以翠微中学为例，2013 年初一学生流失率 40.89%，初二学生流失率 49.7%，初三学生流失率 53.9%，家长们宁可把孩子送到河北读中学，也不愿来这里上学，害怕耽误了孩子。

我们进驻的第一年，小惠校长为了学校发展，好不容易到区里争取了 80 个推优生名额，没想到最终只有 7 个学生填报人翠。

刘蓓回忆：

> 有一天我在办公室，翠微一位老师见到我就大哭起来，边哭边说："我女儿怎么那么倒霉呀，被推到咱们学校了！"原来那孩子的志愿根本就没报翠微。
>
> 我跟她说："我女儿也在这里呢，咱们一起努力把学校搞好，让我们的孩子也能接受到优质教育！"

5 月 4 日上午，我在办公楼三层会议室和小惠及派往翠微的老师们推心置腹地谈心，我说：学校这次下这么大力量，在人大附中的帮扶史上可是空前的。你们肩负重托，在新学校工作一定要谦和、低调，要尊重人家，遇事友好协商；要尽快适应新环境，协调好各方面关系，踏实工作，干出成绩！

下午，我又带着小惠校长和人翠的领导团队到羊坊店学区翠微小学、七一小学、羊坊店中心小学、羊坊店四小、五小，与学校的校长见面会谈，了解学区学生情况、升学情况，部署人翠的招生工作，承诺要让每个走进人翠的孩子都能健康快乐地成长。

5 月 6 日下午，在人翠第一次全体会上，我向人翠教职员工阐释了人翠的办学意义、办学理念、办学思路和办学愿景。消除部分教师的疑虑，振奋大家的精神。我在会上提出，既然是人大附中翠微学校，就要秉承人大附中的办学理念、科学的教育教学方法和求真务实的工作作风，汇集三校的师资，凝聚三校的智慧力量，全校教职员工要相互学习、携手并进，精诚团结、共同奋斗，才能让学校的面貌焕然

图 2-11　刘小惠校长与人大附中翠微学校学生们在一起

一新。

5 月中旬，秋季招生工作启动。小惠校长带领团队紧锣密鼓筹备部署小升初、初升高招生说明会。

5 月 18 日下午，人翠校园开放日在初中部、高中部同时举办。面对当年的招生新政策，刘小惠校长组织老师制定科学的招生操作程序，从排队到填表、审核、

面对面交流等，一一做好每个环节的准备。招生说明会那天，前来咨询的人数比往年明显增加，刘小惠校长与报名的学生及家长面对面交流，耐心解答他们的疑问。高中学区的书记兼常务副校长丁利、初中学区的刘蓓副校长也深入各生源学校进行宣传。一位来访的家长对学校充满期望："这下好了，好学校就在家门口了，我们再也不用带着孩子赶早摸黑挤车或者租房了！"

"领头雁"带出好雁阵

我们进驻翠微、卫国时，虽然校园环境差，办学水平较低，可对两校原来的教职员工来说，工作没什么压力很清闲。如何在短时间内把教师员工凝聚起来，让他们振奋起来，就成为我们办好人翠的前提和关键。

面对诸多难题，刘小惠校长带着人大附中团队的所有干部、教师全方位参与学校方方面面的工作，担起校长、书记、副校长、校长助理、学科顾问、备课组长、班主任、任课教师各项重任。

不经历风雨就看不到彩虹，大俗话中蕴含大道理。小惠校长是一个在家待不住、闲不住的人，是个爱做事而且追求高效率、追求完美的人。1998 年，我在学校提出教职员工要去学计算机、学英语、学开车，要学习和掌握与 21 世纪相匹配的技能和语言。为此，我努力为老师们创造条件，搭建平台。刘小惠当时是校办主任，是我重点关注的年轻干部。她率先参加了计算机培训，又第一批拿到了驾照。

后来，我又为她申请到一个去英国学习的机会。她主管人大附中艺术教育，学生艺术团连年获得国内外大奖。而今，她主动投身教育帮扶事业，我和人大附中人亲眼见证了她是如何带领她的团队拼搏奉献的，看到作为一名年轻的校长，在艰难困苦中是如何迅速成长起来，成为一个能独挑大梁的优秀校长的。

图 2-12 人大附中翠微学校支教团队一起研讨

谈起做校长的体会，小惠校长说自己感悟最深的就是"心胸、无私、勤奋"；感触最深的是"规矩"二字。在她看来，基础教育的车辙，前辈们基本已经走出来了，对初当校长的她来说，遇事最重要的是首先搞清楚什么能做，什么不能做。学校发生的每件事都与方方面面有所关联，校长的一句话、一个决定，都有可能引发蝴蝶效应。这些年，她和她的团队不计回报辛苦付出，不辞辛苦奔波劳碌，不仅换来所在学校办学水平的提升，也升华了自身的教育人生。

数学教师仇金家，除了在一线上课外，担任过学校数学组顾问，与教研组长一起负责人翠数学组的规范建设；先后收过三名青年数学教师为徒；还从高一到高三逐年担任年级主管领导，探索科学、规范、多元的年级管理模式。承担教学工作，教研组、年级组管理工作的同时，他还先后担任校长助理、教学副校长、学校党委书记，参与学校各项管理。

谈起自己在支教过程中的成长，仇金家说：

> 从延庆永宁到人翠，我深深感受到我们送去的不是几节课，不是仅仅去教几个班，重要的是我们要把人大附中的教育理念、管理理念、教育教学经验带到翠微和卫国。如果说延庆支教是授之以鱼，这次就是授之以渔，而且是派去了领着打鱼的排头兵、领头人。如果延庆支教是为一支足球队派去外援，那这次翠微支教，更像是为这支球队派去了主教练和主力队员。人大附中支教团队

从战略决策、战术运用到排兵布阵，都要运筹帷幄、通盘考虑，整体把握。我们16位支教的干部教师全方位参与了学校方方面面的工作。我参与了许多以前从未做过的管理工作，在学校面貌发生深刻改变的过程中，自己的专业能力和职业追求也得到锻炼和提升，收获了满满的幸福感和成就感。

人大附中支教团队的干部和教师就像一只只"领头雁"，在教研组、年级组乃至整个校园排行布局，形成"雁阵"。从学校宏观发展规划、管理理念，到具体的管理模式、教育教学方法，多角度、全方位地渗透、引进人大附中的教育理念和教学模式，使人翠师生得以深度共享人大附中的名师资源、课程资源、社团活动资源、国际交流资源等全部优质资源。

王维是人翠初中校区一名年轻历史老师，在一次科研年会上，他发言说：

> 当听说人大附中承办这两所学校时，我的第一感觉就是我的卫国中学没有了，要在历史上消失了，我没有了归属感。三校融合之初，学校确立了年级学科备课组、学校教研组、人大附中本部、区里进修学习的四级集体备课。对如此繁复的备课学习，我感到很不理解。但慢慢地，随着与人大附中本部老师备课的深入，很多之前没有想明白的难点、重点，都迎刃而解，有一种豁然开朗的感觉；以前没有想到的教学方式、方法，在集体备课的过程中，慢慢地理解接受，找到了教学中的落脚点，并逐渐形成自己的教学风格。

从感觉失去了家，到后来在融合中找到生长点，这其实是很多原翠微、卫国两校教师的共同感受。

人大附中、人大附中联合总校为人翠老师的学习培训提供了大量机会。2014年至2015年，人大附中的骨干教师、教研组长到人翠举办讲座120余场，参与课堂诊断100多节，对人翠基本功大赛指导12人次。刘小惠校长既鼓励也要求每位老师都要参与附中本部、联合总校成员校的教育教学活动。老师们从中受益匪浅。

"于千万人之中遇见你所要遇见的人，于千万年之中，时间的无涯的荒野里，没有早一步，也没有晚一步，刚巧赶上了。"李育博老师用张爱玲的这段话来形容她与人大附中支教团队的相遇。她在《与人翠相遇》中写道：

我性格内向，刚上讲台会脸红、紧张。在教学的路上，我的师傅季雪娟老师一步一步地陪伴我成长，从备课思路到教姿教态，从语言表达到与孩子们的交流技巧，她都手把手地教我。记得第一次上公开课，师傅陪着我一个晚上一个晚上地熬。当上完课后拿出终稿与初稿对比时，连我都惊讶于自己能上出这么好的课。而在以后的日子里，当我上出一节又一节令自己满意的课时，自己都能感受到我的变化有多大！

记得第一次开家长会，为了能让我在家长面前完美亮相，年级组长陈颖老师放学后一次次地听我试讲，帮着我一起准备，使我最终在家长会上能够从容自若、侃侃而谈，赢得了家长的信任，为以后的工作打下了基础。

更令人感动的是刘蓓校长，只要有时间，就会在各个方面给我指导，不管是上课还是班主任工作，不管是跟学生的交流还是与家长的沟通，她总能结合我的特点给我最好的建议，甚至会一句话一句话地教我，我想这样的"待遇"只有在人翠才会有吧。

人大附中的外派干部、老师，带给了我们一种有温度的"匠人"精神。不管做什么事，只要决定做，就一定要做到最好。不仅是校园内、课堂上，就连外出活动也是如此，哪怕是一次小小的表彰大会，一次小小的观影出行，甚至可以细致到怎么上楼梯最安全、最节省时间。如此精益求精，怎么可能不成功！在这样的环境里，我怎么能不要求自己努力奋进、追求卓越！

王一然老师也深有体会：

初为班主任，尽管投注了全部的时间和心血，但结果却不尽如人意，班级问题层出不穷。为此，我很迷茫、懊恼，怀疑自己的工作能力，甚至想过放弃。这时，我的"人生导师"——来自附中本部的刘蓓校长来到我身边。她给我讲了很多她做班主任时的心得，帮我分析问题所在，甚至走进我的班级做起了卫生，瞬间她让我懂得了一个简单的道理——身教胜于言传！就是在这样日常的一件件小事中，刘蓓校长带给我一次又一次的启发，使我在班级管理中逐渐成长起来。第二年担任班主任，我开始不再一味地做"奉献型"、"服务型"教师，而是在"爱与尊重"的理念下，凡事更加动脑、用情。在接班不到一个月的时间，就把学生和家长紧紧地团结到了一起，甚至有一些家长找到刘蓓校长，表达对我们班的满意和热爱，强烈希望学校可以让我一直把孩子们送到高中。

除了对我班主任工作的指导，刘蓓校长还让我从年级副组长做起，参与年级事务的管理。这对我是挑战，亦是历练。当她发现我什么事情处理得不够好时，会直言不讳地告诉我。比如一次期中表彰会后，刘蓓校长给我打了近一个小时的电话，聊她参加活动的感受、哪些方面还可以如何改进。她对每个细节都高度关注，从不放松要求，让我切实感受到她身上严谨的工作作风。而工作外的她，又总是能想他人之所想，给人无限的温暖，这些都对我产生了极大的影响，使我也用真心、耐心、爱心、责任心收获了老师们的信任。此后，刘蓓校长更是顶着外界的质疑，推荐入职仅四年的我担任新初一年级组长。对于学校的信任，我不敢辜负，一刻不敢松懈，于是提前结束了产假，进入工作状态，不放弃任何一个学习、历练的机会。在刘蓓校长手把手地指导下，我的工作开展得非常顺利。

从一个新手到如今学校里最年轻的年级组长，感恩与人大附中、联合总校的相遇，使我能够站在巨人的肩膀上眺望，在先进教育理念的引领和优质教育资源的辐射下，成长成才，激发潜能，收获属于自己的职业幸福感。

小 校园，大课堂

在帮扶的过程中，我们的外派干部、教师也把人大附中"爱与尊重"的理念和奉献精神、拼搏精神、团队精神、创新精神带到了人翠，以身示范地带动、感染着这里的师生，并为他们的发展打开了无限可能。

刚进入翠微、卫国中学时，我们发现校园生活很单调，基本上没有社团活动，学生普遍不够自信。

为了改变学生的精神状态，刘小惠校长决定先从体育、文艺活动抓起。她提议说："我们的学生学习成绩不是很好，能不能先从提高他们的体育成绩抓起，先让孩子们活跃起来？体育搞好了，既能增强他们的自信心，也能增强他们的体质。"可是体育教研组长说："这不可能，所有成绩不好的孩子，什么都不好，我们学校的体育成绩能进入海淀区前30名都是值得庆贺的事。"

尽管老师们认为不可能，但在人大附中外派干部、老师的鼓励带动下，老师们开始带着学生积极训练。没想到，2015年中考体育成绩就进到了海淀区前30名，2017年获得海淀区公立学校第一名，194人参加考试，147人获得满分，2018年、2019年又连续取得海淀区公立学校第一名的好成绩。走出考场的那一刻，孩子们激动地跑过来拥抱自己的老师，脸上洋溢着自信和喜悦。

入驻人翠一个多月后，刘小惠又提出创建民乐团，利用课间操时间在全校招兵买马。不管会不会，只要喜欢点乐器的学生都可以加入。学校请来了中国民乐大师杨春林指导学生。杨老师第一次来人翠时，他问孩子们，你们都学过钢琴吗？没有人举手。那你们有谁接触过乐器吗？只有一个孩子举起了手，说她吹过葫芦丝。这就是当时乐团的状况。但杨老师没有失望，他教给孩子们怎样学习，并提出了希望，提出了要求。他还将自己的团队带进校园，一对一地教孩子们。这个零起点的民乐团当年就在海淀区学生艺术节室内乐比赛中摘得一等奖。如今，人翠的民乐团在海淀区已小有名气。

学校还专门聘用了优秀的舞蹈老师，为学生开设形体课，创建舞蹈团。由于学校没有舞蹈特长生，刘小惠就让初一的孩子自愿报名，从中挑选了一些有兴趣、身材顺溜的学生，组成第一个舞团。尽管进舞团的学生都是零基础，但是通过老师和学生的努力，舞蹈技艺进步得非常快，不久就初露锋芒。借助人大附中的国际交流

图 2-13 人大附中翠微学校民乐团演出

资源，人翠的舞蹈团连续两年随人大附中艺术团一起到美国访问演出，获得非常好的反响。消息传来，全校师生无不激动振奋。就这样，人翠师生的精神面貌越来越好，自信心慢慢建立起来了。

针对学校办学空间狭小的实际，学校将收回的大楼加以改造，不但扩展了教室空间，还给学生增建了图书阅览室，3D多功能厅，棋类、音乐、舞蹈、美术、劳技、信息技术等多个教室。

根据学校实际，人翠提出了"小校园，大课堂"的发展策略，注重活动的课程化、系统化、体系化建设。学校将研究性学习与社会实践相结合，课内与课外相结合，校内与校外相结合。鼓励学生走出去，到大自然中去，到各种博物馆中去，到科技馆、科研院所去，到历史悠久的名胜古迹中去，从知识的课堂走进实践的课堂，从书本的世界走入生活的世界，让学生学会在问题中学习，在实践中学习，在体验中学习。每一次活动，师生们都做足功课，从语文、政治、历史、地理、生物、数学等学科综合思考，专题研究，精心撰写研究报

图 2-14　人大附中翠微学校研学活动

告、制作展览板报。高中的同学印制学生作品集，初一学生人人动手，制作出自己的精美文集。"书包的成长"社会公益活动、"爱我中华"主题教育活动、徽州研学旅行综合实践活动等，课程建设和实施成效斐然，已成为人翠的特色课程。

原卫国中学和翠微中学基本没有选修课，社团活动也很单一。在人大附中入驻后的几年里，许多能带给学生综合素养提升的社团、选修课、学科实践、综合实践、国际交流活动都开展起来了，并迅速发展起来。目前，人翠开设了近100种选修课，社团活动蓬勃发展，综合实践活动、学科实践活动每个年级基本上每月一次。传统文化活动、体育活动、英语特色活动、科技活动、艺术表演、话剧展演、运动会、辩论赛等活动精彩纷呈，处处是孩子们展露才华的舞台。借助人大附中的国际交流资源，人翠先后承担了十几次外事交流活动，学生有200多人次参加英国

的游学团、美国的艺术巡演团。在活动中，人翠的学生与外国学生、港台地区学生近距离交流，自信心增强了，视野也开阔了。

如今，当人们走进人翠校园，看到的是：

学校门口的各种商业广告换成了学生活动的照片；

杂乱无章的校园被小喷泉、文化墙、小花园装点一新；

操场上，学生们在打篮球，跳扇子舞，舞龙，踢足球，小小的校园充满了朝气和活力；

教师们的精神面貌转变了，心气高了，职业荣誉感增强了；

生源流失率为零，很多到学区外上学的孩子又回来了。

原人翠有三位老师的孩子小升初没有选择翠微，而是分别就读于其他学校。人大附中接管学校一个学期后，2015年1月寒假前夕，三位老师找到刘蓓，希望能把孩子转回人翠。

2016年1月，一位副校长的孩子在海淀区一所重点中学读初一，对比一个学期后，也把孩子转回了人翠。从此，人翠教师的孩子小升初再也没有选择外校的了。

副校长刘蓓的女儿，现在已经不再用书包遮住校服上的"人翠"几个字，她的脸上洋溢着阳光自信的笑容。2017年，作为人翠的首届初中毕业生，她以优异成绩考入人大附中读高中。

2017年中高考，人翠交出了一份这样的答卷：

培养出了海淀区中考第一名，高中录取分数由2013年的458分，提升到519分；高考一本录取率，文科从2014年的14.3%提高到39.1%，理科从2014年的5.4%提高到36.2%。

人翠高考本科录取率不断上升，屡屡创造"低进高出"的奇迹。中考体育成绩已连续四年获得区公办校第一名。2018年11月，人翠被评为海淀区"新优质学校"建设工程项目校。

2020年5月，人翠成为集小学、初中、高中为一体的12年一贯制学校。

诲人显翠，成著于微。充满活力和魅力的人翠人，将不辱使命，砥砺前行。他们的口号是：要做，就要用心去做；要做，就要做到最好。办人民满意的学校，让孩子们在家门口享受到优质教育。

启示

原翠微中学和卫国中学无论师资还是生源都很弱，人大附中派出16人组成的支教团队，将一所"家长和学生都绕道走"的学校，办成了老百姓家门口的优质校。

1.优秀的支教团队对薄弱校具有巨大的拉升作用。人大附中支教团队将先进的教育教学理念以及奉献精神、创新精神带到了人翠，为这所学校注入了新的"基因"，使这所学校能迅速地改变面貌。

2.人翠作为两所老学校合并后的新学校，得到了市区政府的大力支持，得以首先从校园环境的改造和建设开始，改变了原学校的老、旧、乱象，焕然一新的校园氛围为师生员工带来了新的、向上的校园文化和精神影响，为人翠的发展奠定了基础。

3.区域内近距离帮扶的优势再次得到印证。与帮扶延庆永宁中学不同，由于人翠与人大附中距离较近，我们选派的领导和教师可以长期在学校任职，这就让优质资源能够长期发挥作用。

4.共享优质资源对于推动薄弱校开展新的教育教学活动至关重要。人翠迅速组建了艺术团，开设了诸多选修课，艺术团也很快走出国门参加展演活动，这都源于人大附中派任领导将附中的资源（包括各种机会）带入人翠并与人翠结合，从而使优质教育资源得以真正的共享。

5.帮扶老学校比新办学校更难，需要投入更大的力量。老学校原有的师资、文化会对帮扶形成影响，改变的难度很大，人翠是人大附中迄今为止教育帮扶中派出人数最多、团队最精干的，若无此，人翠难成新气象。

三、人大附中航天城学校：在一起，飞更远

> 海淀是北京也是全国的教育高地，但海淀北部新区的优质教育资源相对稀缺。地处新区的北京航天城大批科研人员及居住北部地区的群众，迫切期待着"家门口的好学校"。

好 校长能带出好学校

人大附中与中国航天人一直有着深厚渊源，很多航天员的子女都在人大附中就读。但随着我国航天事业的快速发展，航天城大量科研人员以及居住海淀最北部地区的群众，还是迫切期待着"家门口的好学校"。

2015 年初，海淀区委、区政府决定在北部新区友谊路建一所含有小学、中学的学校，由区政府负责具体筹建。学校筹建期间，航天城领导和海淀区教委有关部门多次来人大附中与我和班子商讨，希望人大附中、人大附中联合学校总校承办这所新学校。

办好一所新学校，首先要有个好班子，校长的选派至关重要。项目启动之初，区教委希望由人大附中党委书记兼副校长周建华担任校长。而作为人大附中党委书记，周建华不仅校内肩负重要的领导职责，还有人大附中联合总校常务副校长等重要工作以及多项社会兼职。

我考虑，周建华聪明勤奋，文理兼长，在附中从数学教师做到校长助理，再到副校长、党委书记，历练比较多。特别是在人大附中遇到舆情危机时，关键时刻他能站得出来。同时，在课程与教学、教师专业发展等方面，他有自己独到的思考与实践，承担本部和总校部分工作的同时，可以胜任航天城学校校长这一重任，学校党政联席会通过了这一决定。我对周建华说："你既要把人大附中和总校的工作继续做好，也要把航天城学校的校长当好！我们大家支持你！"

2015 年 1 月，人大附中、人大附中联合总校正式承办人大附中航天城学校（简称"人航"），周建华担任建校筹备组组长，人大附中二分校原副校长戴艺加入筹备

人大附中航天城
学校

组。新校筹建伊始，头绪多，责任重，考虑到周建华的身体和工作负担，需要尽快给他配备个得力搭档。

我最先想到了人大附中朝阳学校副校长、小学部校长马静。马静2000年大学毕业进入人大附中。因为年轻有活力，一到学校就担任了校团委书记和初三两个班的化学课教师。2006年，她加入延庆永宁中学支教团队，在那里一待就是两年，后又在朝阳学校任职锻炼，工作能力强、精力充沛，身上有股内在的坚韧，是个很好的苗子。

2007年，学校决定派支教团队赴延庆永宁中学时，考虑到这支队伍除了中老年教师也应该有新生力量，我对马静说："派你去延庆永宁支教怎么样？"当时，我还顾虑她刚熟悉高中化学教学，团委书记也干得得心应手，不一定愿意去，没想到马静二话没说回答："好！"

2010年底，刚送走延庆永宁班学生的马静被任命为人大附中朝阳学校（简称"人朝"）副校长兼小学部校长。2010—2011年主要负责人朝的筹建工作；2011年9月起负责人朝小学部全部工作、高中部教育教学工作以及全校的对外宣传、招生等工作。这对只做过教师和班主任的马静来说，一切都是全新的挑战。但学校委派的任务，马静说："没干过，硬着头皮也得干！"

艰难困苦，玉汝于成。人朝筹建时期，有一个分部校址在小区里，大车开不进，如果设施设备不能如期进校，学生就开不了课，她必须想办法！马静说，那几年她几乎每天都处在早七晚九、全年无休的工作状态；很多夜晚，她曾因工作进入死结而崩溃大哭，哭完了觉着不能丢附中的人，一定得再重新想办法！在身体和心智、生活与工作的磨砺考验中，马静成长起来。

2015年9月，马静从人朝调离加入人航团队。2017年1月，按照组织程序，周建华被任命为人大附中航天城学校校长（法定代表人）；马静被任命为执行校长，戴艺为副校长。2017年9月，马静被任命为人航党总支书记兼执行校长。

校长是学校的领跑人。做校长，管理学校，我一向倡导"细节决定成败"，无论什么工作"一具体就深入"，深入了才能抓准抓好。周建华是数学教师出身，在人大附中分管过多项工作。他肯钻研，做什么都用心尽力，不仅积累了经验，也提升了能力，这使他在人航建校开局时，能做到心有谋划，稳步推进。马静是化学教师，在人大附中教过初三、高中，当过班主任，在人朝做过副校长、小学部校长并

图 2-15 刘彭芝校长与人大附中航天城学校老师一起开会研讨

参与过新学校的筹建，不仅有教育教学经验，在管理中也表现了出色的执行力和创新力。两个人的密切配合，保证了这所新建校的发展既有顶层设计，又有基层推进，一旦找准方向，能开足马力起航。

2017 年 6 月 3 日，人航举行首次教师培训会。周建华校长在"在一起，飞更远——办一所新优质学校"的发言中，阐释了他对学校发展的顶层思考。同时，也向全体教师提出了一连串的问题：我们要培养什么样的人？要办什么样的学校？要实现怎样的发展？实施怎样的管理制度？学校应该建设什么样的文化？要给学生提供怎样的课程？要做什么样的教师？要开展怎样的教学？并提出"要把课程建设作为学校发展的发动机"。

课程和课堂是学校实施教育的核心载体。教育改革的着眼点是学生，着力点是教师，切入点是课堂。作为校长，周建华深知课程建构对这所新校和教师发展的意义，所以，上任伊始就把学校工作的重点确立为：一手抓教师队伍建设，一手抓学校课程建设。他认为，做一名好校长，首先必须提高学力。教师是"教"学生学习的，校长则既"教"学生学习，又"教"教师学习。他在会上向全校教师提出要做到"顶天立地"——教学理念顶天，教学基本功立地，希望老师们将自身的学习抓紧抓好，把每一堂课备好上好。而学什么，怎么学；教什么，怎么教，周建华进行了具体的示范引领。

数学教师李毅回忆，一次在准备说课作单元分析时，他讲到"数与代数部分包括数与式、方程不等式、函数。其中函数在中学数学教学中具有重要意义"，周校长就问他，数与式、方程不等式、函数之间有什么联系。而他之前没有思考过这个问题，当场懵了。后来经过思考，想明白了三者之间的关系，并将其添加到说课内容中，使得这部分分析增加了深度。在李毅的眼里——

周校长不仅会问问题，也很会答问题。我们有困惑，他总是耐心、细致有条理地解答。他不但能讲数学，还能很专业地指导点评其他学科。他会讲如何说课、如何提升教学质量、如何做科研等，讲得清楚明白，满满的干货。周校长说过，他曾经在乡村学校待了10年，把工资都用来买数学教研资料，平时很爱看书。这点是我最敬佩的。一个人胸中有书，才能言之有物，作为校长，才能对我们教育教学中遇到的问题，给出切实可行的解决方法和策略。

图 2-16　人大附中航天城学校开学典礼

2017 年 8 月，学校正式开学前的第一次科研年会——暨人航小学一年级教师培训会，周建华在会上发表了"人生，在这里起航"的演讲，向全体教师提出了"站上讲台——站好讲台——站稳讲台"的要求，并指导每个学科进行课程体系构建，以便"谋定而动，实至势成"。

他在评价青年教师的课程方案时提出："学习课程标准，树立课程育人意识，学习六个年级的课本，基础课程全扫描，拓展课程、社团建设通盘考虑，注意学科融合。"

一名青年教师说："听了周校的评价，我像是吃了定心丸，知道自己方向对了。就像有了导航，可以继续做细做深了。"

建 构启航—领航—自航的课程体系

"把课程建设作为学校发展的发动机"，这句话无论对周建华自己，还是对马静和人航的所有教师，都不是说在嘴上、写在纸上的一句空话，而是基于教育教学实践的深入研究和大胆探索，是着眼学生发展需求的不断反思与探求。

在首次教师培训会上，周建华提出了学校要在"育人目标、学生需求、学科逻辑"三足鼎立的课程结构下，架构"启航—领航—自航"三级课程体系，并对此进行了解读阐释。

党总支书记、执行校长马静回忆三级课程体系的建构过程：

2017 年，学校开学时只招收了小学一年级，周校长委托我负责日常工作。我曾在人大附中朝阳学校分管过小学部，加之暑期培训时周校长提出构建课程体系，虽然当时我对课程体系还没有太多想法，只是基于过往经验，排课时就在课表中增设了经典诗文诵读、数学与游戏、音乐与律动等课程，同时开设了20 多门选修课和10 个学生社团，希望借此拓宽孩子们的视野，积累更多的"童子功"。

一天，周校长突然找我，和我分享了建构"启航（国家课程校本化实施，面向全体）—领航（选修，面向分层）—自航（社团等荣誉课程，面向个体）"三级课程体系的想法，着重向我解读了三级课程体系的架构逻辑，同时提出了做好中小学课程一体化建构的期待。

周校提出建构三级课程体系的顶层设计，但各个学科、不同年级的课程具体怎么建构，建构什么，我和老师们当时还一头雾水。不过有一点我很明确，我们现在还只有小学生，课程建构一定要着眼孩子未来的学习和发展。比如，作为曾经的理科生，后来的理科教师、班主任，我深感人文素养的积淀对青少年特别重要，对孩子一生都有益。所以周校长提出课程建构的想法时，我就首先想到应该为人航的孩子编辑一本《经典诗文诵读》读本。

语文教师关旻回忆《经典诗文诵读》校本课程的具体建构过程：

2015 年学校筹建之初，马静校长在课程构建时创意了编写中小学一体化的《经典诗文诵读》读本。但到底该为孩子们编一个怎样的读本？怎么既能提供中华优秀传统文化的精神营养，又能激发培养孩子学习经典诗文的兴趣和能力？如何既遵循了孩子不同年龄的学习特点，又能将广博如璀璨珍珠的经典诗文有序整理编排呢？

2017 年暑期，人航有了小学一年级学生。小学教师团队首次共同漫步诗海选材，编出了低年级的《绘本阅读》，诗画一体，重在诵读。

2018 年中学语文教师团队开始参与小学诗文选材。中学教师认为小学每周 8 课时的语文相当充裕，可拿出 1 课时专门让孩子们诵读诗文。

2019 年，搬入新校址。有一天马校找到我说："初一老师提出初中孩子的历史、地理学习起来困难很大，有没有可能在小学语文课中渗透，让孩子从小学开始关注历史和地理方面的知识，激发他们的兴趣？"我一时没有思路。当时，小学高学段经典诗文的编写正值困境，学过前 4 册读本，孩子们的诗词诵读量已达 200 余首，继续扩充诗词感觉只是量的累积。我和马校说起这个困惑，她想了想提出，是否可以选择一些专题诗人来学习，通过诗人一生诗文风格的变化，引导学生思考变化的原因，从而引导孩子关注诗人的际遇，尤其是重大历史事件对诗人一生的影响。

有了这个思路，我们便邀请中学历史老师参与研讨，选取了李白和王维两位生卒年份接近的唐代著名诗人，让学生通过诵读其诗作了解诗人纵向的人生轨迹，横向对比两人作品的风格。同时请历史老师开展大型讲座，介绍唐代历史。我们还邀请地理组共同编排了"古诗中的节气"和"古诗中的日月星辰"

两个板块的诗文阅读。第六册诗文中诗人专题包括"走近李白"、"走近王维"、"走近杜甫"、"走近白居易"、"走近王昌龄"、"走近李商隐"、"走近杜牧"、"走近陆游"，名胜主题包括"名楼名景"和"名山大川"。通过这样跨学科编排，一方面是挖掘诗词中的历史、地理、天文的跨学科学习因素，同时也培养了学生初步的历史观，使他们懂得无论哪个朝代诗人的命运都与时代息息相关，他们的作品都有历史的印记。这种跨学科的古诗文学习，是人航中小学一体化课程衔接以及跨学科课程的缩影。

2020年我校中小学语文教师又进一步深度合作，探讨研究，确立了九年一贯的国学经典课程一体化建构。

表 2-1 人航中小学国学经典课程一体化体系架构（第一版）

年段	诗词		蒙学、经集、古文	
	诵读领域	具体内容	诵读领域	具体内容
第一学段（1、2年级）	生活化	时令诗、动植物诗	蒙学基础	《弟子规》中汉字、《百家姓》中名人、《三字经》中的故事
第二学段（3、4年级）	情理化	亲情、乡情、哲理	音韵启蒙	《声律启蒙》选读《论语》中的汉字
第三学段（5、6年级）	综合化	诗词与整本书阅读（文化名人传记、历史典籍等）	哲学启蒙 中医启蒙	《孟子》《大学中庸》《道德经》选读《黄帝内经》（上古天真论）
第四学段（初中）		古文选读 诗词鉴赏	专题阅读	专题阅读：古代散文《古文观止》选读《世说新语》小故事《论语》专题阅读；以《史记》为代表的史传文学专题；《庄子》寓言故事

人航科学课的建构，经历了同样的过程。科学课教师刘媛回忆：

2017年秋季开学前首次暑期培训，人航迎来首批小学生。第一年暑期培训，周校长提出了构建学校课程体系。当时恰逢北京市将科学课从三年级调整到一年级开设，我们这些科学课老师还都是应届毕业生（均是理科硕士或博士），对课程构建没什么想法。马校说，先不要考虑太复杂的问题，科学课衔接初中理化生地课程，不少孩子初三化学课连用纸槽向试管里加药品都做不好，动手能力极差，能不能先解决一下孩子动手能力弱的问题？科学课每周可以加一个课时，增加的课时只能用于孩子的动手实践。就这样，人航小学低段的科学课从1课时增加到2课时，校本化实施为"科学与艺术"。

我们在这门课的科学内容基础上融合了大量动手创作的内容。例如一年级上册《植物》单元，在国家课程八个主题基础上对每个主题进行了延展。"我们知道的植物"拓展为"植物与生活"，通过衣食住行中的植物材料，拓展学生对植物的认识；"观察一棵植物"拓展为"植物的身体"，通过制作一朵手工花，深化对植物外部形态特征的观察；"植物是'活'的吗"拓展为"植物的生长要素"，通过种植植物深化对植物生命需求的认识；"观察叶"拓展为"多姿多彩的叶"，让学生认识了更多植物叶的种类，并通过蓝晒法制作叶画，与技术进行融合。

有一次马校参加备课，我们提到孩子剪刀胶水都用得不好，缺乏锻炼。马校立即说："那咱们就应该在教学目标里增加工具使用能力的培养，让学生通过科学课增强动手能力。"不久，在学校研讨会上马校又提出，所有学科都应该在学科目标中考虑劳动教育的渗透与实施。于是，我们开始有意识地将劳动教育渗透在小学科学课程中，每一主题的教学目标设计都增加了劳动专项目标。

从对科学知识的理解到作品设计，再到动手制作成品，将科学、艺术、工程思维相结合，在培养孩子使用工具的能力，形成主动劳作意识的同时，培养他们严谨的科学实验态度。

2018年暑期科研年会上，美术组分享了学科课程体系构建的做法。他们通过对中小学美术教材内容进行全面梳理，再对照课标将教学内容进行重整，建构了美术学科一体化的课程体系。我们考虑，科学课是否也可以做整体的构建？由此开始关注对课标和教学内容的梳理。当时科学课教材因改版还没有完整版教材，每次寒暑假教材刚出，我们就紧锣密鼓梳理下一学期的教学内容。截至目前，完成了已出版的教科版小学科学教材所有内容的梳理，包括4大领域、18个概念群，与中学化学、物理、生物学、地理等学科相关联。

过去我们的教育只注重把规律、法则的结论告知学生，却忽视了规律、法则的形成过程，导致学生只记住了结论，不会探索道理。构建中小学一体化的科学课程体系，有逻辑的纵向衔接，也有科学知识和科学方法的综合呈现，对学生科学素养的形成具有十分重要的作用。

为了做好课程体系构建，人航每年寒暑假都组织全校中小学教师培训，根据课程建设推进情况进行专题研讨。首先对1—9年级教材进行整体分析研究，然后对教材进行适度整合、拓展与延伸，推进国家课程的校本化实施；开展丰富多彩的校本选修课程，满足不同学生的分类发展需求；针对具有一定基础和特长的学生开设社团课程，满足学生个性化发展需求。"启航—领航—自航"三级课程体系由此建立。

针对低龄儿童越来越常见的感统失调，各年级全面开设了音乐与律动校本课程；为了加强学生的人文素养，研发了《经典诗文诵读》读本；针对数学学科小初衔接时孩子面临代数、几何的难度升级，从小一开设数学与游戏课程，通过魔方、华容道等益智游戏锻炼孩子的空间想象力和逻辑推理能力。还有提升英语阅读量的

图 2-17 "经典诗文诵读"活动现场

英文绘本课，培养乐感及节奏感的奥尔夫音乐课，增强体质健康的武术课和跳绳课，等等。一切都是人航教师自主研发开设，一切皆从学生学习成长的需求出发而设置。

目前，学校已经进行了9个学科的国家课程校本化实施，开设了80余门选修课，建立了近40个学生社团。

我说过，课程改革要处理好变与不变的关系，弄清楚哪些东西必须改，哪些东西不能改；课程改革也要处理好增加与减少的关系，提高教学效益，减少学生负担，让孩子学得多，学得好，学得又不累；课程改革还要处理好有意义和有意思的关系，着眼点和着力点应该在"既有意义，又有意思"上，给学生提供的"营养套餐"应该让孩子吃得有滋有味。人航三级课程体系的建构过程，又一次印证课程建设和教学改革不是空中楼阁，不能搞花拳绣腿，更不能画饼充饥，是积小步而成大步，积跬步而至千里；是潜心学习，深入钻研，不断创新。其间，校长的引领激励至关重要。有了正确的引领和有效的激励，老师们的聪明才智、创新力和创造力难以估量。

图 2-18　人大附中航天城学校航天研学周系列活动

几年下来，人航的课程建构，得到教育部课程中心和北京市名校长工作室的高度评价。周建华、马静都多次作为基础教育课程教材专家受邀参加教育部课程中心的项目研究和调研指导。在课程改革这条路上，他们带领人大附中航天城学校全校教师，在一张白纸上画出了既新且美的图画。

在一起，一起飞

人航的校园里，竖立着一个小型火箭模型，如果在空中俯瞰学校的建筑群，会发现它如同一架展开双翼的飞机。而这架飞机的动力，来自全校教师员工。

2021年学期末的一天，人航从上午8点到晚上11点安排了三个会议，累计15个小时。上午8：00到下午2：30，初一期末质量分析会；下午2：30到晚上8：00，初二期末质量分析会；晚上8：00到11：00，学校发展教职工问卷意见反馈分析会。有人说，初一、初二的分析会为什么开那么长时间？是不是走形式、搞"会海"啊？

周建华明确回答：通过对新初一、初二年级教学质量进行分析，是要告诉老师们教学质量由谁来分析，分析什么，怎么分析。对于我们这所新建的学校来说，没有什么现成的经验可借鉴，因此必须分析得特别细，细到每位班主任、每位任课教师都要发言，发言过程中大家还要进行质疑和讨论。老师们通过这样的分析会，学到了站位，学到了方法，学到了工作规格。对学校的下一步工作，做到了然于胸。

2021年2月开学前的科研年会，周建华又围绕"基于课堂教学的研究"这一主题，对教师说课进行了全面细致的点评，并以此为案例——分析了说课每个环节的意义、内容及描述，使老师们学会了课程构建的方法，明确了努力的方向。

人航为什么那么重视课程的建构？那么注重让教师说课？周建华说：

　　教师听懂以后做出来，做好以后说出来，说好以后写出来，写出以后带起来（引领他人，丰富自己）的过程，就是进行专业学习的过程，也是教育科研的过程。自己苦练基本功的过程，就是个性化学习的过程。我向老师们提出"教学理念顶天，教学基本功立地"，也是希望老师们将自身的学习抓紧抓好。

我很赞同周建华说的"学生最深层次的快乐来自课堂，最深层次的痛苦也来自课堂；教师最深层次的幸福感来自课堂，最深层次的挫败感也来自课堂"；"改革最终发生在课堂，将通过教师的教学得以体现。"为什么我和周建华能有这样的共鸣？因为我俩都是数学教师出身，都曾长期工作在教学一线。我们深知，课堂和三尺讲台是教师最重要的练功房；学生，是教师提升教学功力的最好助手；校长，是助力教师专业发展的最佳推手。

一所新学校，教师队伍建设从零开始。人航领导班子尤其重视人才的甄别挑选。每位老师的调动、招聘，他们都一一认真对待，尤其关注应聘者在高中整体的学习状况，以及相应学科的学习状况。因为一个教师对自己的学科有兴趣、有方法，能让学生觉得这门学科有意思、有意义，是教好专业课程的必要条件。

人航的许多年轻教师，就是通过招聘了解了学校，认识了校长，看到了人航对教师专业素质的要求，进而被学校的氛围吸引，选择了这所新建校。美术学科张昱老师，记述自己应聘人航的经历：

　　2015年初冬，人大附中联合学校总校来人大招聘，研三在读的我向人大附中各成员校海投了一遍简历。没想到，三天后，我就接到了人航的第一次面试通知，面试后进入第二轮试讲阶段。

　　试讲后的答辩环节，一位坐在中间的男老师（后来知道他是周建华校长）向我发问：我看了你的示范环节，如果学生拿到纸之后举手"老师，这么大一张纸，我应该把人物画到什么位置呢？"

　　瞬间，我意识到了自己的问题，光顾着展示自己的绘画功底，把人物示范占满了半块黑板，却忽视了构图问题。不过，我马上想到了解决方案。我用讲课的语气讲完之后，又用说课的语气向考官们说明：

　　我这堂课设计的是全班学生共同完成一幅集体作品，所以孩子们所画的人物大小不必过分限制，画的大人物可以贴在前景，小的人物可以贴在远景，这样也便于形成整体画面的层次关系。

　　可能是这种应变中的"自信"使我顺利进入了下一轮。

第三轮面试，周校长问我和另一位求职者：如果你顺利入职人大附中航天城学校，你将如何开展你的教育教学工作？

我们两人给出的是截然不同的答案。

心怀忐忑走出人大附中校园回到宿舍。突然，手机响了："请您马上回到面试地点，我们还想跟你聊一聊。"

抓上书包我飞奔回去。

周校长说：我们打算录取你。

"可是，我没有教师资格证。"我怯怯地回答。

"没关系，还有一年时间，我们可以等你考下来！"

回去的路上我一直在想，凭什么是我呢？也许是我的教育教学规划打动了校长？我第一时间查阅了周校长的个人资料和他发表的文章，吃惊于人大附中竟然把本部的党委书记推出来做人航校长，可见对这所学校的重视；而且，周校长是如此开明，竟然愿意等我拿到教师证。

半年后，我拿到了教师资格证，2016 年 12 月顺利入职。

2017 年 9 月 1 日，人大附中航天城学校开学典礼，我在校门口迎接家长，周校长笑眯眯地朝我走来：张老师，感谢您当初的坚持！

我既激动又惶恐："哪儿是我的坚持？如果没有您的理解与包容、信任与支持，哪儿有我的今天！"

得到认可与激励的张昱进入人航后，大胆改革美术课教学，创新美术社团活动模式，很快就崭露头角。学校让她担任美术学科负责人，由她牵头构建中小学一体化的美术课程体系。

说起人航美术课程建构的缘起，张昱回忆：

2017 年 6 月，人航小学部教师第一次培训。马静校长介绍人航的课程设置并介绍了几个学科的"非国家课程"。当时刚毕业的我还不明白所谓国家课程、校本课程之间的联系，只觉得马校说得很有意思，原来学校各学科还能开设很多有意思的课程，这些课光听名字就觉得上学是件有趣的事。

会后我第一时间找到马校，以为是不是漏了美术没讲，结果马校告诉我："作为中学理科出身的校长，当时确实对美术学科没有太多的想法，也没有什么实践经验，所以就留了个白。要不你尝试规划一下？"听马校这么说，我更慌了。

这会开的，感觉其他学科的老师都拿到了方向牌，接下来就看这牌怎么打更出色了。而我呢，不仅牌没拿到，感觉距拿到这张牌还有不小的差距呢！回去路上我一直在想，课程哪有那么容易搞出来啊！开什么课，怎么开，想着就把自己全否定了。从哪找答案呢？想来想去，还得从学生的角度出发。可学生需要什么呢？

带着问题和困惑，张昱在工作后的第一个暑假，读了尹少淳先生的《核心素养大家谈》《尹少淳谈美术教育》《义务教育阶段美术课程标准》《海淀区义务教育阶段学业水平标准及教学指导》，把东拼西凑借到的小学1—6年级12本美术书搬回家，一本本翻看。

第一遍粗读教材，她发现教材中的知识内容是片段式提升的。初步捋清整套教材的编写逻辑，依据的是各年龄段学生需要落实的知识技能；

第二遍梳理，她边读边做笔记。先将所有课程划分为四大学习领域，再在每一领域细分知识结构，弄清每个知识内容包含的具体课时，每个课时在课标中要求学生落实的学习目标等；

第三遍梳理，画出小学美术课的四张大型思维导图，由此摸到课程建构的线索，有了初步思路：一年级泥塑课程、二年级水墨课程、三年级陶艺课程、四年级剪纸课程、五年级衍纸课程、六年级版画课程。

她又与新入职的老师一次次讨论研究，美术校本课程的架构逐渐清晰：通过横向拓展，纵向打通，将小一国家课程"泥塑"改为"立体塑造"，小二"水墨"改为"水墨游戏"。以低学段这两门国家课程校本化实施为依据，为之后四个年级的校本课程建构打下基础。

国家课程的校本化实施之外，美术组还开设了九个社团：小学阶段有原绘坊、逸书阁、未来泥社、墨游社、创意剪纸；中学段有造型与表现、非遗与陶艺、版画社团、兰亭书法社。美术组七位教师，力求以整体化的课程实施和丰富的社团活动，给学生提供更多感悟美、表达美的机会，提高学生鉴赏美、创造美的能力，在美术教育中育人、育才。

人航的学生也不负所望。在刚刚结束的中国儿童中心举办的第25届"龙杯"

图 2-19　张昱老师美术课上学生做的剪纸花伞

全国中小学生书画大赛（教育部白名单中唯一的书画比赛）斩获佳绩：百余人次获奖，其中全国一等奖 8 人，省级一等奖 10 余人。

科学课教师王桐曾回忆自己应聘时的感受：

马校特别有魅力，原本一所什么成就还没有的新建校，她却可以自信地在你眼前展示"尊重个性、挖掘潜力"的理念，描绘未来的"高端实验室"、"冰球场"、"游泳馆"以及成为海淀领先学校的愿景。我当时就被洗脑了，果断放弃了好几个已经确定的 offer，来了人航。2021 年年底我随马校去高校招聘，望着她在台上意气风发，展示着人航的各种"高大上"硬件、软件，展示人航代表海淀区迎接全国双拥办检查，我坐在台下鼻子一酸，突然就很想哭。因为马校当年跟我说的那些，都成真了，我们把那些曾经的图纸一点一点都变成了现实。

2020 年新冠肺炎疫情期间，教师们第一次尝试线上教学，在教学方式和网络技术的双重考验下，没有了课堂与学生的互动，一些人对线上授课效果充满疑虑，更对课程实效感到担忧。

党政办主任、心理教师尹兆梦说:

> 直到突然有一天,一位数学老师激动地和我说:你知道吗!周校长听我的课了!我很好奇:你怎么知道周校长听你的课了?她兴奋地说:因为周校长加了我的微信,还给我发了整整两页他的听课记录!每一个环节都记录得特别认真,还有建议和点评。

> 听着她的描述,我想,周校长可能特意听了几位数学老师的课吧,或者是抽了几门主课看看大家线上授课情况,要是能为我把把关就好了。可事实证明是我狭隘了。一周之内,不仅我收到了周校长满满两页纸的听课反馈,语文、美术、生物、历史……身兼数职的周校长居然听遍了几乎全校老师的课,每一节课都认真记录、用心点评。正是在周校长的指导和鼓励下,大家秉持"在一起,飞更远"的信念,以严谨的态度,精益求精上好每一节课。

2020年12月,周建华在《中国教育报》"校长周刊·名校长"专栏上发表了《追寻绿色教育,深化立德树人系列——指向学科核心素养提升的绿色课堂建设》,文中再次强调"改革最终发生在课堂"。在"引导教师转变角色"上谈到,教师的角色,要从课堂的"控制者"转变为"引领者",最终致力成为"隐身者"。并明确提出"隐身"后的方向:一是要提高设计学生深度学习活动的能力;二是要提高基于学科核心素养的教、学、评一致的设计、实施、评价及矫正的能力。这也成为了人大附中航天城学校课堂改革的目标和方向。

作为一个在工作上追求卓越、追求完美的人,周建华的付出经常是超负荷的,他因此得到了高于常人的回报——44岁,被评为正高级教师;历任人大附中副校长、党委书记、人大附中联合总校常务副校长、人大附中航天城学校校长;主持或负责国家级科研课题多项并获奖,近20篇论文获国家、省级评选一等奖,荣获全国教育科研杰出校长等称号。同时,他也付出了超出常人的代价——繁重的工作严重侵害了他的身体健康。在他身患重病与病魔搏斗的8个月中,伴随着我的,是由衷的心痛和倾尽全力的相助。我亲眼见证了周建华男子汉的铮铮铁骨,和他以事业为生命的坚强意志。他承受过常人难以想象的手术煎熬、病痛折磨和心理重压,但他没有被压垮,而是奇迹般地彻底痊愈,重新回到了工作岗位。

经历了生死考验的周建华，对生命的意义有了深刻反思，也在思想和行动上对自己的工作作出了重大调整。他说：

过去考虑更多的是把工作做得尽善尽美，把完美看得过重，害怕在工作中出现一丝一毫的不和谐。身体一朝倒下，便悟出局部的少量的不和谐并非坏事，可以警醒自己及时把负能量放掉。以前工作过于依赖个人能力，忽略了团队的力量。现在认识到个人的能量是有限的，更多的是带领团队，集体决策，抓队伍建设，讲人生价值追求。

我由此想起人大附中老师对周建华校长的印象大多是"严谨、严肃、严格"甚至"严厉"；而在人航老师们的眼中，他们的周校则常常是"亲切而温和"、"幽默又有趣"的：

有一次开全体会，周校说他生病之前在本部老师们都很怕他，觉得他是一个特别严肃的领导。他自己反省说，当时的确经常是一脸严肃，几乎不知道怎么笑。听到周校这样的自我描述和评价，我第一反应就是惊讶。因为在为数不多的接触中，我一直觉得周校是一位和蔼可亲的领导，让人不会产生距离感。这也许是他所说经历了一场重病的洗礼之后，自己开始变得越来越宽容温和了吧。

人生的得与失是守恒的。上天为一个人关上一扇门，也会为他打开一扇窗，所谓自救之人天助之。看到老师们"感觉周校是越来越会笑的可爱领导"，"像一个亲切可靠的朋友"，我意外之余又真心为他高兴。我在人大附中当校长时，家长、学生和教师遇到的所有棘手的问题（包括心理问题），我都会亲自解决；老师、学生的喜怒哀乐，也愿意向我诉说；就连有的学生和老师因为食堂占座位争执起来，都要找我去评理。周建华说他一直记得我跟他说过，"老师们有时候碰到的困难，对他们来说，真叫难事，但对校长来说，可能就不是难事。因为校长可以调动资源为老师服务。"

说起执行校长马静，老师们则多用"温暖"、"宽容"、"小小的个子，大大的能量"、"如水般滋润我们"来形容。

心理教师邢彦婷说：

刚来人航四个月，马校让我承担全校科技节的策划方案，虽说对马校的决定感到惊讶，内心忐忑没底，但爱挑战的我还是痛快接下任务。出了初稿，找马校审核，马校提出一个又一个问题，细心且耐心地等我作出应对方案；而我，有时会第二天转脸又找马校推翻前天的决定。经过马校多次审核，方案最终成型。这样，在她耐心且无限宽容的引领下，我从一个活动小白，逐渐被培养成为一个月内可以顺利策划三个活动的老手。而且在策划活动的过程中，我从一个不善言谈的内向小女子，逐渐成长为一个待人以柔、热心助人的外向职场人。我职业生涯的自信心从此被极大地激发，自己都无视的潜力被马校看见并挖掘出来了。

王桐老师说得更有意思：

说到哭，真的很惭愧，我在单位为数不多的几次大哭，都在马校面前。我对马校的爱有点"盲目"。比如，她主持正式会议时超美超有范儿；她和施工队"吵架"时超凶超霸气；她团建玩狼人杀"悍跳"时超萌超可爱；她……大部分时间超忙超拼命，却也超暖超有正能量。

邢彦婷老师在《我眼中的人航校长》中写道：

一位好校长影响150多位老师，150多位老师影响1600多名学生，1600多名学生影响3200+家长，如此辐射下去，整个世界都会产生美好变化。这个美好的变化，根据六度空间理论（最多通过6个中间人你就能够认识任何一个陌生人）最终又将会作用于我们！这是多么美妙幸福的一件事啊！

创办仅四年的人大附中航天城学校，现在已在海淀区乃至北京市声名鹊起，荣获了"京城百所特色校"、"京城教改创新领军中学"、"全国航天特色学校"。学生在北京市、海淀区各项比赛中获奖超过600人次，教师荣获市级荣誉超过110人次。人航，正在成为海淀北部新区老百姓认可的"家门口的好学校"。

图 2-20 周建华校长参加少先队入队活动

这些年，人大附中帮扶薄弱校之所以能"帮一所，成一所"，关键在于向帮扶校派出了带领打鱼的领头人。他们手把手地带领，事无巨细地示范，点点滴滴地影响浸润，把人大附中的办学理念，把人大附中人追求卓越、求真务实、团结合作、无私奉献的精神文化融入新的校园，孵化培育了一批优秀干部和优秀教师，进而形成学校发展的中坚。我相信，未来的日子，周建华和马静会与人大附中航天城学校的师生们"在一起，飞更远"！

启示

1.一所新建校最关键的是组建、培养一支优秀的教师团队，校长不仅要亲自把好进人关，而且要关注到每一位入职教师的成长、给予适时适合的培养，这样才能让教师团队的水平得到迅速的整体提升。

2.人大附中航天城学校从建校伊始，在校领导的顶层设计、层层推进下，逐渐形成了一套独具特色的课程体系，再由经过一系列培训后的教师将之实施，使得这所新办校能在坚实的基础上迅速实现启航—领航—自航。

3.人大附中航天城学校小学部的部分课程实现了1—6年级的纵向贯通和学科间的横向融合，这样的课程来源于实践、来源于生活，由需求推动，具有很强的创新性和适应性。

4.校长的领导力主要来自对教育教学的深刻理解与把握，来自学习与研究，这样的校长能够进行前瞻性的顶层设计，将一所新办校带上正确的跑道。与此同时，在顶层设计的推进过程中，需要班子成员的默契配合，需要强大的执行力和变通力，这是学校发展的重要保证。

第三章
"孵化"更多的优质学校

自 2002 年开始，我和人大附中走上了探索教育帮扶之路，到目前为止，时间跨越 20 个年头，空间远及河南、宁夏、贵州、海南、深圳等地，近至北京延庆、大兴、昌平、丰台、朝阳及海淀周边。其间，遇到了重重的困难，尤其是在一所学校人力、物力有限的情况下，长期派出教师抛家舍业远赴他乡不可持续。另外，地区理念的差异，也给派出教师的工作增加了阻碍。在不同区域多种模式探索的实践中，我们不断地比较、思考和分析，逐步认识到，一所优质学校仅凭一己之力，长时间远距离地输出教师进行帮扶是不现实的。从求真务实的角度出发，我提出了有效帮扶的新思路：因地制宜、一校一策；对薄弱校、教育欠发达地区采取承办、托管、共建、线上线下扶贫扶智等多种方式；集团化办学，共享优质教育资源、"孵化"更多的优质学校。

担任人大附中校长 20 年，每年的招生季是我最煎熬最纠结的日子。看到为了让孩子进一所好学校而奔走焦虑的家长，看到辗转多个培训机构饱受折腾的孩子，看到日益高涨的学区房房价，我的心情很沉重。如何办更多的优质校，让普通百姓的子女在家门口就能上优质学校，是我们每一位教育工作者的责任。

面对这种状况，作为一名中学校长，我的力量是微乎其微的，能发挥的作用、能动员的资源、能惠及的人群也是有限的。但教育工作者的良心和责任让我无法漠视这种"沉重"，我深知仅办好一个人大附中是不够的，一花独放不是春，百花齐放才能春满园。

为此，我们必须做点什么。

把信念变为现实，就得干。不坐而论道地空谈，不指手画脚地抱怨，不坐等教育均衡政策的完善。正如习近平总书记所说：伟大梦想不是等得来、喊得来的，而是拼出来、干出来的。

我和人大附中全体同仁都是促进教育均衡的力行者。伟大的理想激励我们：变独善其身为兼济天下，"孵化"更多的优质中学，努力为中国基础教育的高质量发展固本培元，开枝散叶。

一、创立人大附中联合学校总校

位于丹麦的尼尔森中学是人大附中的友好学校。这个学校有个传统，在一些有纪念意义的日子举行特别的升旗仪式。2012年9月22日，丹麦尼尔森中学升起了鲜艳的中国国旗。这天，是中国人民大学附属中学联合学校总校（简称"人大附中联合总校"）成立的日子。校长Lise女士说：人大附中联合总校的成立，证明了人大附中的领航作用。

十年漫漫"帮扶"路

2010年6月11日，担任国务院参事的我，与文教组的参事一起，深入天津、上海、北京、贵阳和杭州，开展"促进义务教育城乡、区域均衡发展"的专题调研。我们实地考察了十几所优质学校，听取了三十余所各类学校的介绍，与地方领导、中小学校长及教师广泛座谈，最终形成《关于"充分发挥优质校示范辐射作用，促进义务教育均衡发展"的建议》，上报国务院。

人大附中联合学校
总校成立仪式

这次专题调研我是牵头人。

2003年，我们与河南新密市政府合作，创办"人大附中郑州分校"。这成为人大附中"帮扶"之路的起点，成为一项利国利民利教育的伟大事业的开始。自那时起，我们在这条路上不畏险阻，摸着石头过河，先试先行，固化提升，前行的脚步从未停止。

回首十年"帮扶"路，每一步都有坚实的脚印：

2003年：

与河南新密市政府合作，创办"人大附中郑州分校"。此校成为当地优质校后，2009年去掉人大附中冠名，成为人大附中联谊校。

合并海淀区基础薄弱校西颐实验学校，建立人大附中分校，现已成为北京市、海淀区有口皆碑的优质学校。

2004 年：

与北京农大附中结成"手拉手"对口帮扶校。

2005 年：

教育部科技司、人大附中、国家图书馆、清华大学、北京理工大学共同发起成立"中国基础教育资源共建共享联盟"，探索建立优质教育资源数字化开发与共享机制，借助信息技术将优质教育资源辐射到全国各地。联盟自成立以来，已辐射全国 32 个省市，发展联盟校 7000 余所，惠及师生 120 余万人。

与延庆永宁中学结成"手拉手"对口帮扶校。

2006 年：

与北航附中结为共建学校，先后派出五任校长，将该校建成海淀区高中示范校、北京市科技教育示范校。

2007 年：

创办"人大附中延庆分校"，派出 13 名骨干教师长驻延庆永宁山区，创下该校当年 56 名学生考入大学本科的历史纪录，实现了该校大学本科录取零的突破。

与宁夏六盘山高中结为友好学校，每年接受 8 名学生到人大附中学习一年。自此，先后有数百名来自贵州毕节、四川什邡、河南新密、新疆等地的小"留学生"走进人大附中。

北京教育学院启动"北京名校长工作室"项目，我担任第二工作室的主持人。

2008 年：

人大附中"三高足球基地"举办"中西部体育教师训练营"，对西藏、新疆、青海、甘肃、云南、贵州、广西、宁夏、陕西等 12 个边远省份的百名中小学体育教师进行专业足球培训。

2009 年：

上海市普教系统名校长名师培养工程"刘彭芝卓越校长培养基地"，北京市普教系统"先锋校长培养基地"双双落户人大附中，在此基础上，创立"卓越校长和卓越教师培养基地"，来自全国各地近千名校长和教师接受培训。

与朝阳区教委签约，合作创办集小学、初中、高中为一体的人大附中朝阳学校、人大附中朝阳实验学校、人大附中朝阳分校。人大附中朝阳学校被评为"北京市科技教育示范校"，北京市基础教育课程建设先进单位。人大附中朝阳实验学校被评为"朝阳区小学素质教育示范校"。人大附中朝阳分校只用了短短四年时间，就跻身朝阳区基础教育的前列,成为被社会各界广泛赞誉和高度认可的优质学校。

人大附中西山学校建成并正式招生。现在该校已成为中国教育学会授予的"未来学校创新联盟"示范校,中国教育技术协会"全国智慧校园建设百强示范校"。

2010年:

委托管理基础薄弱校蓝靛厂中学,更名为"人大附中第二分校"。2020年该校成为首批"海淀区新品牌学校"。

通过公开招标,承担教育部"国培计划中小学骨干教师研修项目"。此后连续5年承担"国培计划"教师培训项目9项,涉及数学、语文、通用技术等学科。

2011年:

与贵州毕节民族中学缔结友好学校。

与丰台区教委签署协议,合作创办人大附中丰台学校。

2012年:

人大附中"三高体育训练基地"与延安市志丹县教育局、足协签署结对帮扶足球合作协议。

人大附中联合学校总校成立。

习近平总书记在庆祝中国共产党成立95周年大会上的讲话中指出:"一切向前走,都不能忘记走过的路;走得再远、走到再光辉的未来,也不能忘记走过的过去,不能忘记为什么出发。"

从2003年初创办"人大附中郑州分校"的起点出发,到2012年人大附中联合总校成立,整整十年。这是我们砥砺前行、不断探索的十年。我们的探索始终围绕着优质学校如何发挥自身的示范引领作用、"孵化"更多的优质学校这一重大问题展开,并在长期的实践中探索出了一些经验:

1.在区域内通过新建、承办、托管等方式,将一些基础薄弱校和新建校纳入人大附中办学体系,使优质教育资源共享有了长效机制和制度保证。

2.授人以鱼,不如授人以渔,更不如派去带领打鱼的人。从2003年开始,我们向北京周边学校先后输送了几十名优秀干部,"交流"出去了一些特级教师、教学骨干。

3.借助互联网,对区域外教育欠发达地区进行远程辐射。我们借助现代信息技术,将人大附中以及更多名校的优质资源进行数字化整合,实现共享,形成区域内托管帮扶与区域外远程辐射并举的帮扶格局。

4.依托优质学校建立校长、教师培训基地，培养更多教育家型的校长和教师。

创新学校管理模式，鼓励组建教育集团，探索学校托管，加大校长教师交流力度，充分发挥优质学校对薄弱学校辐射带动作用。作为先行者，人大附中多年的实践探索和经验无疑成为国家宏观教育政策出台的实证支持。

我们的实践表明，促进教育均衡既需要政府教育主管部门的顶层设计，自上而下的全力推动；同时也需要众多的优质学校发挥示范引领作用，自下而上的实践探索。只有顶层设计与基层实践协调一致、形成上下互动的良性循环，促进教育均衡才能落到实处，取得实效。

十年"帮扶"路，走起来步步艰辛，可说是殚精竭虑、呕心沥血。我所做的事情远远超出一个中学校长的职责范围，人大附中所做的事情也远远超出了一所学校所肩负的责任。为此，我们付出了常人难以想象的时间和精力，甚至差点把命都豁出去了。人大附中培育出一批具有无私奉献、忘我拼搏精神的干部和教师，有人说我带出了一群"亡命徒"。

我多年的搭档王珉珠书记记录了发生在十几年前的一件事：

> 2003年，为了尽可能地满足海淀地区人民群众对于优质教育的需求，我们和海淀区教委多次商谈合并西颐实验学校一事。决策的关键时刻，连日的劳累使刘校长突发高烧住进了医院。持续的高烧下，她脸颊通红，嘴唇干燥，而就在这时手机响了，区教委领导约刘校长下午2点到区教委继续商谈合并之事。为了学校的发展，刘校长决定准时赴约。她找到大夫，要求用最快的速度把高烧降下来。医生不同意，一再告诫刘校长，强行快速退烧有很大风险。在刘校长的一再坚持下，医生为她强行降下了体温。为了掩饰憔悴的病容，刘校长稍微化了一下妆，准时赶到海淀区教委。我目睹了这一切，心里万分感慨。我知道在工作面前，我无力劝阻她停步，可是看到她虚弱的身体，强打的精神，眼眶就忍不住越来越湿润。合并"西颐"的事谈好了，可是因为当时用药太猛，刘校长好长时间低烧不退。我有时真不太理解，可是又能理解，当一个人把事业置于生命之上的时候，她可能是痛苦的，但又是幸福的。

没有人要求我这么做。即使不做这些，本本分分地把人大附中办好，在人们眼里，我依然是个称职的校长，人大附中依然是杰出的学校。是什么支撑着我数十年如一日，自找压力、自找苦吃呢？

时任十届全国人大常委会副委员长许嘉璐曾到人大附中参观考察，他以"可贵的'自觉'"为题发表了演讲：

> 人大附中上上下下何以由小小的校园想到那么远的地方？何以在已经把自己的学校建设成了闻名遐迩的示范校之后，还要"没事找事"，一批批走出校门去播撒先进教育之种、点燃教育改革之火？

> 读了刘彭芝校长的《坚持可持续发展之路，实现社会责任的最大化》，我找到了答案。她从我国传统文化切入"世界观"，对组成世界的两大要素——时间和空间作了通俗而深刻的剖析。她阐述"可持续发展"和"社会责任的最大化"，前者有着纵向时间的属性，后者则有横向空间的属性。两相交合，就是世界，就是中国人心中的"天"！换言之，她提出的这两个密切相关的命题，实际上既是当代教育家的历史责任，又完全符合中国儒、道两家的伦理道德观和世界观。这样，我就进一步懂得了人大附中，懂得了刘彭芝！原来，她/他们之所以能多年坚持把自己大胆改革的经验推到更多的地方，为此不知道付出了多少心血，是因为意识、理念已经上升到"自觉"的高度。在我看来，要办好世上的事，做一个内在富足、永葆青春的人，几乎都要有这种自觉。这就是理想，这就是信仰。

> 在做这些事情的时候，人大附中的老师们战胜了什么样的困难？付出了多少？有多少是可见的、有多少是只能埋藏在心里，成为一生值得留下的记忆？他们在办延庆分校、远赴西北大山，又遇到了多少"上有老，下有小"，家人住院手术、孩子嗷嗷待哺等等在常人看来几乎无法克服的困难？凡是生活在中国现实社会里的人们都不难想象啊！

> 人大附中不这样做，照样是最好的学校，校长们、老师们不这样做，依然是好校长、好教师。是什么在激励着他们，支撑着他们全校如一人，"自找压力"、"自找苦吃"？依我看，答案就在刘校长所讲的话里："人的生命是有限的，长寿不过百年，而时间是无限的，无始无终。实现人生价值的最大化，就是超越有限，进入无限。"这就是"中国人奉为不朽的'立功、立德、立言'"！——对人生真谛的大彻大悟，是中国几千年文化沉淀下来的最宝贵财产，也是在当今"金钱第一"、"技术至上"、"'享受'人生"成为一种社会风气时最需要、

更需要的精神。刘校长以年复一年、日复一日"超常"的"殚精竭虑"，已经"没有了"自己，"已经化作无数细胞，撒在人大附中的土地上"。不，撒在了960万平方公里的土地上！

人大附中二分校建校之初，海淀区原教委主任孙鹏在大会上说：

> 人大附中不是一条小船，而是一艘航空母舰。她是中国最优秀的中学，这么说一点都不过分。把蓝靛厂中学托付给人大附中，我们放心！为什么？第一，人大附中有一个好校长，她是真正的教育家。接受托管蓝靛厂中学，对她、对人大附中没有任何利益可言，她捞不着钱，没有任何好处。一般人一开始对此不能理解，总觉得应该是双赢，应该是有利益，其实没有。那么背后支撑刘校长的是什么，是对中国教育发展的一种责任，是一种高境界。第二个放心的是人大附中有特别好的风气，有多年的积淀，有优秀的队伍，有好的传统和先进的教育理念。

"双卓基地"学员、上海市实验小学校长杨荣则说：

> 刘校长忧思的是中国教育的现状，思量的是自己应该承担的教育责任。不为权，不为利，也不为光环，这就是教育家的情怀，教育家的精神。

知我者谓我心忧，不知我者谓我何求。人的一生能有几个能干事、干成事的十年。能够生活在这个伟大的时代，投身伟大的事业，创造伟大的业绩，放大有限的生命，成就更多的教师，造福众多的孩子，于我来说，是何等的幸运，是何等的荣耀！

为什么成立联合总校

工作，总是由一件件事累积起来的，但我们干工作，却不能局限于一件事。每隔一段时间，最好静下心来，从具体事务中超脱出来，作一些整体的、抽象的思考。只有在整体思考的指导下做具体工作，我们才能把一件事情做得更好。

这是我任人大附中校长以来多年养成的一个习惯。

在人大附中迅速发展的过程中，我们在各方面有很多创新，走的多是前人没有走过的路。其实，没有人是先知先觉，我也不是未卜先知。之所以能够找到创新之路，还能走快走好，得益于"不断地思考与寻找，不断地寻找与变通，在变通中寻求突破，在突破中形成决策"。

人大附中走过了十年"帮扶"路，2012年以后，这条"帮扶"之路将进入新的拐点。这是我分析思考后的判断：

其一，经过十年的不懈努力，人大附中大家庭的成员越来越多，已经形成以人大附中为龙头、以人大附中冠名校及受托管理校、帮扶校、联谊校为成员的学校联合体。其中包括人大附中分校、人大附中二分校、人大附中西山学校、人大附中朝阳学校、人大附中朝阳实验学校、人大附中朝阳分校、人大附中延庆分校、人大附中新密联谊学校和北航附中等。这些学校在办学理念、师资管理、课程设置和实施、教科研活动等方面均共享人大附中的优质教育资源，办学质量迅速提升，部分学校已经成为深得百姓信赖的优质学校。

其二，随着人大附中大家庭成员的不断增多，后继乏力的问题逐渐呈现。究其原因，一方面，人大附中为此付出了大量的人力、物力，已经出现了资源调配捉襟见肘的局面，后续发展难以为继；另一方面，各校之间缺乏协调机制，不能有效地统筹管理，无法更大限度地整合和共享优质教育资源。

一个创意在我心中逐渐形成。

我提出成立"人大附中联合学校总校"。其职能是统筹管理各成员校，协调解决办学中的各种问题，整合优质教育资源，促进办学水平整体提升。

人大附中联合学校总校这所教育体制改革创新校的产生得到教育部、北京市政府和市教委的有力支持。2012年，由中央机构编制办公室委托北京市机构编制办公室正式批准人大附中联合总校为事业法人单位，并颁发事业单位法人证书。

2012年9月22日，"人大附中联合学校总校成立揭牌仪式暨2002—2012人大附中促进教育均衡实践探索汇报会"在中国人民大学如论讲堂隆重举行，参加会议的有：全市各区主管教育的副区长和教委主任等领导，国务院参事室主任及部分参事，人民大学书记、校长及全体校领导，还有社会知名人士、院士专家及部分中学校长近千人。时任教育部副部长刘利民、北京市副市长洪峰分别致辞，对联合总校的成立寄予殷切希望；人民大学时任校长陈雨露宣读人民大学的批复和关于我担任联合总校校长的任命；北京市教委副主任郑萼宣读北京市教委的相关批复。我在揭牌仪式上明确联合总校成立的目的——协同创新，资源共享，辐射周边，联合培养人才，促进教育均衡发展。

2015年12月26日，联合总校在中国人民大学召开理事会成立大会。经大会选举、中国人民大学批准，我被任命为理事长。会议通过了《人大附中联合总校章程》《人大附中联合总校理事会章程》等一系列重要文件，这使联合总校的工作有法可依，有章可循，步入法制化、制度化的良性发展轨道。联合总校的成立，使各成员校成为统筹兼顾、相互协调、共同发展的有机联合体，从体制、机制上保障了优质教育资源辐射与共享的科学性、持久性和实效性。

2017年2月，在人大附中联合总校框架下，成立中国人民大学基础教育发展研究院，对课程改革、学生培养、家长培训、现代化教育、国际教育比较研究等领域进行深入研究。这些研究成果引领和服务于各成员校的办学实践。

人大附中联合总校是一个新型的学校联合体，因其体制上的创新，被列为北京市教育体制改革实验项目。它的成立在社会上产生了一定的影响，中央电视台、光明日报、中国教育报等多家媒体都曾有过报道。2014年，北京市和海淀区教委构建"教育新版图"，大力推行集团化办学。

联合总校成立以来，开展了大量卓有成效的工作，进入快速发展的阶段。

2014年，受北京市教委和海淀区教委委托，人大附中承办薄弱校翠微中学与卫国中学，成立人大附中翠微学校，人大附中联合学校总校党委书记、人大附中副校长刘小惠任校长。短短几年，学校实现跨越式提升，成为该区域内优质校。

2015年1月，人大附中、人大附中联合总校正式承办人大附中航天城学校，人大附中联合总校常务副校长周建华担任建校筹备组组长。2017年1月，周建华被任命为校长，马静任执行校长，同年9月，马静被任命为学校党委书记兼执行校长。

2016年3月，人大附中接受通州区委区政府邀请，入驻通州三中，组建人大附中通州校区。2016年9月，我和翟小宁任校长，刘小惠任执行校长。2018年12月，刘小惠改任校长。

2016年7月，人大附中杭州学校签约成立，2018年9月正式开学。已退休的人大附中王海玲和张丽雅担任学校领导职务。

2016年12月，人大附中三亚学校签约成立。2018年9月，学校建成开学，人大附中宓奇任三亚学校校长。2019年4月，该校成为海南省中考提前批录取学校。

　　2017 年 9 月，人大附中深圳学校开学，人大附中王小欣任书记，王华任校长。

　　2017 年 9 月，人大附中北大附小联合实验学校建成并开学，人大附中已退休的许飞任中学部校长。

　　2017 年 9 月，人大附中丰台学校开学，人大附中汤步斌任校长。

　　2017 年 10 月，人大附中北京经济技术开发区实验学校签约成立。人大附中王教凯任校长。

　　2018 年 9 月，人大附中海口实验学校正式开学，人大附中党委书记王晓楠任校长。2021 年，原人大附中刘卫民任该校书记，蒲煜任执行校长。

　　2018 年 8 月 18 日，位于通州、紧邻城市副中心核心区域的"北京学校"举行开工奠基仪式。该校是北京市教委直属的 12 年一贯制公立学校。刘小惠受命主持北京学校的筹建，并被任命为北京学校校长。

　　……

　　人大附中联合总校成立后，办学足迹已不限于北京，走到了杭州、深圳、海口等更远的地方。在人大附中教育帮扶的前十年，我们仅凭一校之力无法跨区域远距离牵手薄弱校，所以强调区域内帮扶。联合总校成立以后，通过体制创新成为教育集团，实力增强了，我们就可以走得更远，办更多的事情，让更多的孩子享受优质教育的阳光。

　　2018 年 11 月 4 日，"人大附中联合总校教育帮扶成果汇报会暨第一届理事会第三次会议"在中国人民大学举行。人民大学党委书记靳诺、人民大学校长刘伟、教育部基础教育司司长吕玉刚、北京市教委主任刘宇辉、国务院参事室原主任陈进玉、全国人大常委会原副秘书长李连宁、科技部原副部长刘燕华等莅临现场并予以点评。

　　吕玉刚司长指出："人大附中联合总校在刘彭芝校长的引领下，以教育报国、兼济天下的崇高教育理想，在推进教育帮扶的道路上作出了显著的成绩。这是一种强烈的政治责任担当、一种深厚的教育情怀，也是推动基础教育均衡化发展的一张靓丽的名片。"

　　刘伟校长强调："我们的高等教育正在做'双一流'建设，人大附中已率先建成世界一流的中学。没有几十年的探索和高度的责任心，取得不了这样的成绩，这份神圣的事业足以令我们致敬。刘彭芝校长及其率领的团队，在构建民族的教育自信心上，为我们作出了榜样，值得我们自豪。"

刘燕华参事点评："人大附中联合总校的本质不是一些学校的拼盘，而是将中国目前发展所亟须的一些新的教育思想、教育理念、方法体系，以及一系列新的体制机制渗透到教育实践中。"

我作了"勇担社会责任，促进教育均衡"的主旨报告，总结了人大附中联合总校"帮扶"的六个突出特点——需求推动；帮（建）一所成一所；向成员校派出带领打鱼的人，发展起来的成员校又催生、培养出新的领头人；人大附中自身也实现了大量新鲜血液的注入和良性发展；从人大附中培养出 70 多位优秀的校级领导干部，在全国范围内带出 300 多名优秀校长，一批成员校陆续成为百姓满意的优质学校；为向国家建言献策提供了实践支持，提供了经验与教训。

人大附中联合总校成立 10 年来，我们实现了"办一所成一所，帮一所好一所，办更多人民满意的学校"的教育帮扶目标，联合总校已经成为优质学校集结的大家庭。

人大附中联合总校从孕育、诞生到蓬勃生长、壮大，我一直坚持的是：办成一所，放飞一所，不再冠名。

图 3-1   人大附中联合学校总校成立揭牌仪式暨 2002—2012 人大附中促进教育均衡实践探索汇报会

为 教师搭建共享平台

盖学校大楼易，成就名师难！

没有大批的优秀师资，何谈更多的优质学校。"孵化"更多优质学校的前提，是造就更多的学高身正的优秀教师，这是联合总校所担负的光荣而艰巨的任务。

教师的成长，不仅需要自身的努力，还需要土壤、阳光和水分，尤其是培养一大批而非少数优秀教师。

我是数学老师出身，深知由于中小学教师工作自身的特点，如果缺少外力的推动，会有相当一部分人局限于三尺讲台，每天照本宣科，不继续学习，用不了多久，平庸的教书匠便产生了。联合总校要为教师成长提供肥沃的土壤、充足的阳光和丰沛的水分，成为教师成才的强大外部助力。要打开封闭的校门，搭建共享的平台，让人大附中优质教育资源最大限度地发挥作用。让联合总校所有的教师，不管他身在何处，不管他资历如何，只要他有成才的渴望，并愿意为此努力，就都有机会接触最前沿的教育教学理念；都可以和最知名的教师团队共同听课和备课；都可以就自己感兴趣的课题钻研和破解；都可以在自己擅长的领域著书立说、成为专家学者。联合总校要成为一所没有围墙的终身学习的大学校，成为一个锻造名师、成就人才的大熔炉。

新教师培养方面，在联合总校的倡导协调之下，各成员校资源共享，互帮互助，对新教师进行入职培训，以形成共同的价值理念和追求。创造条件，让新教师在本校或联合总校其他成员校之间与名师拜师结对，跟岗学习，在优秀教师手把手地指导下尽快进入角色，从走上讲台到站稳讲台，扣好教育人生的第一粒扣子。

集体备课是联合总校共享平台常态的一种教研形式。联合总校的很多老师，都能参加人大附中各教研组的集体备课，一起研讨，互相听课，重要的考试统一命题、集体阅卷。这使老师们受益匪浅。

如今，随着成员校的不断增加，参与集体备课的老师也越来越多。有的大学毕业生慕名应聘人大附中系列学校，就是冲着能和人大附中的名师一起备课。有人曾做过调查，像语文、英语这样的大学科，仅高一年级每次集体备课就有30多人参加，不得不搬到大会议室进行。

人大附中联合总校和人大附中定期联合举办教科研年会等大型培训活动，是联合总校全体教师的一场精神盛宴。每一次的科研年会和大型培训活动，我们都确立主题，精心组织，反复研磨，力求引领老师们跳出舒适圈，理解新理念，接触新技术，研究新问题，突破自身的教育瓶颈。

2019年7月，在人大附中举办暑期教职工培训大会，设1个主会场，15个分会场，联合总校各成员校共计7000多人次参加培训。同年暑假期间，在人大附中举办了关于新课标新课改的全学科联合教研活动，来自联合总校各成员校的教研组长、备课组长和各学科教师近2000人参会。

人大附中朝阳学校孙红强老师是北京市中学数学特级教师、初中数学教研组组长。他记录了成为联合总校教师后发生的一系列变化：

> 人大附中"尊重个性，挖掘潜力，一切为了学生的发展，一切为了祖国的腾飞，一切为了人类的进步"的教育理念，体现了大气派，大手笔，大智慧。"爱是教育的最高境界，爱是自然流溢的奉献，尊重是教育的真谛，尊重是创造的源泉"，这是中国当代教育家刘彭芝校长的教育思想的浓缩。正是这一教育思想的强大气场，促使我经历了一次"涅槃"式的转变，在心灵深处获得了一次彻底的洗礼，使我对教育有了更加深刻的认识：作为教师，不仅仅是一个传授知识的优秀教书匠，还要有大爱，有家国情怀。只有这样的教师才能培养出胸怀天下、具有家国情怀的学生。
>
> 加入人大附中联合总校，就是进入了优秀团队，加入了一个具有先进教育理念的团队。记得2013年11月，学校领导安排我们几位教研组长到人大附中参加九年级各学科期中考试成绩分析会。我们被人大附中教师团队的敬业与严谨深深震动，不论是年级的质量分析，还是备课组的成绩分析，都细致具体，各种数据、图表极其严谨，学情分析精准到位，在比对中找问题，在分析中寻对策，为我们今后教育教学分析作出了很好的引领。在会议现场，我一共拍摄了将近300张图片，回校后立马分类整理，制成文本，组织朝阳学校各年级数学备课组学习借鉴。
>
> 类似这样的活动还很多。如人大附中本部的"早培教育开放活动"、"创新人才大会"、"语文阅读教学现场会"、"学科教学研讨会"等，大大激发了我和同事们的教育智慧，让我们能够传承人大附中理念，确立自身的专业发展方向。

震撼最大的一次学习活动，当属 2019 年 7 月的人大附中科研年会，历时 7 天，联合总校各成员校的教师代表聚集一堂。这是一次教育的盛会，各种新理论、新知识、新技术扑面而来，视野之开阔、内容之丰富、信息量之大，是过去从未有过的。我全程 7 天参会，每一场报告和授课都没有落下，手机拍照、录视频，7 天下来手机内存几乎用光。会后整理视频和照片，发现一共拍摄了将近 500 张照片，录制了近 50 个视频。内容包括：著名教育专家的专题讲座；人大附中本部教师团队的教学实践分享，如"基于核心素养的单元设计"、"植物生存的智慧"、"人工智能课程"、"蚁群算法"、"研学前一公里"、"身边的研学课题"等课题或案例，都给我留下了深刻的印象。特别是"没有世界一流的课程，难有世界一流的中学"的理念，给我极大的触动，促使我反思自身的教学，重新规划自己的专业发展方向。

借助人大附中联合总校的共享平台，我们获得了不少教育教学的灵感和启迪。我们也借鉴人大附中的做法，将这些宝贵的教改经验辐射到朝阳教育，与其他学校的教师共享。我们学校还有一些教师将人大附中的做法和经验带到了他们支教的云南、新疆边远省份的学校。

2015 年夏天，人大附中航天城学校新教师王美璇来到人大附中，开始了为期两年的跟岗学习。她记下了这段特殊的经历：

作为一名心理教师，加入人大附中心理组，和一群优秀的前辈、同行学习交流，是我最开心的事。两年时间，四个学期，我参与了初中两个年级男生女生班的心理课教学。两轮课程的磨炼，从能够站上讲台，到站稳讲台，让我扎实地迈出了新教师成长的第一步。

幸运的是我还参与编写《成长心路》系列教材，经历了从教学设计、说课磨课到真实的课堂教学实践的全过程。这使我受益良多，知道了如何做科研，怎样开发新教材，并立志成为一个学者型的新型教师。

回到人大附中航天城学校的第一年，恰逢新高考改革，我又参与了"高中生涯规划"课程的开发和教学。这些经历让我对中学的课程有了新的认识，也为我目前在小学部开发《情绪管理与社交技能》系列教材提供了有益的帮助。

跟岗期间我更多的时间是驻扎在早培低年级的办公楼里，开始接触德育活动的组织、少先队辅导员、公众号运营等许多新鲜的领域和内容。正因为如此，我才能在回到人大附中航天城学校后，迅速适应小学部的各项工作，完成教学、德育、少先队、宣传、党务、教工团等多项任务，这与两年早培的锻炼是分不开的。

在人大附中跟岗，对我影响最大的是参与的一门课程，即早培七年级的公益研修课——"孩子，让我们一起说"。早培班学生一对一陪伴舒耘中心的听障儿童，走入公园场馆等户外场所展开情景教学，帮助听障儿童康复。

我发现，那些特别没有安全感的听障宝宝迅速向我们的学生伸出了小手；随机分配的小老师和小朋友处得像亲兄弟姐妹；老师眼中最调皮的学生也有温暖细腻的一面。

如果说前面的工作让我感受到一名人民教师的责任和义务，这门课带给我的是一份作为教师的光荣与自豪。陪伴着这样一群有爱的孩子共同成长，是这份职业给予我的最好礼物。

随着人大附中联合总校的不断发展，成员校的不断增加，教师共享平台的方式也会与时俱进，有所变化，比如像大规模的集体备课受人员、场地的限制不好组织，但可以创造其他的方式，比如更多地借助互联网联合开课与教学专题研究。我相信，在人大附中联合总校这片希望的田野上，一定会走出大批的优秀教师，走出中国当代的教育家！

形 成合力破解难题

协调、帮助各成员校解决疑难问题，是联合总校的一项重要职能。我们设立了危机干预机制，当成员校的发展遇到困难，联合总校就会及时出现，集中所有的资源优势，帮助解决问题。而作为联合总校的校长，哪里出现紧急情况，发出求助信息，我都会第一时间出现在那里。几年来，我带队多次前往人大附中分校、二分校、西山学校、朝阳学校、翠微学校、通州校区、丰台学校、深圳学校、海口学校、三亚学校等，实地调研，诊脉解难。有人开玩笑地说："刘校长好像是救火队的消防员，哪个学校出了问题，她肯定出现在第一现场。"

相比消防员，我更愿意做一个播种人，将人大附中"爱与尊重"的种子播撒出去、传递开来。"爱是教育的最高境界，爱是自然流溢的奉献；尊重是教育的真谛，尊重是创造的源泉。"这是我多年从教经历积淀下来的对教育本质的理解，是人大附中联合总校各成员校一贯秉持的理念，是解决办学过程中各种疑难杂症的良方。

2016 年初，北京市教工委希望人大附中开办"1+3"项目①。为此，2 月 10 日大年初三，北京市教工委书记邀请我赴通州三中考察，商讨办学事宜。这之前，人民大学已筹划开辟通州校区，通州区区长多次点名人大附中，邀请我们去通州办学。

我们去了通州三中。这是由两所农村学校和原三中组合起来的新建学校，底子比较薄弱。想到区长的盛情邀请，想到通州地区群众对优质教育的迫切需求，我考虑人大附中应该接下通州三中。

经人大附中校务会研究决定，人大附中入驻通州三中，不是简单地挂个牌子，而是要将先进的教育教学理念带过去，进行一体化管理。

2016 年 3 月 22 日，通州教委将通州三中正式移交人大附中，更名"人大附中通州校区"（简称"人通"），我带领人大附中管理团队和教师团队奔赴通州。5 月 3 日，"人大附中通州校区"正式挂牌。刘小惠又一次接受委派，出任人大附中通州校区执行校长，同时继续担任人大附中翠微学校校长。

人大附中团队进驻三中后，首先面临的是迫在眉睫的高考和中考。为了快速提升初三、高三的教育教学质量，我们想了各种办法，做了大量工作。我亲自动员，恨不能把人大附中的资源都搬到通州三中。

3 月 31 日、4 月 1 日，我们分别召开初三、高三学生、家长、教师大会，请人大附中两位初三、高三最有经验的年级组长介绍高考、中考备考经验、复习方法。我又分别给初三、高三学生，教师和家长共作了 8 个小时的报告，点燃学生的学习热情，激发他们超越自己的斗志，鼓励他们树立信心，科学备考，为理想拼搏奋斗。

报告结束后，很多学生激动地跑上台跟我交谈。一位高三女生拉着我的手泣不成声："我原来对自己没信心，但今天听了您的讲话，鼓起了我的斗志和希望，我一定会全力以赴！"

---

① 2016 年北京市推出的教改中一项人才培养试验项目，学生在初二年级结束后进入试验学校，在试验学校连续完成初三及高中共四年的学习。

后来得知，这位学生经过两个多月的拼搏，进步很快，考上了一所心仪的二本院校。

按照通州区政府、教委原定计划，人大附中托管三中后，原有教师要被调走一大批。当时，北京城市副中心开始建设，校外到处是施工现场。三中的老师们甚至传出这样一种说法："外面工地的吊塔有多少，就会有多少老师被赶走。"教师队伍很不稳定，甚至有一些教师联名给区教委写信，强烈要求维持原有局面，反对人大附中进入接管。融合，成为摆在我们面前既敏感又令人挠头的问题。

听说这件事后，当晚10点多钟，我紧急召集外派团队开会。经过讨论，作出了一个决定：第二天召开通州校区全体教师大会，并在会上宣布，通州三中的老师只要自己不想走，一个都不走，全部留下来！

那次会议之后，三中的老师不再疑虑重重地观望，而是情绪稳定地投入工作。

回忆初进通州校区的经历，时任通州校区常务副校长的黄群飞说：

> 通州三中地处通州城郊。教情比较复杂，生源也比较复杂。来自三个学校的教师彼此不熟悉，初、高中资源基本不融通和共享。当地优质生源主要流向潞河中学或北京市城区学校，留下的生源家庭教育条件相对较差，学生各方面基础也相对薄弱。面对现状，刘彭芝校长倾尽全力布局。
>
> 3月份带领团队充分调研，了解学情、了解教情，甚至了解当地民情，留下原三中所有的老师，我们的办学就从这个基本点出发和生长。
>
> 5月份中、高考临近，刘校长一次次开展动员、培训工作。根据具体问题，有时候面向全体教师，全体初三、高三学生，有时候面向部分教师和学生，有时是面对面个别交流。每一次或大或小的交流沟通，刘校长总是带着团队精心设计，每个环节都做到精益求精。这样的讨论研究常常持续到深夜。

要办优质校，必须要有优秀教师。而教师的成长，不仅需要给他们提供适合的平台，还需要优秀教师的示范和引领。我们先后组织人大附中45位教研组长、备课组长组团进入通州校区传经送宝，进班听课评课106节，聘请200余人次的各科特级教师、中高考指导专家到通州校区上示范课、指导教学、举办讲座等。不仅如此，我们还克服困难，抽调骨干到人通任职任教。

杨晓薇是人大附中的英语教师，一直是高中英语教学骨干，多年担任高三毕业班英语教学工作。她在回忆自己人通支教的经历时写道：

> 2016 年，我从人大附中本部来到通州校区。起初有诸多的不适应和水土不服。其中生源的变化，对于一直教授人大附中本部实验班的我便是一个全新的体验和挑战。人大附中实验班的学生学科基础扎实，学习内驱力强，领悟能力强，一点就通，善于举一反三。在附中从教 12 年，我获得了极大的满足感和成就感。
>
> 而通州校区我教的高三学生第一次摸底考试平均分只有 70 分，全班 40 人中只有 3 个超过及格分 90 分，最要命的是基础薄弱，英语处于不会读也听不懂的状态。这对我来说真是极大的挑战。当时我在人通不仅教高三一个班的英语课，还担任着副校长，感觉压力特别大。夜深人静的时候，我给刘校长发了一条消息，诉说了心中的忐忑和焦虑，没想到校长几分钟后(已是凌晨一点多)就回复了我：把一流学生教好的老师不一定是最好的老师，能把二流学生教好的老师才是好老师。
>
> 那个如水的夜晚，窗外星光璀璨，屋内的我心潮澎湃，那种醍醐灌顶的感觉实在是太激动！太幸福！我知道该怎么努力了。这年，我带的班会考和高考及格率达到百分之百，高考平均分达到 110 分。

为了提升人通，我们掏心掏肺，不惜倾尽所有。除了在工作中传帮带，小惠校长还组织原三中教师走出去培训、参观、考察、调研；走进人大附中、人大附中翠微学校观摩、学习。

以前，通州三中没有中午给学生答疑的惯例，人大附中团队进驻后，建立了初三、高三中午教师为学生答疑的制度。负责教学的副校长徐良云、蔡真每天都要巡视学生晚自习。人大附中团队不辞辛苦、不求回报的工作态度，脚踏实地、求真务实的科学态度，全身心扑在学生身上的拼搏精神、奉献精神，深深感染触动着原三中的教师，他们渐渐愿意跟上人大附中人的步伐。他们跟着支教干部教师一起研讨班会怎么开，课该怎么教，学生要怎么鼓励，家长该如何沟通。原三中的老师说："跟他们在一起，才知道人大附中人是怎么忘我工作的！"

一天，我在人通校园偶遇一个孩子，感觉他眼神有些不对劲，问旁边的老师，告诉我那孩子是高三的学生，也许是学习压力所致。我找了一间没人上课的教室，和孩子交流了近一个小时。孩子一会儿哭，一会儿又笑，慢慢地把心里的不安和压力释放了出来。走出教室时，他的眼神清澈了。

原通州三中老师韩庆海回忆：

2016年3月，人大附中入驻通州三中。作为原通州三中的一名老师，我见证了这一切的改变。记得在第一次全体教师大会上，刘彭芝校长就提出要把这所学校打造成优质校。人大附中从本部抽调骨干力量组成团队进行帮扶，将人大附中的办学理念、教学方法带到了通州校区。刘校长亲自带领团队进班听课指导。来到通州后，人大附中的管理团队一边做着管理和教师培训工作，一边还和我们老师一样走进课堂、承担教学任务，甚至连一节班会怎么开最有效，他们都手把手地指导我们的班主任。同时，还组织我们各年级组长到人大附中本部观摩家长会、班会，对老师进行全方位培训，并定期邀请本部的特级教师、专家来给我们的老师培训，给我们的学生办讲座。如今，人大附中精神已经在这片土地上扎根发芽，人通校区越办越好。我为能在这个平台上工作感到自豪。

图3-2　刘彭芝校长在通州三中听课、调研

人通团队入驻短短三个月，通州三中2016届的中高考成绩就有了大幅提升：理科本科上线率达86.33%，二本以上上线率达45.32%，比2015届上升了9.72%；文科本科上线率达84.06%，二本以上上线率达37.68%，比2015届上升了31.52%；理科有了本土600分以上考生，最高分创出新高。

入驻一年后，2017届高考，一本人数比2016届又提升了121%，取得了历史性突破。

这年暑假，区教委督导室一行领导例行视导，在听完人大附中通州校区管理团队的汇报后，激动地说："老师还是那些老师，学生还是那些学生，怎么感觉精气神完全不一样了呢？老师们如同打了鸡血般的热情似火，干劲十足，令人十分震动。"

2017年秋季新学年开学初，北京市委书记蔡奇考察城市副中心教育筹建工作，来到人大附中通州校区。当他看到这支精神抖擞、素质优良的教师队伍时，喜悦之情溢于言表，他勉励大家敬业奉献，做"四有"好教师。

刘小惠校长感慨地说："当时，我内心抑制不住地激动，深深地感到，人通的教师队伍稳定了，精神面貌大变样了，大家一起面对新的课改、新的学校定位，一个个都充满了奋斗的激情。"

二、人大附中西山学校：幸福的不一样的未来学校

人大附中西山学校是海淀区教委所属公办学校，创办于 2009 年，是一所包括初中、高中和中美高中课程合作项目的完全中学。自 2010 年起，人大附中西山学校开始探索信息技术与传统教学的深度融合，并于 2015 年做到全校覆盖、全学科覆盖，是我国第一所开展 1 对 1 数字化学习的公办学校。西山学校先后获得中国教育学会"十三五"教育改革实验区实验学校、中国教育科学院"未来学校创新联盟"示范校、中国教育技术协会"全国智慧校园建设百强示范校"等称号。

建 一所未来学校

走进人大附中西山学校的课堂，有一种与传统课堂不一样的风格。

初二年级教室，一堂语文写作课正在进行。

孩子们的课桌上除了语文教材、笔记本外，还有笔记本电脑。

老师先通过电脑推送给学生一组选择题，这是基础知识的当堂检测。很快，全班的检测结果清晰地显示在大屏幕上，每个选项有多少人选，正确率如何一目了然。有了这些数据，老师分析起来便心中有数。师生互动，学生当场纠错。短短几分钟，课堂检测的判卷、订正、改错高效完成。

正课开始：

老师讲解作文的写作方法；

学生在笔记本电脑上根据要求写出作文片段，然后上传提交；

15 分钟后，所有作文片段都呈现在电子屏幕上；

学生阅读其他同学的片段练习，点赞并点评；

电子屏幕上每篇习作后面显示点赞数量；

互评开始，同学们踊跃发言，就某篇习作说明点赞原因，互评优劣，共同赏析。

这就是"1 对 1 数字化未来学习"的课堂。借助信息网络，老师在课堂上同时面对每一个学生，高效互动地组织课堂教学，师生之间、生生之间的信息交流是通畅的，直观的，可以及时反馈并即时调整。这种新型的课程模式打破了传统课堂一个老师面对几十个学生、无法组织个性化学习、不能及时反馈信息的困境。

人大附中西山学校

与此同时，初一的数学课上，学生们使用笔记本电脑进行洋葱数学的趣味学习……

英语课上，学生兴致勃勃地以小组为单位用电脑录制口语，上传云盘，全班分享……

初三的体育课上，老师使用 ipad 为每位学生做长跑成绩汇总和数据分析……

地理课上，学生用笔记本电脑阅读老师制作的生动有趣的电子书……

由原来的粉笔、黑板、课本一举变为笔记本电脑、网络、大屏幕；由整齐划一的听讲、写作业、判作业转而成为制作、上传、分享和互动，这种对传统课堂颠覆性的变革是怎么发生的，为什么会发生在这所新建校呢？

这要从西山学校的成立和发展定位说起。

西山学校位于海淀区北部山前山后的衔接地带，为小区配套而建，学校面积不大，只有 20 亩地。2009 年，舒大军带着沉甸甸的重托，出任西山学校第一任校长。

舒大军毕业于北京大学哲学系，是人大附中教政治的老师。1997 年我担任人大附中校长后，把建设数字化图书馆的任务交给了他。他表现出很强的学习能力，对新事物、新技术极为敏感，肯钻研，有股全身心投入事业的痴迷劲头。他带领团队不负众望，陆续建成电子备课室、教育资源库、校园综合信息库、数字化图书馆……把图书馆真正建成了学校的学术和信息中心。

在那段创业的充满挑战的日子里，我全力支持这个年轻人。舒大军的工作总结中有这样一段话：

> 我这个图书馆馆长是幸福的，不是因为心想事成，而是校长对我的要求总是支持、支持，从不拒绝。小的不说，这些设想都是钱呐，几万、几十万呐。电子备课室、软件、录入费、书架……除了钱，还有鼓励，支持，解决一个个的难题。
>
> 我仿佛听到校长在说："舒大军，你能翻多大的跟头，我们就给你铺多大的垫子。"所以，我只有努力去想，然后认真地做好我的下一步。

有这样一位有创新意识、能开拓、精通互联网技术的校长，再结合西山学校的规模、生源、地理位置等具体情况，西山学校的发展定位在我心中逐渐明晰。我对舒大军说："西山学校是教育改革创新的产物，它的定位不能只局限于'社区配套'。西山学校是人大附中教育改革的试验田，要做人大附中的未来学校。"

图 3-3　舒大军校长与学生在一起

建一所未来学校，是我长久以来的愿望。

教育是面向未来的事业。我们身处的世界正在发生着深刻的巨变。今天，究竟应该教给学生哪些确定的东西，才能使他们可以从容应对未来世界的不确定呢？舒大军从美国人伯尼·特里林、查尔斯·菲德尔所著的《21 世纪技能》中找到了答案——他们提出的"21 世纪学习框架"被全世界教育界所公认，由此还引发了一场全球性的教育改革。舒大军将"21 世纪技能"的培养理念引入西山学校，并使之本土化、西山化，以此为宗旨精心设计课程体系、旗舰项目、社团活动。所以，西山学校一开始就有着明确的愿景——培养具有 21 世纪技能的人才，打造一所幸福的未来学校。

2010 年 9 月，西山学校在初一开设了两个实验班，进行"1 对 1 数字化未来学习"探索，成为中国第一个开展"1 对 1 数字化未来学习"项目的公办完全中学。在课堂，学生人手一台笔记本电脑，借助配套的软件和平台，进行"1 对 1"的师生互动、生生互动。文科学习中，学生使用 UMU 等在线平台回答老师提出的问题，并据此讲解分析，深入研讨。理科学习中，借助 GeoGebra、几何画板、NB 实验室等教学软件，学生可以直观地学习抽象的知识，将艰深枯燥化为直观生动；物理、化学和生物的课堂上，学生使用"虚拟实验室"模拟实验的全过程，动手动脑，自主学习、自主观察、自主探索……通过信息技术与传统学习方式的融合，提升了学生的课堂参与度和主动性，使个性、泛在、无死角的未来学习成为常态。

从这样的课堂、这样的校园氛围里走出来的西山学生，有比较鲜明的特点。他们善于利用信息技术广泛检索，学习范围不局限于课堂和书本；对于新领域、新技术有一种天然的领悟力,学得快,用得也快;独立思考,愿意自己动手尝试,有创造欲望;由于一个项目往往需要和同伴一起研发,具有合作和协调的能力。

2016届的一名初中毕业生考进人大附中中外合作项目后,发现中外合作项目的课程门类众多,需要记忆大量内容,同学们对此叫苦不迭。他萌发一个创意:根据艾宾浩斯遗忘曲线原理制作一个辅助记忆的软件,以提高复习效率。于是,他利用暑假招募并组建团队,西山学校同一年级的8位同学加入了进来(后又增加了人大附中本部的一个同学)。大家根据专长做了分工,有UI设计师、平面设计师、后端工程师、前端工程师、互动设计师、UX研究员等。研发过程中,团队每周一次微信会议,交流进展情况、集思广益、不断完善设计。经历了数次失败,也体验到攻关后的狂喜,半年后,软件"Mneme-加深你的记忆"研发成功,并顺利通过审核发布到App Store。据说这款软件很受欢迎,同学们纷纷下载使用。

只有具备未来思维、掌握未来技术的人才能适应未来社会。孩子们在学校最宝贵的时间里,要学到对将来有用的东西,这样的教育是有效率的,是面向未来的。作为教改试验田的西山学校在数字化教学与传统教学相互融合方面作出了新的探索。

图 3-4 人大附中西山学校运用信息技术融合课堂教学

危 机中的坚守

在信息技术与传统教学模式融合的探索中,难免会遇到质疑、挫折。
2012年夏天,一场危机来临了。

随着"1对1"实验班的孩子进入初二下学期，面临中考的压力，部分家长产生了极大的焦虑，对"1对1数字化未来学习"提出了质疑：

"整天'玩电脑'，能学得好吗？"

"花时间精力搞这样的实验，能对升学考试有帮助吗？"

"眼下的中考如果考不好，还谈什么'未来'啊！"

……

这些家长的要求很明确，要求中止这项实验。他们态度强硬，不停地到西山学校、到区教委、到人大附中本部上访，有些言语很过激，一位家长甚至扬言："如果我女儿初三毕业考不上人大附中，我就抱着她从西山学校的楼上跳下去。"一时间，"西山家长上访"事件闹得满城风雨，掀起了不小的舆论风波，由此引发的矛盾一触即发，十分危急。

我带领人大附中及联合总校干部管理团队到西山学校调研，面对面回应学生和家长的诉求。

通过交流沟通，我发现参会的家长分两方，一方支持、认可实验，另一方反对实验，并且要求换老师。会上，双方家长争论不休，一位家长甚至情绪激动地抓起装满茶水的杯子向另一位意见相左的家长砸去。而大部分学生都喜欢、支持实验，不希望换老师。一些对实验持反对意见的家长听了，更着急了。

说到底，一些家长对学校、对老师、对"1对1数字化未来学习"产生疑虑的根本原因是担心学习成绩下滑，为孩子的中考着急。

经过研究，我们作出了几项决定：一是"1对1数字化未来学习"实验项目继续进行，但实验只在初一、初二开展，初三年级集中精力备战中考；二是为了加强领导力量，派人大附中分校副校长刘彦与舒大军共同担任西山学校校长，派人大附中高三年级组长兼班主任李雅杰担任西山学校副校长，主抓毕业年级工作；三是为进一步加强毕业年级师资力量，抽调人大附中本部语文骨干教师赵玥、数学备课组长张振来老师等来西山学校任教。

家长们报以热烈的掌声。

刘彦是1998年进入人大附中的政治教师，因工作出色，入校第二年就担任了年级副组长。2006年，学校派她到人大附中分校教初高中政治课，同时负责初中年级组工作。刘彦没有辜负大家的信任和期望，与人大附中分校一起快速成长，2009年，分校第一届初中毕业生摘得海淀区中考状元，取得了中考总分、各科平均分、优秀率、及格率等各项指标全区第一名的好成绩,刘彦也当上了分校的副校长,担起了学校管理的重任。

当得知要调她去刚经历了一场"风波"的西山学校时,刘彦没有犹豫,痛痛快快就答应了。她曾用一段文字记录了当时的心情:

> 分校六年的历练和积累,让我有了更开阔的视野和敢担当的勇气。所以当我接到王珉珠书记的电话,让我做好工作调整的思想准备时,我既没像当初派往分校时的畏难心理,也没有对分校进入良性发展轨道、工作相对稳定舒适些的贪恋。因为我知道,作为学校培养了六年的干部,刘彭芝校长和学校领导再次考虑调整我的岗位,是对我在分校工作的肯定,更是对我个人能力的一份信任。

当时正值中考备考最后阶段,我对刘彦说:"虽然分校的工作还需要你,但你要拿出一半时间尽快投入这里的工作。西山学校是冠名'人大附中'的学校,我们要对人大附中负责,更要对西山学校的孩子们负责!"离开的时候,我握着刘彦的手:"你必须要到西山学校来!"

回忆这段经历,刘彦写道:

> 来到西山学校后,感觉开展工作确实很艰难。很多年轻教师在学校创新实验的探索中变得迷茫:是否需要给学生布置作业?能否进行试卷讲评?如何进行教学质量分析?如何开展教学研究?……当时全校没有一名区级骨干教师和学科带头人,没有一名高级教师。我看到学生在百度贴吧里叫我"应试大王",认为我到西山就是要搞应试教育,就是要叫停1+1项目。学生、老师、包括家长,都在从各自的角度观察着我,审视着我。
>
> 但我知道,任何一项改革探索,都不会是一帆风顺的。在信息技术与传统教学融合的探索上,不仅需要具有前瞻性的理念,更需要以学科教学的扎实研究作基础,使信息技术能在教育教学中落地,真正为教育教学服务。而不是教学被技术绑架,甚或只讲技术而忽略了一所学校对学生升学、家长期待、社会评价所要承担的责任。

西山学校一位参与了"1+1未来学习项目"的教师说:

　　刘彦校长初来西山时，正逢"未来学习项目"的实验遭遇家长的强烈质疑。那时，我们这个年轻的团队既有委屈，也有迷茫。大家虽然都坚信这是一项有意义的实验，但眼下的困境令人无措。刘彦校长的到来，也让大家有几分担忧，不知道这将意味着项目的再出发还是终结。但很快，这种顾虑被刘彦校长几次坦诚的沟通打消了。因为我们看到了，以"能抓成绩"著称的刘彦校长，不但不唯成绩论，甚至没有把成绩看成目标，而是把"人"放在首位——这一点，不正是人大附中，也是西山学校珍视的价值观和办学理念吗！

　　刘彦临危受命来到"西山"后，立即先从初三年级抓起。深入听课，与教师交流，开展校本学习、班主任研讨等各种活动。一年的拼搏努力，这届学生中考成绩从进入初三时在海淀区位列近 50 名跃升到海淀区前 15 之列。

　　同时，他们一手抓"未来"，一手抓"当下"，始终没有放弃对"1 对 1 数字化未来学习"的探索。

　　2015 年 5 月，刘彦校长正式接任人大附中西山学校法人校长后，作了一个在很多人看来非常"大胆"的决定：在全校、全学科推广"1 对 1 数字化未来学习"，新初一的 6 个班全部成了"1 对 1"实验班，实现了全校覆盖、全学科覆盖，率先实现了"电子课堂"的真正普及。

　　学校成立了"1 对 1 数字化未来学习"项目核心团队，从理念指导、课程规划、课程实施到方法引导、学习配套、信息技术培训等，全方位为西山教师提供指导和支持。全校所有学科、几乎所有教师都参与了进来。每一次教师体验式工作坊，都吸引了更多的一线教师投入到信息技术与学科课程融合的探索中。

　　"1 对 1 数字化未来学习"项目做得更加扎实，逐渐在全校师生、家长中达成共识。在"1+1 家长体验工作坊"调查问卷中，超过 95% 的家长极大认可学校的改革探索，他们看到"孩子能积极学习、主动参与、互动沟通，而且在学习过程中变得更自信"，认为这项改革做到了"素质为本，'苹果'为用，家国情怀育新世纪人"。曾经的焦虑者、质疑者成为西山"1 对 1 数字化未来学习"教学改革坚定的支持者。

　　为了更多地了解未来教育最前沿，给老师们搭建国际化交流平台，从 2012 年至 2020 年，西山学校已成功举办六届"1 对 1 教学探索 @ 西山国际峰会"，展示学校的探索实践成果，汇聚来自新加坡、美国、英国、芬兰、丹麦、澳大利亚等十几个国家及北京、上海、南京、香港等地区的教育专家交流研讨。

2018 年 9 月，以"深耕内涵，走向未来学习共同体"为主题的第五届"1 对 1"教学探索 @ 西山国际峰会隆重召开，近 500 位嘉宾参会，新华社、中国教育电视台、北京电视台、中国教育报等多家媒体予以报道。

2020 年 12 月，以"致力于疫情下的教育重构与畅想——构建未来学习融合场"为主题的第六届"1 对 1"教学探索 @ 西山国际峰会拉开帷幕。300 多位嘉宾代表在现场参会，5000 多人次在线上观看同步直播。

图 3-5　刘彦校长在第六届"1 对 1"教学探索 @ 西山国际峰会上作报告

更为可喜的是，西山学校对数字化未来教育的探索已经结出了丰硕果实。

"抓未来"成果斐然。学生研发的 AR 应用程序、辅助记忆以及目标跟踪游戏等软件的相关成果在 App Store 发布；与新加坡学生合作探究的 15 个项目成果以 iBooks 形式发布；参与设计的"简化型人体助力外骨骼系统"获第 45 届日内瓦国际发明展发明创造金奖。

"抓当下"成绩突出。以 2018 届毕业生为例，初中生全部为就近入学派位生，三年学习之后，中考成绩超过示范校录取线的学生比例达 52.9%，是海淀区中考成绩快速提升的学校之一；AP 高中生 74% 升入全美排名前 50 的大学，升学结果与入口录取线高 30 分的名校持平，在第三方发布的国际课程项目"加工力"排行榜中名列前茅。

道 在器之上

现代信息网络是一把双刃剑，它既是无所不包的浩瀚的知识海洋，也是充满未知风险的潘多拉的盒子。用得好受益无穷，用不好则受害不浅，对世界观尚未成型的中学生尤其如此。如何保证孩子们绿色安全地使用信息网络，是"1 对 1 数字化未来学习"实验项目必须面对的问题。

信息网络技术归根结底是工具，使用它的是人。

是用它为人民做好事、服务社会、造福国家，还是用它坑蒙拐骗、满足私欲、危害社会，完全取决于人的品德。技术是"器"，品德是"道"，道在器之上。品德不好，技术越高，对社会危害越大。如何保证信息技术为学校立德树人的培养目标服务，也是这项改革必须要完成的答卷。

建校之初，在人大附中"尊重个性，挖掘潜力，一切为了学生的发展，一切为了祖国的腾飞，一切为了人类的进步"办学理念的基础上，结合自身定位，西山学校确立了"植根传统，放眼国际，面向未来"的办学理念。明确了办学目标：成为涵养学生个性、激发学生潜能、为学生未来幸福奠基的摇篮；成为进行信息技术与传统教学深度融合、中外课程优良元素深度融合、优秀传统文化与学校教育教学深度融合的教育改革试验田；成为国际教育文化交流广泛、学生幸福感强、家长满意度高、有一定社会影响力的特色优质学校。确定了学生培养目标："培养具有'国

图 3-6　人大附中西山学校德育活动

际视野中国心'的西山学子"。

西山学校的办学理念和学生培养目标没有停留在口头，而是扎扎实实地落实到每个课堂、每个社团及每项活动中。为了培养学生既有"国际视野"又有"中国心"，学校开发了面向初、高中学生的"中国心"校本课程，采用数字化学习方式，让学生接触和体验传统文化，增强民族自信。

作为"数码时代原住民"，中学生对信息网络有着天然的亲近感，什么都想看一看、试一试，但缺乏判断力和免疫力。对此，不能一味地"堵"与"禁"，西山学校创造出一系列行之有效的引导方法：

每届新生入学，学校与学生、家长共同签订《人大附中西山学校电子设备与网络资源使用细则》，对学习设备和网络资源的使用进行规范，明确要求，达成共识。

推行"学长计划"。由高年级的学长对学弟学妹们定期做常用软件应用培训。这个活动很受学生欢迎，学长们很享受听众崇拜的目光和传授自己经验的那份满足，学弟学妹们模仿同龄人的心理较强，很乐于接受这些正能量的东西。教学相长，潜移默化中，良好的信息素养逐渐形成。

开设家长体验式工作坊。对大多数家长来说，实施面向未来的数字化教学是一个全新的概念，一些家长存有误解，以为孩子上课看电脑就是玩，没干正事。为了让家长明白"1 对 1"到底是怎么回事，学校开设"家长体验式工作坊"。在新生第一次家长会上，常规课程、实践课程、选修课和社团活动等多个学科课堂敞开大门，家长和孩子一起上课，亲身体验现代化数字教学的魅力。随后，每学年都会开办两至三次"家长体验式工作坊"，侧重不同的学科和主题，邀请家长参与并实时提供反馈。随着家长对这项改革实验了解的深入，误解逐渐消除，认同感普遍增强。一位家长给刘彦校长留言："孩子交给您和西山团

图 3-7　"家长体验式工作坊"活动

队，我非常放心，希望在人大附中西山学校这片沃土上，在您和团队充满爱心而又专业负责的引领下，所有的孩子都成栋梁！"家长群体成为积极推动西山学校教学改革的一支有生力量。

如今的西山学校初高中建制完善，信息技术与传统教学深度融合，是海淀区第一批挂牌的"新优质学校"，义务教育满意度逐年提升居于全区前列，已成为海淀北部城乡结合地区老百姓心中"家门口的好学校"。

启示

作为一所新办校，西山学校将信息技术与传统教育协调、融合，办出了自己的特色。作为地处海淀区城乡接合部的学校来说，办出特色不容易，办出未来教育的特色更不容易。

1. 教育帮扶要改变"帮弱提高一点"的定势思维。在教育薄弱区域开办新学校，需要有大胆创新的思维和做法。西山学校是一所城乡接合部的小区配套学校，校舍小，生源基础一般，周边教育资源匮乏，但因为新，一切皆有可能。

2. 危机时刻需要深入调研，精准决策，果断解决出现的难题。只有深入调研，才能发现问题，精准施策，找到解决问题的正确方法。

三、人大附中朝阳学校：凤凰和鸣，于彼朝阳

> 人大附中朝阳学校是朝阳区教委委托人大附中承办的一所新建 12 年制公立学校。目前拥有六个校区：位于朝阳区太阳宫南街 8 号的太阳宫校区；位于朝阳区芍药居北里 303 号和芍药居北里 212 号的芍药居校区；位于朝阳区北三环东路 17 号的和平西桥校区；位于朝阳区左家庄凤凰环路的凤凰城校区；位于朝阳区安贞西里一区 11 号的安华校区。学校呈现"一校六址"的办学格局。

2011 年 9 月，在朝阳学校开学典礼上，我用"日新其德，日进其业；爱满校园，爱满天下；心态阳光，追求卓越"三句话与全校师生共勉。

11 年过去了，这所集小学、初中、高中为一体的公立学校已经跃居朝阳区示范校前三，正如朝阳区教委原主任、朝阳区副区长孙其军所言："人大附中朝阳学校的发展速度超出我们的想象，确实改变了朝阳教育的格局！"

教育部基础教育司综合处处长陈东升则指出：

> 教育是慢的事业，但人大附中朝阳学校却在短短几年间，赢得了家长的广泛关注、社会各界的高度赞誉和地方教育行政部门的充分认可。不仅教学成绩有目共睹，素质教育成果也有口皆碑，不禁引人深思。回顾朝阳学校的办学实践，不难发现，"母校"人大附中对其发展的指导、支持和扶助无处不在，从管理团队、专业教师队伍，到课程建设、软硬件资源，等等。

我最感欣慰的是，更多孩子在家门口"上好学校"的愿望变成了现实。

选 好"领头打鱼的人"

2009 年 10 月 27 日，朝阳区教委和人大附中正式签约，合作创办人大附中朝

阳学校。经过两年的艰苦努力，一所以市级示范校标准建设的设施先进、功能齐备的美丽校园出现在世人面前。

2011年9月1日，人大附中朝阳学校正式开学，小学3个班97人、初一10个班270人、高一6个班180人成为人大附中朝阳学校第一届学生。

朝阳学校接管的原芍药居小学规模小，基础薄弱，周边居民都不愿意把孩子送到这所学校。学校12个教学班200多名学生中，片区内正式学生不足10人，其余的孩子都转到了其他学校就读，在这里借读的大多是外地务工人员子女。

新建的人大附中朝阳学校被社会寄予厚望，它一端连着地方政府提升朝阳基础教育品质的殷切期望，一端连着朝阳百姓希望孩子享受优质教育的强烈需求，同时也承载着人大附中"孵化"更多的优质学校的教育理想。人大附中该做什么，怎么做，才能让人大附中先进的教育理念和优质教育资源生根发芽、开花结果，不负朝阳人民的重托？

多年"帮扶"，我们得出了一条重要经验：授人以鱼，不如授人以渔。送人一筐鱼，不如教人打鱼的技术，更不如送去组织打鱼的领头人。办好朝阳学校，首先要做的是选好"领头打鱼的人"。

早在2009年，当朝阳学校还是一片建筑工地时，我们就筹划着为这个学校搭建领导班子。与一般学校相比，朝阳学校有它的特殊性：它是集小学、初中、高中于一身的12年学制的公办学校，这决定它将来肯定是个规模不小的学校，校长和书记的担子分量不轻。经过慎重挑选，2010年5月，经朝阳区教委同意，任命人大附中副校长、语文特级教师沈献章为人大附中朝阳学校校长，任命人大附中校内副校长、化学特级教师谢泽运担任学校党委书记。

在朝阳学校筹备期间，沈献章校长多方协调，推进基建和建校进度。同时，主抓教师招聘工作，凭借自己丰富的教学经验，招聘到一批高素质的在职教师和优秀毕业生，为朝阳学校未来发展打下了良好的基础。

2011年11月底，沈献章校长因身体原因调回人大附中本部。沈校长的突然调离在朝阳学校引起了不小的动荡，外界对这所学校的未来发展也出现了种种猜测。关键时刻，一直默默工作的谢泽运临危受命，将校长书记的重担一肩担了起来，全面主持学校工作。

谢泽运是一位学养深厚、教学精湛的化学特级教师，是中国化学学会成员，长期承担北京市、海淀区的教研指导工作，当高三毕业班班主任近30年，获得过全国优秀教师称号。在我印象中，这位化学老师为人朴实、沉稳、低调、不擅言谈。在当时复杂的局面下，从来没有当过校长的他能独挑大梁吗？坦率地讲我还是有些担心的。

我对朝阳学校有着很深的感情，从最初签约立项、动工建设到首届招生，它发展的每一步都牵动我的心。每当学校发展遇到困难阻力

图 3-8 在谢泽运校长陪同下，刘彭芝校长在人大附中朝阳学校调研

时，我和王珉珠书记、周建华副校长总是第一时间来到学校，现场办公，与校长和老师们一起解决问题。

通过多次调研和师生们的广泛接触，我发现临危受命的谢泽运没有辜负组织的信任和重托，以睿智、沉稳、务实的风格展现了一个优秀校长的能力与魄力。从学校规章制度、组织建设，到教育教学、教师发展、校园文化建设以及学校的日常管理……工作做得有条不紊，实现了学校的平稳过渡。

在全面考察朝阳学校各项工作之后，我召开了全校中层以上干部会议。我充分肯定了朝阳学校的各项工作，对学校未来的发展充满信心。我说："我对谢校长的工作能力，不仅仅是肯定，更多的是惊喜。这是一个不爱表现自己、朴实低调但却满腔热血、一身正气的人！"

轮到谢泽运发言了，沉吟许久，他表示一定再接再厉、不负众望。突然间，他哽咽了，泪水掩饰不住地涌出……一时间，全场肃静。

这一场面深深感动了每一个人。朝阳学校的一位老师记下了当时内心的震动：

谢校长落泪的那一刻，我深深被感动。"奉命于危难之际"的责任与压力，让这个已到"知天命"之年的兢兢业业的特级教师，以从未有过的勇气与魄力，担当起另一份沉甸甸的责任。"天将降大任于斯人也"，殊不知，在大任当前，这个人默默地付出了多少，积蓄了多少常人无法想象的力量。忽然想起，每次

起草学校的文件，在询问谢校长相关思路的时候，我常常惊讶于他敏捷的思路、胸有成竹的从容，大到学校发展规划，小到校园建设的一草一木，事无巨细，了然于心。于是明白了那日日夜夜坚守和巡视的意义；更惊叹于他处理棘手问题时当机立断的效率和果敢，不拖沓，就事论事，对事不对人；还有一次次在课堂上看到他听课的身影、早读时教室后面探视的面孔；无数个晨曦与黄昏，校园各个角落都留下他的足迹，食堂、教室、卫生间、实验室、图书馆、地下室……在与外界打交道的时候，他的机智和通达让他左右逢源，事情处理得干净利落，而在学校日常管理中，面对师生员工，他的耿直率性和言语直接的背后，则是个性的质朴和淳厚。

"为什么我的眼里常含泪水，因为我对这土地爱得深沉！"

2014年，人大附中校内副校长邓跃茂调任朝阳学校党总支书记。邓跃茂勤于学习勤于思考，曾以"立德与树人——新中国成立以来中小学思想道德教育研究"为题完成博士论文，获得了法学博士学位，先后在《中共中央党校学报》《中小学校长》等期刊上发表论文29篇；出版了专著《立德树人——成就最好的学生和老师》和《高质量党建引领立德树人》。他担任人大附中朝阳学校党总支书记后，坚持以高质量党建引领学校高质量发展，以"党建与教育教学质量提升双 推进"为工作目标，以"围绕教育抓党建，抓好党建促教育"为总体工作思路，勇于创新，积极作为，健全完善人大附中朝阳学校党建制度，设计制作人大附中朝阳学校党建宣传海报、立德树人系列画册，自主开发人大附中朝阳学校党建平台、《红色百年》党史学习教育平台，并且创设党总支微信号，印制党建学习"口袋书"，组织深入人心的学习活动，夯实了基层党组织的战斗堡垒作用。学校因此多次获得"朝阳区先进党组织"称号。

图3-9　人大附中朝阳学校党总支书记邓跃茂出版的专著

人大附中团委书记、骨

干教师马静担任副校长兼小学部校长，人大附中骨干教师谢颖辉担任副校长，高级教师闫艳晨等骨干教师担任学校中层领导职务。几年后，闫艳晨被提拔为副校长。人大附中朝阳学校有了一群领着打鱼的人。

怎样当一个好校长，谢泽运有自己的理念。他说："刘彭芝校长说过，校长就是一所学校的领跑人。我始终铭记自己的责任和使命，激发全体教职员工的热情，将大家紧紧地凝聚成为一个开拓者和造梦者的团体。作为领跑者，我必然要身先士卒，给人示范，以自身的人格魅力和永不停歇的行动来引领大家，激励大家共同努力奔跑。"

在朝阳学校师生的眼里，谢校长严肃、严厉，雷厉风行，不容敷衍应付，对问题一抓到底。毕业于北京大学的闵慧老师难忘与谢校长的第一次接触：

> 2011 年 7 月，我从大学毕业迈进了这所刚刚新建的学校。酷暑 8 月，很多像我一样，从天南海北汇聚到这里的新老师，手忙脚乱地忙着 9 月份开学前的各种事宜。
>
> 我被安排统计每天教师的用餐并协调食堂做好配餐。两个校区，加上幼儿园，每天有百余人用餐，关键是变化大，有时定少了不够吃，有时又定多了……不过大家都忙着筹备开学，谁会在意那些多出来的盒饭呢？谁知这一切都被当时的谢书记尽收眼底。在第三天的时候，他终于"发飙"！我被叫到他面前，他眼睛都没抬，径直指着多出来的二十多个盒饭，质问我是如何统计的？为什么每天都会多出来这些盒饭？每个盒饭 10 块钱一天浪费就是 200 多！劈头盖脸地质问，我大气不敢出。他的语气逐渐由愤怒变得低沉，喃喃地说着"新建校经不起这样浪费，兴家难，创业难……"，到最后竟只剩下沉默。"以后要仔细统计，制作 excel 表格发给我，这都是粮食啊……"
>
> 这就是我和谢校长的第一次近距离接触。他给我的最初印象是：果断，雷厉风行，对待工作来不得半点马虎。

高标准要求和严格管理，使朝阳学校形成一种认真负责、各司其职、追求完美的良好风气。几年之后，闵慧老师担任了校办副主任，由于工作能力突出，现已调任北京市日坛实验中学校长。

在 2013 年进校的青年教师白雪洁眼里，谢泽运校长又有极

人大附中朝阳学校
十周年

其细腻、耐心的一面：

　　记得我第一年带毕业班。这个班是我从初一一手带上来的，学生底子还算不错，和我也有默契，但不知怎么的，初三第一学期期中后，整个班级进入了平台期，冲劲不足，乖巧懂事的学生又似乎回到了"叛逆调皮"期。每天都会在教学楼巡视的谢校长，时不时会在我们班门口停留一下静静观察，有时候全班状态在线，有时则呈现"人生百态"。不久，年级组长很郑重地跟我说，校长想问问你，是不是带班有时候管得太"死"了，自己累，学生的那点"机灵气"也被压制了。我大脑开始飞速运转：管理，难道不得越有条理越好吗？纪律，不得越好越正确吗？都初三了，不该更严格吗？一连串的问题，让我开始重新审视自己的带班理念和方法。在那之后，年级组长又跟我讲了很多管理方法和一些注意的小细节，耐心地手把手指导我。我逐渐转变了带班育人方略，尝试着新的做法，期末时候班级的确有了很大起色。

　　直到这个时候，校长才让我的教学师傅带着我一起去找他，让我在全校大会上从班主任的角度做一次成绩分析的经验分享。我从一个带班有点"一根筋"的年轻班主任到可以在全校大会上做经验交流，这之间只隔了一个学期。可是这期间，有谢校长多少"隐藏的眼神"，就有多少"踱步后的指引"。或许怕我有压力，或许怕我乱了方寸，过犹不及，谢校长一直让年级组长从旁指导我、提点我、帮助我，从中我真切地体会到谢校长对教师尊重、爱护且为之计长远的良苦用心。

有这样懂教育、懂人心的校长引路，一批优秀干部和教师在朝阳学校迅速成长起来。冯怡老师是美国路易维尔大学人文学博士，进入朝阳学校的第二年，她被任命为班主任；入职第三年，成了高中部最年轻的年级主任；入职第七年，被任命为校内副校长；入职第八年的 2020 年 6 月，被朝阳区教委任命为人大附中朝阳学校副校长。她是朝阳区英语学科骨干教师、朝阳区教育系统"师德榜样"。她这样描述自己的成长经历：

　　2012 年我进入人大附中朝阳学校任教，工作第一年，谢校长就为我们每位老师发了刘彭芝校长写的《人生为一大事来》。在认真阅读和学习了刘校长的教育理念后，我被深深地折服了。工作中我发现，人大附中朝阳学校的办学理念完全秉承刘校长"爱与尊重"的教育理念，这成为我一直践行的教育原则。

入职第三年，我担任了年级主任。当时我内心非常惶恐，觉得自己资历尚浅。时至今日，我仍然记得校长温和的话语中饱含的信任："你要相信自己，你也要相信我的眼光和选择。你有什么不懂的还有我们呢。"校长是这样说的，也是这样做的，在我的工作中，每当我有新想法的时候，谢校长总是给我以支持。记得2015年高一下学期，我发现学校车库边有一块空地，能不能将它变成学生开荒种菜的实践基地呢？当我把这个想法汇报给谢校长的时候，他充满了兴趣，还提出学校可以让后勤购买铁锹、水桶等工具。在学校的支持下，我们的小菜园搞得热火朝天，到了收获的季节，每个学生都拿了一两根黄瓜、三两个小西红柿带回家，感觉好像收获了一卡车的果实一样开心。

2016年我第一次进入了高三。那届高三是我校从初中直升到高三的第一届学生，学校对他们寄予厚望，但第一次期中考试成绩在全区排位很不理想。质量分析会上，各备课组的分析都带着一些检讨的味道，到谢校长总结发言的时候，我已经做好了被严厉批评的准备。然而事出预料，校长首先肯定了所有老师的付出和年级的管理，安慰大家不以一次考试论英雄，重要的是分析问题

图3-10 人大附中朝阳学校管理团队在邓跃茂书记、谢泽运校长的带领下不断成长

所在，找到应对方法，紧抓落实。针对不同学科，校长还给出了具有操作性的建议。开完会后，我明显感到老师们的步子都轻松了许多。

在谢泽运校长的带领下，短短几年，朝阳学校从一所默默无闻的新建校，一跃成为朝阳区乃至北京市的优质名校，被誉为"朝阳教育界的黑马"，素质教育硕果累累，获得"北京市优质高中校"等多种荣誉，高考连续多年本科率100%，中考招生排位跃居全区第二。谢泽运也实现了由特级教师到优秀校长的跨越。

谢泽运校长的成功不是偶然的，他有鲜明而独特的办学理念，创造了适合朝阳校情的独具特色的管理方法，这是朝阳学校办学成功的重要因素之一。

用 "爱与尊重"立校奠基

一所犹如一张白纸的新建校，靠什么教育理念立校奠基，在学校文化最初形成的关键时期打下什么底色？这是谢泽运校长首先要面对的问题。他认为是传承并内化人大附中的教育理念和文化基因，把"爱与尊重"作为办学宗旨。他说：

> 人大附中朝阳学校虽然建校时间不长，但它是在1950年就已建校的人大附中的学校文化土壤中发芽、成长起来的，继承了人大附中的文化基因和办学内核。我们秉承人大附中"尊重个性，挖掘潜力""一切为了学生的发展，一切为了祖国的腾飞，一切为了人类的进步"的办学理念，在教育教学管理、课程设置、教师队伍建设、学生培养等方面全面借鉴人大附中办学经验，同时立足朝阳、结合实情、走出适合朝阳学校的创新发展之路。真正好的教育是"人"的教育。在人大附中朝阳学校，"人"的教育核心就是刘彭芝校长提出的——爱与尊重。

在朝阳学校，"爱与尊重"是思考问题、解决问题的出发点和落脚点，是立校之"魂"，成为引领一切教育行为的行动准则。

人大附中朝阳学校小学部是在接管芍药居小学的基础上创立的，当时学校还有二十多位教师，面对即将到来的大变动，这些老师人心惶惶，担心自己下岗。如何在平稳过渡中实现师资力量的大换血，是一个非常重要的问题。谢泽运和老师们开座谈会，会上他推心置腹地表达了对他们不安心情的理解，然后郑重承诺："绝对不会让一位教师离岗！"接下来，他告诉老师们，学校将根据他们的个人意愿和考核成绩作出三种安排：考核优秀的老师留任教师岗位；考核有潜力的教师派往其他学校深造培养；其他教师转岗到后勤工作，大家对这样的安排纷纷表示满意。就这样，原有教师得到了合理的安排，既没有埋没其中的人才，也没有让不合格的教师继续执教。同时，他们大量招聘骨干教师和优秀毕业生充实师资队伍，在平稳中实现了小学部师资力量的大换血。

师资力量的提升大大提高了学校的办学质量，办学质量的提高又大大提升了学校的知名度，学校规模持续增长。2011年接管芍药居小学时片区内正式学生不足10人，到2022年，小学部发展到113个教学班，4828余名学生，片区内再也没有学生流失了。谢泽运说："看到这么多孩子能在家门口上好学，我心里无比幸福。"

在谢泽运校长的言传身教下，在长期的环境浸染和熏陶中，"爱与尊重"成为朝阳学校的文化基因，成为培育众多师生成长、成才的一方沃土。朝阳学校副校长、年级主任冯怡老师说：

"爱与尊重"是刘彭芝校长提出并一直秉承的办学理念，也是人大附中朝阳学校在学校管理中奉行的原则。在我看来，二者是一脉相承的。爱是前提，有了爱才能不计回报地付出，才能长久地坚持，而尊重是尊重孩子的需求，尊重孩子的个性，不断思考如何挖掘每个孩子的潜力，这是爱的另外一种体现，是爱的进一步延伸。

这些都潜移默化地影响到我，时刻提醒我要尊重每个学生的个性和富有创见的想法。曾经有学生找到我，说想创办"诚信供销社"——设立开放的货柜，标明价格，货物自取。他说的时候有些忐忑，担心老

图 3-11　刘彭芝校长与人大附中朝阳学校学生亲切交流

师会训斥自己不务正业，没想到我十分支持，鼓励他们写出方案。两名学生很有想法，执行力很强，很快这个项目就实现了，而且一直坚持了三年，后来这个项目还上了报纸和电视节目。第二届社长在我的指导下写的论文，获得北京市社会实践挑战赛的奖项，我也被评为优秀指导教师。

图 3-12　刘彭芝校长参加朝阳学校工作总结会并与教师交谈

　　我心目中的优质学校，应该是一所充满爱的学校，是让每一位师生都有安全感和幸福感的学校。

　　朝阳学校一位老师写的"爱的呼唤"的故事，令我感动：

　　2015 年 7 月，那时我是高二年级的年级主任。临近期末考试，孩子们都在紧张地备考复习。五班班主任刘老师找到我，说班里一个女生小弛已经连续请假三天了，家长只说有事，不说明请假原因。于是我就给家长打电话，电话里小弛妈妈还是说孩子身体不太舒服需要请假。连续一周小弛没来上课，期末考试也没有参加。我和班主任非常疑惑，和家长说要家访一下，这时孩子妈妈才说了真正的原因，原来小弛脑部血管发育畸形，夜里去洗手间时突发脑出血晕倒，目前在医院抢救，一直昏迷，没有脱离危险。听到这个消息，班主任和我马上赶到 ICU 病房，孩子的情况很不乐观，已经昏迷了近十天，医生说如果再醒不来，最好的结果也许会是植物人。

我们换好隔离服进入病房，床上躺着是已经看不出原来样子的孩子，眼泪再也忍不住了。握着孩子的手，一遍遍地说，孩子你要坚强，我们等着你回来上课。突然，护士冲过来说："你们继续和她说话，脑电波监控有变化，孩子好像要醒。"就像很多电影中演的那样，在最绝望的时刻，在我们的呼唤中，孩子真的醒了过来。

回校以后，我们组织学生和老师给她录了好多鼓励的话，放在 mp3 里放给她听，把期盼和鼓励传递给与病魔搏斗的她。

事后了解到，小弛妈妈之所以向学校隐瞒病情，是担心影响孩子后续返校。我给谢校长打电话，汇报了孩子的情况。从电话中能听出谢校长的担心，然后他斩钉截铁地说，你和家长说，让她放心，孩子什么时候回来我们都会接收，一定会安排最适合她的班级。家长这才彻底地放下心。

经过一年多的康复治疗，小弛又回到了学校。而缘分竟如此奇妙，我送走了那一届高三后，恰好又接手了小弛所在的年级。2018 年 12 月 31 日，在为这一届高三学生举办的成人礼上，她紧紧抱着我说，谢谢冯老师，感谢人朝。

教育的本真是育人，育人的本真是立德树人。如何育？如何立？怎样打开孩子们的心灵，引导他们寻找真善美，找到人生的正确方向？朝阳学校的老师们作出了卓有成效的探索。

王丽老师是朝阳区骨干教师、区语文兼职教研员、初三年级语文备课组长，2016 年，在她和初三语文组老师的共同努力下，这届学生获得朝阳区中考语文平均分第一名，2020 年，取得 23 个语文中考满分。她多次获区基本功竞赛一等奖；多篇教学论文、教学设计获国家、市级奖励。但她更擅长的是用文字与学生交流，不是简单地批评和责备，而是将心比心的坦诚沟通。

一次，一位严重偏科的同学语文只考了 11 分，而前一天因为数学统练丢了几分不该丢的分，他难过得痛心疾首，于是在这个学生的试卷上王丽老师写下了这样的评语：

你知道吗？当我看到这张满篇空白的试卷时，我的眼泪簌簌地往下掉。想着你对数学丢了分万分痛惜，而对语文考试几十分题目如此不屑，我就觉得特别的委屈，眼泪就不争气地滑落了。也许是我的魅力不够吧，让你对语文如此不爱，也可能是我的无能吧，让你对语文如此不惜。想想自己真的很可笑，明明是自己的责任，又何必怨你呢？我羡慕杨老师，她能激发起你的兴趣和热情。什么时候我能够像她一样幸福呢？

第二天发试卷时，这位同学满不在乎，甚至还炫耀自己只考了11分。但当他翻看到王丽老师的评语时，表情一下凝重起来。第二次的语文统练，70分的试卷，他考了57分。

当学生遇到情感困惑时，王老师写下长信循循善诱：

说到家庭关系的问题，我特别能理解你内心的悲伤。一个是至亲的妈妈，一个是敬重的姥姥，她们之间激烈的争吵一定让你烦恼。你无法偏袒谁，你都爱，你希望家庭和睦，可是你左右不了。所以在这里面，你最为痛苦。可是我要告诉你，大人之间的事情，自有她们自己的处理方式，争吵就是她们解决问题、交流想法的一种方式。妈妈是姥姥的女儿，她们之间无论吵得多么激烈，这种血缘亲情是改不了的，所以她们永远都是彼此最亲近的人。

……

老师的真心付出，收获了学生满满的信任与幸福：

——看了您的回信，第一次看的时候真的看哭了。我是个泪点低的孩子，可是当我们曾经的同学姜琳看了后，也哭了。写得真的很好，我从没想过原来您背后给我们付出了这么多。……当我知道您抱着笔记本凌晨三点才睡觉的时候，我哭了。能有人做到这个份上，我们还要什么呢。

——这周的作文还请老师帮我一起修改吧。我会努力，不论花多长时间写，我也想写出神文。

顺便，老师以后不要这么累自己，回家就睡，您累了很久了吧。而且不用

图 3-13　人大附中朝阳学校学生与敬老院老人在一起

给大家道歉哦，我也想成为让您感到幸福的学生之一！

教育是心灵与心灵的沟通，教育是灵魂与灵魂的碰撞，教育可以使人心灵净化，教育可以使人生命伟大。在王丽老师身上，我看到了这样的教育。正如她文章所写：

> 文字让我与学生深入了解，互相鼓励温暖，彼此成就更好的自己。爱在无声的文字里流淌！我想，这就是教育最美好的样子！……相知相惜的道路还在继续，前方必定还有坎坷和波折，但是只要想起刘彭芝校长见到学生时脸上那种发自内心的爱的笑容时，我便更加坚定了自己的信念——以仁爱之心育人，以博大之心树人！

名 师成就名校

办好朝阳学校，不仅需要优秀的"领跑人"，需要先进的教育理念，还要有一

图 3-14　人大附中朝阳学校谢泽运校长和老师与人大附中本部领导、专家交流座谈

批优秀的骨干教师。作为没有一点家底的新建校，有经验的骨干教师从哪里来呢？当然不能都从人大附中来，不然本部就被掏空了。既要传承人大附中精神，又不能拆东墙补西墙，在建校之初，我们就未雨绸缪，提前为朝阳学校培训并储备优质师资。

在朝阳学校刚刚破土动工的 2009 年，我们招聘了 50 余名具有培养潜力的高校毕业生和骨干教师，在人大附中进行两年培训——拜师学习，上课带班，全方位接受人大附中的办学理念，切身体验"无私奉献、团结协作、科学拼搏"的团队风气。朝阳学校的硬件建设与教师队伍培养同步进行，到学校正式开学的 2011 年，这些经过两年实地培训的教师被毫无保留地送到朝阳学校。在学校领导班子的大胆使用下，他们全部成为学校各学科的骨干，成为各年级、各教研组、备课组"带领打鱼的人"，为日后建设一支高素质教师团队打下了坚实的基础。

谭金玲老师分别在人大附中西山学校和人大附中本部进行了两年的培训，她回顾自己的成长过程：

2010 年 9 月，刚刚毕业的我来到人大附中西山学校，接了特级教师王君老师的两个班。当时我的压力非常大，家长和学生能否接受我这个刚站上讲台的新手？这时，本部送来了令我终身感恩的关怀——师徒结对，点对点帮扶！学校为我配了两位师傅，一位是本部初中语文教研组长陶云老师，一位是西山学校的王君老师。学校还安排本部的资深语文前辈李炳生老师每周三来听我们这些新老师的课，每次听课后李老师都会耐心细致地给我们评课！在师傅们的帮助下，我终于站稳了讲台，得到了学生和家长的认可。

2011年，我来到人大附中本部，担任初二年级两个班的语文教学。我办公桌对面坐的是令人敬仰的于树泉老师，旁边桌子坐的是风趣幽默的林琳老师和春风化雨般温柔可敬的吴玲老师。还记得无数次办公桌上悄然降临的美文，那是于老师看到好文章后复印好放到我们桌上的。无论是教学还是做人，于老师都深深地影响了我，让我明白只有静下心来踏踏实实地做事，才能感受生活的美好，才能明白教育的真谛！林琳老师则教会了我要高度关注学生的习惯养成——如何使用笔记本、怎么把字写好、读书如何圈画批注等。这些看似很小的细节实则至关重要，好习惯一旦养成，将内化为能力，伴随孩子一生！吴玲老师用自己的实际行动让我牢记"爱与尊重是教育的真谛"，无论是教学还是班级管理，都要发自内心地把学生放在第一位，了解学情、尊重学生。三位老师还鼓励我参加各项比赛，林琳老师和吴玲老师牺牲周末休息时间帮我把关，指导我获得了当年本部青年教师基本功大赛——说课比赛文科组的特等奖。

2012年，带着在本部学习的满满收获我回归人朝大家庭。在这里，学校领导为青年教师提供了最可贵的信任和最广阔的发展舞台。

记得刚回来不久，谢校长找我谈话。当校长说出"想让你担任初一语文备课组长"时，我惊讶得以为自己耳朵出了问题，"这怎么可能？我还是一个工作不满三年、习惯了跟在师傅身后的'小学童'，怎么能担此大任？"可接下来谢校长的话让我终身难忘："你没问题的！学校相信你的能力！没经验没关系，大家都会帮你，成长嘛，就是这样，在勇敢尝试和挑战中会成长得更快！你只管大胆地去做就行，一切都有学校呢！"那一刻，我觉得作为人朝人真幸福，因为在工作上，我是一个有"家"的孩子——人朝这个家是我的后盾，它让我敢于挑战自己，收获成长！

谭金玲老师没有辜负学校的信任，作为语文备课组长，曾连续两年带领初三语

文备课组取得全区中考平均分第一的好成绩，连续两年培养出语文满分学生，她本人也在 2018 年通过了高级教师的职称评定，入选朝阳区青年拔尖人才，已担任学校教师发展中心副主任。

一支优秀教师团队的建设，需要常态的持续的助力。朝阳学校自成立以来，一直与人大附中深度共享优质教育资源。朝阳学校的老师参加人大附中各学科的备课、集体教研、命题阅卷；与本部教师拜师结对，聘请本部教师指导公开课，共同参与课题研究；参加联合总校的科研年会等大型培训活动；通过出国研修、对外交流等方式开阔眼界，提高继续学习、投身教改的积极性。我们还尝试在朝阳学校设置"人大附中高中同步实验班"，在教材、备课、教案、学业测评等环节与人大附中实现同步管理。这不仅使学生受益，实现了不出校门就上名校，更使深度共享人大附中优质教育资源细化、深化和常态化，有利于培养和锻造一批名师。

现在的朝阳学校已经形成一支高素质、高水平、高学历的教师队伍。学校共有教职员工 680 余人，在编及聘任的专任教师 639 人，其中博士学历 32 人、硕士学历 301 人；特级教师 15 人，高级教师 119 人；北京市学科带头人和骨干教师 11 人、区级学科带头人 25 人、区骨干教师 84 人、区级以上优秀青年教师 55 人。

这支教师队伍有着鲜明的"朝阳"特色，正如校党委书记邓跃茂所讲："在人大附中朝阳学校，我们经常感受到教师们求真务实、勇于进取、无私奉献的品德。这是一种正能量，更是整个学校教师精神面貌的真实写照……在人朝这个大家庭，老师们饱含激情，精诚合作，团结进取，在各自岗位上做着平凡而又伟大的事业。"

郑晓芳老师 2010 年入职人大附中朝阳学校，是位优秀的历史教师，曾获北京市说课大赛一等奖，撰写的论文多次获市区级一等奖，多篇文章在《中国基础教育》《中学历史教学参考》等期刊发表，所带班级获北京市"五四红旗团支部"，获区优秀德育工作者、区骨干教师等称号。

2013 年，郑老师被确诊为脑部鞍区长了一个 2 厘米的脑膜瘤，压迫了视神经，导致眼部供血不足，视野缺损，视力下降，必须马上动手术，否则失明，甚至有生命危险。经过 8 个小时的开颅手术，郑老师在家休息了一个月后，又投入工作。

2016 年，郑老师的脑膜瘤复发了，她又一次面对生死的考验，她记下了此后的经历：

2016—2017 学年我带高三文（1）班历史，视力又出现模糊不清的症状。

经过激烈的内心挣扎,我决定 11 月初去医院做复查。毫无悬念,脑膜瘤复发了。跑遍了北京各大医院,在与众多医生交流治疗方案时,我提的第一要求是不请假,能坚持到高考结束。经过反复研究,在火箭军总医院医生的建议下,我决定做伽马刀手术,因为只有这种治疗方式能够满足我的要求。

在反复研究高三工作安排后,把手术时间定在了 12 月 7 日周四、周五两天,因为这两天学生月考,请假不影响高三教学工作。人事部的殷必轩老师以最快的速度帮我办好了医保定点医院的变更,减轻了我的经济负担。

手术的过程毫无疑问是痛苦的,术后存在恶心、呕吐、头疼等后遗症,但我还是坚持在周一回到学校开始工作。年级组长冯怡老师坚持让我回家休息,勉强休息两天后,我又站在了讲台上。冯老师取消掉了我所有的晚自习值班,同组程春音老师帮我干了许多诸如阅卷、答疑类的工作,地理组张弨老师经常替我监考,而她的儿子当时在家备战高考,感动之余,我更加努力地工作着。

2017 年 5 月,因学校工作安排,我在担任高三教师的同时,兼高二文科(1)班历史,从此每天在东西两个校区奔波,不仅需要精细备课,还需要批改作业、课间答疑,所以经常气喘吁吁地跑进教室上课。一天,在电梯里碰到校长,校长问我:"身体能行吗?"我说没问题,能撑得住。但实际上,伽马刀手术的后遗症——头疼并未消除,经常一边答疑,一边揉头。一名学生说:"老师,您让我爸爸给您看看吧,我爸爸是中医,他说能帮您减轻一下疼痛。"令我感动的是,当天晚上家长就主动打电话,和我敲定就诊时间。

功夫不负有心人,在 2017 年高考中,所带班级 12 道客观题中,11 道题的正答率为 100%。高考成绩出来后,这名中医家长说,你们人朝的老师真了不得,我女儿很幸运在你们学校上学,她的考试成绩我们很满意。作为一名普通的人朝教师,我内心充满了骄傲和自豪。

送走 2017 年高考后,我又继续参与到 2018 年、2020 年、2021 年高三紧张的备考工作中,每届都有学生说"老师,您们办公室好香啊",这"香"其实是药香。根据医嘱,每天我需要间隔一两个小时喝一次中药。没想到,这股股淡淡的香气,也成为已毕业学生们的回忆:

"老师,过年了,好怀念在人朝的日子,想起您的药香,谢谢您带给我的感动"。

"老师,想起您一边喝着药一边帮我答疑的情景,您乐观的心态,给了我今后面临挑战、战胜困难的勇气和力量"。

"老师，保重身体，永远爱您。"

……

学生们的话语，让我觉得一切付出都是值得的，我的坚持是有意义的。

物换星移，接手的学生在一届一届的变，但领导和同事们对我的关怀却没有变。老师们经常帮我监考，教研组老师叮嘱我保重好身体；在闫彦晨校长直接安排下，历届高三都不再安排我的晚自习值班，年级组长们尽量减少我的工作量，甚至在日常监考老师的名单中，我的名字出现的次数也是最少的；校园中偶遇校长和书记，问的最多的一句话是"最近身体怎么样？有什么困难吗？"这些温暖的点滴与瞬间，让我觉得，人朝不仅是我工作的地方，更是值得我为之努力拼搏的"家"。今后的日子里，我会努力：

勤勉工作，助力学生实现高中时段完满的"终极一跳"，在人朝绚丽的明天中实现自我价值！

保重身体，敢于直面所有的困难与危险，与"肿瘤君"抗战到底，做一个坚强的、战斗的鸵鸟！

在《我的教育观》里我写过一段这样的话："投身教育工作，必须将教育作为事业。将教育作为事业，才能有强烈的事业心，崇高的使命感；才能视教育如性命，视学校如家庭，视学生如子弟；才能朝夕思虑其事，日夜经纪其务，无私奉献，鞠躬尽瘁；才能拒绝平庸，追求卓越，出乎其类，拔乎其萃，以第一等的正气，第一等的襟怀，第一等的追求，臻于第一等境界，取得第一等的业绩。"

没有这样一群将教育事业视为生命、无私忘我拼命奋斗的人，何来孩子们健康幸福的成长，何来朝阳学校辉煌的办学业绩，何来深得百姓信赖的优质学校。

独 具特色的校本教研

科研兴校是我多年来一直坚持的办学理念和治校方略，担任人大附中校长后，在学校全面实施"素质教育工程"，并具体落实为七项子工程，其中第一项就是"科研兴校"工程。在 1998 年我撰写的《面向 21 世纪的素质教育必须坚持走科研兴校、科研兴教之路》中提出："科研与教学如鸟之双翼、车之两轮、人之两腿，缺少了哪一个都是不健全的。办好学校教育必须走教学与科研相结合之路，走二者互为条件、互为依存、互相促进、共同发展之路。科学研究是一只隐形的手，它在无形中推动着学校教育的发展。"

重视课题研究、重视师资培训、重视开好教科研年会和各种教学质量分析会，一直是我们常抓不懈的做法。这种理念和实践也深深影响了谢泽运校长。

他说："多年来深受人大附中先进教育思想熏陶、切身体验过教研重要作用的我，坚信科学研究的力量。担任朝阳学校校长后，我高度重视学校的科研年会、暑期培训和质量分析会。十年来，我们的培训主题从师资队伍培养到课堂效果提升、课程建设完善等，循序渐进，螺旋式全面推进，取得了显著的效果。"

朝阳学校的校本教研紧密结合校情与学情，逐渐形成了自身的体系和独特的做法。

有的放矢，针对性强。谢泽运校长抓校本教研抓得细、抓得实，这与他深入细致的治校风格有关。朝阳学校的老师们都知道谢校长有个特点，喜欢在学校各处转，楼道里、操场上、校园里总能看到他的身影。所以他总能掌握学校方方面面的第一手情况，哪个年级有什么问题，哪位教师有什么特点，学校哪些地方有待改

🔲 图3-15 谢泽运校长与教师们一起研讨深化课堂教学改革

进，他都了然于胸，为解决这些问题而开展的校本教研便有了很强的针对性。

注重师德建设。谢泽运校长始终将人大附中"无私奉献、团结协作、科学拼搏"的精神作为教师队伍建设的纲，精心培育教师的奉献精神、协作精神，在全校范围内形成了爱岗敬业、团结协作、科学严谨、追求卓越的工作氛围，而这些都不是靠空洞的说教和灌输，而是抓住时机引导教师领悟，悟出教育的真谛和生命的意义。

廖瑾老师记录了科研年会上发生的一个片段：

科研年会上，一位专家发言时说，他反对把老师比作燃烧自己、照亮他人的蜡烛。他说教师可以照亮他人，但不用燃烧自己，照亮他人不能以毁灭自己为代价。受其影响，我上台发言时也表达了相同的感受。但当我说到蜡烛会因为燃烧消失和毁灭时，我的话突然被坐在听众席第一排的谢校长打断了。他站起来说："我不同意你的观点，因为物质是不会消失的，能量也不会消失"。我争辩说："但蜡烛已经不再是蜡烛了呀"。没想到我的话再一次被打断，谢校长再次强调，物质是不会消失的，它将永远存在。其实，我们观点的差别是在物质与物质的具体形态上。谢校长强调的是物质不会消失，而我强调的是蜡烛作为一种具体的物质形态，它会消失。难道是谢校长分辨不清物质与物质具体形态的差别吗？非也！事后想来，谢校长并非要与我争论科学的对错，而是想借这一争论传达一种价值观：生命虽然是短暂的，但如果我们在意的不是一己的生命形态，而是给其他生命带来了什么，给其他生命留下了什么，生命就是生生不息的！

科研年会上，谢校长斩钉截铁地反复强调"物质是不会消失的"带给了我深深地思考。这思考一直持续到了今天。

其实，甘于平凡和乐于奉献是我们反复提及的，但一个人要在生命中真正领悟它们，并不是一件容易的事儿，一个教育工作者要在工作中真正去践行，更不是一件容易的事儿。感谢谢校长，您把乐于奉献赋予了生命不息的意义，让我们不再囿于一己之私，而是拓宽了生命的长度与宽度。让我们秉持这些理念，把生命的激情倾注到每一节原生的课堂中，在最平凡的日子里开出永恒不息的生命之花！

　　鉴于朝阳学校建校短短数年便取得突出的办学成绩，2017 年朝阳区教研中心专门组织团队到朝阳学校调研，对部分教师进行了访谈。访谈过程中，所有受访者不约而同地用"拼搏、奉献、团结、积极、奋进"等词语来描述学校的教师队伍。这样一支教师队伍的形成显然与谢泽运校长及领导班子善于抓师德建设、注重对教师队伍的思想引领分不开。

　　注重基于教学实际的质量分析。朝阳学校既重视全校教师参加的大型研讨，更重视各年级的质量分析会，尤其是毕业班的质量分析。每届毕业班的每一场质量分析会，谢泽运必定到场，他用文字记下了印象深刻的三次质量分析会：

　　　　我参加过时间最长的一次质量分析会，是首届初三的第一次期中质量分析会。会议从下午四点钟一直开到了晚上八点半。会上，我认真听取了年级组长、五位备课组长、八位班主任及典型代表的发言，从中感受到老师们对教育教学满怀的热情、高度的责任心和无穷的智慧，我特别感动，更为之振奋。我指导老师们如何科学地分析数据、分析学生、讲评试卷……我结合各班的数据对每一个班级的问题与老师们进行针对性的探讨。这是一个质疑探究、追问深思的过程。在这种质疑探究中，我们能够更精准地发现问题，更深入地分析问题，更有效地解决问题。从此，这种科学研究数据、直击问题实质、探究解决方案的研讨便成了毕业班质量分析会的主要形式。

　　　　我开过最意气风发的质量分析会，是 2020 年高三年级第一次月考质量分析。那天的会议在一个教室举行，聆听大家的分析，面对一个个数据，脑海飞速地运转，发现其中的奥秘，寻找突破的路径。我们的高三，从第一届毕业生到现在，高考成绩年年攀升，如何在过去辉煌成绩的基础上实现突破，是我和老师们共同研讨的主题。

　　　　这次月考成绩并不理想，面对数据，老师们都显得失落而愧疚。高三刚开始，我必须要激发老师们攻坚克难的勇气，坚定老师们勇于拼搏的信心。我走上讲台，满怀深情地肯定了老师们的辛苦付出和年级组的精细管理，安慰大家不要以一次考试论英雄，最重要的是分析问题，找到应对方法，紧抓课堂落实。我说，我非常信任老师们的个人智慧和团结协作，坚信大家一定能够突破瓶颈、创造奇迹。我的理解、包容和信任深深触动了老师们的心，他们脸上带着笑，眼里闪着光。有这样一群如此自尊、自律、自强的老师，有什么困难不能够克服呢？也许是受了老师们的鼓舞，我在讲台上神采飞扬、幽默风趣地讲解我对高三教学的思考，从集体备课到提高课堂实效，从新授课教学到习题讲评课，从班级常规管理到学生心理辅导，我都一一给出最切实的建议。老师们受了我的感染和带动，也纷纷献言献策，积极探索求变。那次质量分析会，是最意气风发的一次质量分析会——以一个教师的姿态和一群热爱教育的同仁们，平等、自由、快乐地沉浸在教育教学的科学研究中。

　　我开过参与者范围最广的质量分析会，是针对 2015 届初三（二）班发展的全面研讨。二班的孩子聪明活泼，精力十足，轻轻松松、玩玩闹闹地一路学来，成绩始终在年级名列前茅。这样的孩子，是最有灵性、最有潜力的孩子。然而进入初三之后，他们一直静不下心来，进入不了初三紧张的学习状态。第一次月考，二班的成绩明显退步。我在年级质量分析会上及时提出了这个问题，希望班主任和科任老师共同关注、调整二班的学习状态。年级质量分析会后，我和年级主任、二班班主任又单独召开了多次会议，对二班学生进行全面深入的调查研究，最后确定了调整二班学习状态的方案。之后，我主持召开了二班家长会。会上，我与家长们共同研究孩子们的状态，激励家长们相信孩子的能力和潜力，鼓励家长们对孩子有更高的要求。家长们对学校工作纷纷表示感谢和支持。接下来，我又亲自主持召开二班的主题班会，深入了解孩子们的学习困惑，以自身经历激励、引导孩子们仰望星空树立远大理想，脚踏实地做好每一件事情。殷切的希望，给了孩子们极大的鼓舞。很快，二班的学习状态就有了很大的改变，学习成绩也一路攀升。之后，我依然密切关注二班的发展，经常和班主任沟通、交流，指导她如何张弛有度、刚柔并济地管理班级。那一年中考，二班学生不负众望，全部考上了市区级示范高中。

　　看到谢泽运校长对自己在质量分析会的表现用"神采飞扬、风趣幽默"来形容，起初我很感惊讶，因为在我的印象里，他是一位低调朴实、沉默寡言的化学特级教师。在熟悉他的人大附中师生的心目中，他也总是一副严肃的样子。我想，是朝阳学校校长这副担子激发了他性格中不为人知、富有激情的一面，激发了他身上潜在的领导才能。是高远的教育理想与沉甸甸的校长责任使他爆发出前所未有的能量，不仅把人大附中的教育理念和治校方略带到了朝阳学校，并结合校情予以创造性的发展。由此，我更深切感到，对于有实力的优秀干部和教师，应该为他们提供发展的平台，让他们担起重担，从磨炼中脱颖而出，实现更大的人生价值。这于我和人大附中而言，就是"赠人玫瑰，手有余香"了。

这样的教学质量分析会注重学情、注重实际问题的解决，并在解决问题中提升教师的教育理念和教学水平。正是这种鲜活的、有实际效果的校本教研使学校日常教学得以遵循教育规律，遵循学生成长规律，使教学改革得以落地，教育教学质量迅速提升，各科教学高手、名师也逐渐成长起来了。

此外，这样的质量分析会从始至终都洋溢着理解、激励、聚焦问题，合力解决的和谐氛围。当教育教学中出现困难和问题时，校长不是一味指责，单纯要求，而是通过示范引领给予具体的解决措施，并作为共性问题在大会上进行反馈，从而凝聚校长与教师的智慧，搭建为共同目标而不懈努力的平台。这种自由、平等、坦诚、进取的校本教研方式和教研氛围，不仅促进了教师的专业成长，还使得教师团队和谐共生，互相激励，形成积极奋进的学校文化氛围。而做到这些，对校长自身的教育教学水平、实际情况的把握程度、分析问题的洞察力、解决问题的决策力等都有很高的要求。谢泽运校长作为特级教师所具备的深厚学养和丰富的教学经验在这里被放大出来，赢得了老师们普遍信服和衷心敬佩。

创 造个性化的适合学生发展的教育

朝阳学校具有自己独特的校情和地域特色，他们在传承人大附中办学理念的同时，切合本校实际，不断创新探索，走出一条适合自身特点的办学之路。

课程在学校教育教学中处于核心地位，教育的目标价值主要通过课程来体现和实施。朝阳学校不断加大课程开发力度，以丰富多元的课程体系体现办学特色，为每一个学生的发展提供最适合的土壤。

经过多年的探索和沉淀，朝阳学校构建了"三层五向"的课程体系。"三层"：即面向全体的基础课程；面向分层的发展课程；面向个体的高阶课程，分别为学生提供不同发展维度的丰富课程。"五向"："向真——科学与社会"、"向善——人文与价值"、"向美——体育与艺术"、"向实——技术与实践"、"向新——探究与创新"五大方向课程，提供多元化个性化的课程资源。"三层"、"五向"纵横开阖，聚焦核心素养，着眼于学生整体素质的发展与提升。

在德育课程方面，学校构建了"唱响经典·爱国主义教育课程"，"创新实

干·劳动教育课程"，"弘扬经典·国学教育活动"，"明礼导行·依法治班课程"，
"润心养正·养成教育主题课程"，"崇德励志·星级学生榜样课程"等六大主题德
育课程。此外，学校还开发了大量实践德育课程，学生走进孔庙、国子监、航天
科普教育基地等，在社会大课堂积淀底蕴、提升素养，学习做一个有根有魂的中
国人。

为了满足不同兴趣、不同特长的学生充分发展的需要，朝阳学校开发了400多
门（含小学部）校本课程，形成了传统文化课程群、现代文明素养课程群、体育健
康课程群、艺术活动课程群、创新科技课程群、竞赛课程群等。根据12年一贯制
学校的特点，创造性地开发小学、初中、高中一贯制的课程。为培养学生的创新意
识和动手能力，满足具有较强创造才能和探究能力的学生群体的需求，开设"DI
创新思维"、"创意电子实践课"、"电子控制技术"、"航空模型"、"3D创意设计"、
"C++程序设计"、"单片机"等20余门科技类选修课。

课程建设的成效是体现在课堂上的，所有的课程目标都在课堂中汇聚，并得以
实现。朝阳学校的"课改"始终不忘"改课"。

谢泽运校长特别重视抓"原生"课堂，他一直向教师强调这样的理念：日常课
堂教学比上市、区级研究课更重要，因为它不会经过一次次的打磨，是一种原生态
的呈现，而这才是真正反映教师能力的课，也是真正作用到学生身上的课。这并非
轻视研究课对教师成长的作用，而是希望教师能够坚守教育的初心，把有限的时间
倾注到日常的教学中。当教师用心上好每一节常态课，让学生学有所得，这才是最
好的老师，这样的课堂才是最有意义的课堂。

青年语文教师白雪洁回忆：

那年夏天，为了进一步学习和落实新课标精神，谢校长组织召开了教学研
讨会。在为期三天的会议中，谢校长做了"提升学科核心素养，聚焦学科课堂
教学"的主题报告，带领老师们一起把握核心素养的内涵。谢校长强调"课程
方案不能跟着考试走，要跟着育人走。以前是以知识学习为导向，现在是凝炼
学科核心素养"。随后，谢校长布置各学科以教研组为单位进行集体研讨——
如何"培养学生关键能力，聚焦原生态课堂"，而他则在每一个研讨分会场听
会和指导。

在语文组研讨现场，谢校长的一番话对我触动很大，他说："学生思维的

激烈运转，有时往往是隐性的，不见得要他说得多热闹，说得多高兴，有时候学生即便静静地在座位上听，如果当下他在深度思考，那他的思维就是得到训练的。就像刘彭芝校长一直主张的——课堂一定是以学生为主体的真实课堂，要激活每一个细胞。而我们的老师，要敢于放手，直面课堂生成，敢于打破固有思维和原有设计。课堂，绝不是一场不出一丝差错的教案演练！"

在这样的教育理念引领下，白雪洁老师开始重新审视自己的教学。她将语文教材中的《国殇》和《离骚》（节选）整合为"屈原专题教学"，整个专题教学分三个阶段：阅读原作、学生解读屈原形象、讨论"屈原择死"之我见。白老师引导学生从内容、情感、手法三方面理解诗作，学生借助阅读材料，撰写"屈原择死之我见"小论文，根据论文不同观点将学生分组，最后小组之间进行答辩。

在主题为"探寻屈原'怀石沉江'原因"的课堂上，学生们争鸣交锋，思维碰撞，一面展示自己小组近期学习的成果，一面回应同学的提问与质疑。在双方争执不下的时候，教师及时介入，希望可以抓住这具有增值性的"僵持"，为学生拨开迷雾、深度引领。课后，白老师这样总结这堂课：

> 经过这样一轮文本学习和语文活动后，每位学生从只能为屈原贴上"爱国诗人"的标签，到能透过作品全面了解屈原，并在围绕话题展开陈述和辩论时，有理有据地表达观点，最终形成自己的"一家之言"。这不是单靠教师"教会"的东西，而是学生主动"学会"的东西。这个改变就是学生思维能力得到锻炼的最好印证。

在朝阳学校，原生课堂的概念是广义的，既包括正规的学科课堂，也包括门类齐全的各种校本课和选修课。在这些课堂上，老师们同样把学生成长放在首位，把培养孩子们创新精神和多种能力放在首位。朝阳学校创新思维社团是2013年成立的。以 DI（Destination Imagination，"目的地想象"）这一旨在培养青少年实践创新能力的国际性教育项目为基础，在指导学生参加 DI 创新思维竞赛的参赛经验基础上，将相关的知识讲解和技能训练系统化，对学生进行创新思维和动手实践能力的训练，着重培养学生的创意、团队合作和问题解决能力。

李雯博士是朝阳区骨干教师，7年来，指导学生4次参加 DI 全球总决赛并取得优异成绩。她认为，比赛只是过程，获奖也不是结果，目标是提升学生的自信，培养他们勇于冒险、敢于创新的精神，让真正的好奇心成为学习的驱动力，成为积极主动、投入而自主的学习者。她写道：

2017 年，我们面对的挑战题是表演一个包含开场剧幕和重点情节剧幕的秀，设计并制作可以让一名演员移动的舞台和演出需要的道具，并用技术效果来征服观众。在方案讨论阶段，一名学生希望在这场舞台剧中展示他的单人街舞。首先我要肯定这个孩子确实掌握超出常人的街舞技巧，在舞台表演中也能够起到烘托气氛、吸引观众的作用。但我还必须指出一段纯粹的街舞还远远不够表现创意，希望孩子们能够融入其他元素。经过团队讨论，最终善于动手制作的孩子们提出要为这段舞蹈表演制作一个能够和舞者实现互动的布景板。布景板采用冷抽象的艺术风格，内置磁敏传感器，能够随着舞者的手势变化点亮布景板不同位置的灯光。

在制作的过程中，需要焊接电路和缝制布料。在分配任务时，我让初中时电路焊接技术没学好的女同学去焊接电路，让没用过针线的男同学去缝背景布。用了一中午的时间，我把最基本的操作方法分别教给了他们，他们都干了起来。结果，电路焊接有些粗糙，但总算是焊对了，而那块背景布虽然缝上了，却和下面的桌布缝在了一起。我本可以代劳，但没这样做，我把已经缝上的布拆开，让他们放学后重新干。成果很重要，比赛的成绩也很重要，但孩子们在过程中的成长更重要。他们收获的不仅仅是一个具体的焊接和缝纫操作，更是在制作过程中，跳出了束缚思维的盒子，撕掉了"我不会、我不行"的标签，发掘自身的潜力，建立起前所未有的自信。每一个作品的完成，他们会在自己的朋友圈感叹"这不仅仅是道具，更是件艺术品"，"你永远不知道，用自己想出的方法，解决自己创造出来的问题，这种感觉有多美妙"。

在教学组织形式上，朝阳学校探索出"行政班级和走班制双轨并行"的教学组织形式。以 2020 届初三学生为例，语数外等必考科目学生在行政班上课，个人自选考试科目走班学习。这样既保证学生的全面发展，又尊重了他们的个人选择，使教学精准化、个性化。

为了引导学生"学会做人、学会学习、学会发展"，朝阳学校实行"学生成长导师制"。每位学生根据个人意愿，选择一位科任老师担任成长指导教师。成长导师与班主任配合，共同分析学情、科学定位，为每一位学生私人订制培养目标和改进措施。同时建立学生个人成长档案，秉持"不抛弃不放弃，尊重关爱每一位学生，让每一位学生都得到发展"的原则，从"导心、导行、导学"三方面帮助学生快乐学习、健康成长。

朝阳学校开展丰富多彩的校园文化活动，成立了健美操队、篮球队、田径队、合唱团、民乐团、街舞社等近百个学生社团。每年文化节、艺术节、科技节、戏剧节等大型校园文化活动的开展，为学生潜能的挖掘和展示提供了广阔的平台。

建校11年后的今天，朝阳学校以一种全新的面貌展现在人们面前：

——从一所毫无根基的新建校，发展为获得广泛赞誉、取得多种荣誉的名校，先后获"全国文明校园"、"全国生态文明教育示范校"、"全国语文教师专业化发展工程基地校"、"全国青少年校园篮球特色学校"、"全国青少年校园足球特色学校"、"北京市优质高中校"、"北京市基础教育学生综合素质评价工作先进单位"、"北京市基础教育课程建设先进单位"、"北京市科技示范校朝阳区普通中学素质教育示范校"、"朝阳区小学素质教育示范校"等荣誉称号。

——由2011年建成招生时小学97人、初中270人、高中180人，发展到2022年共有8614名小学、初中、高中学生在这所优质学校接受教育。

——从首届招生时家长不太认可，到今天家长趋之若鹜。高考连续多年本科率达100%，中考招生分数排名位列朝阳区前三，中考高分段人数占全区近一半，2020年更是包揽全区前三名，2021年、2022年星号学生分别占全区30%和25%。

——从零起步的校园文化活动丰富多彩，为学生搭建了广阔的发展平台，学生在科技、体育、艺术等方面硕果累累，在各类比赛中取得优异成绩，获国际奖项112项，国家级奖项2042项。

所有这一切都是不懈奋斗的结果，而这结果又使奋斗者无比自豪与幸福。

谢泽运校长在《大生命，在人朝的教育事业中》写道：

过去，我一直以为，我最游刃有余的事业就是站在三尺讲台上与学生研究物质的组成性质、分子的结构变化，我的生命价值就是在电光火石、镁铝碳钠的光芒中闪耀。来到人朝，与一群志同道合的老师们开创历史、追逐梦想，用我们的努力，让更多的人享受到更优质的教育。我才发现，我的生命还能以另外一种姿态，绽放出更绚烂的色彩！这一切，都源于刘校长的信任和鼓励，得益于本部的帮助和扶持，让我在人朝的教育事业中，实现着更大的人生价值！

"凤凰鸣矣，于彼高岗；梧桐生矣，于彼朝阳。"摘引这两句诗，表达我对朝阳学校全体教职员工的深深敬意。这支团结进取、无私奉献、勤于钻研、勇于创新的教师队伍，在谢泽运校长的带领下，在创办优质学校的过程中实现教育理想和人生价值，如同美丽的凤凰在朝阳升起的地方展翅飞翔！

启示

朝阳区是北京市经济发达区域，相比朝阳区的经济地位，其教育相对薄弱。应朝阳区政府的邀请，人大附中将优质教育资源带到这一区域，为朝阳区的基础教育优质均衡发展注入了活力。

1.小学、初中、高中一贯制为新办校系统地实施先进的教育教学理念与实践提供了平台。教育是一项系统工程，朝阳学校小初高相衔接的办学体制让人大附中的教育帮扶得以一贯执行。

2.新办学校招聘教师在本部跟岗教学培训，为学校的快速发展提供了重要保障。朝阳学校首批招聘的教师全部在本部跟岗教学一年以上，他们能够非常深入地了解、体验人大附中的办学理念与办学实践，并将之带入朝阳学校，人大附中的教育基因得以在这里传承和发展。

3.在被选派人大附中朝阳学校担任校长之前，谢泽运在人大附中是一名化学教师，也曾在外地一所中学做过副校长。从教师到副校长再到教师然后任校长，这样的经历让一个人既能够站在教学一线的角度，也能站在全局的高度看待问题、处理问题。这再次表明，我们在选人用人时，应做到"是龙就得让他腾，是虎就得让他跃，龙藏着虎卧着，就是人才最大的浪费"。

4.新学校要办出自己的特色，校长需要有自己的思想。朝阳学校对日常课堂教育教学的重视，源于谢泽运校长对"原生课堂"的深刻理解，以此推动学校教育教学水平的整体提升。

第四章
互联共享优质教育资源

  信息网络时代的到来，为促进教育发展、实现教育公平带来了新的机遇。以信息技术为推手，构建跨区域、跨校际的网络公共服务平台，可以打破时空的局限，实现优质教育资源在更大范围内的共建与共享，让千千万万个孩子走进名校课堂。

  2010年9月9日，在第26个教师节即将到来之际，时任中共中央总书记、国家主席胡锦涛来到人大附中，在位于实验楼二层的远程教室，观看人大附中和宁夏六盘山高级中学、贵州毕节地区民族中学正在进行的远程互动教学，并通过视频与远在六盘山和毕节的师生通话。

  得知这些地区的孩子从远程互动教学中获益匪浅，胡锦涛同志十分高兴。他勉励边远地区的学生说："希望你们充分利用这样一个有利的条件，更好地发挥远程视频的作用，学得多一些，学得好一些，将来成为建设国家、建设家乡的有用之才。"

  这堂课除了三校学生同上外，还通过互联网向"国家基础教育资源共建共享联盟"的一千多所联盟校进行现场直播。

  "国家基础教育资源共建共享联盟"是2005年由教育部科技司、人大附中、清华大学、国家图书馆、北京理工大学、长沙一中共同发起成立的公益性网络公共平台，至今已发展7700

余所联盟校，辐射全国 31 个省市自治区，惠及 121 余万师生。

2013 年 6 月 20 日，"神十"太空授课地面课堂选址在人大附中。人大附中物理教师宓奇、101 中学物理教师史艺与"神十"航天员王亚平共同授课，人大附中与其他学校 600 多名学生现场听讲，全国 8 万余所中学 6000 多万名师生同步收听收看。这一天，国内外都在关注这堂"中国第一课"。

2017 年 9 月 25 日，"砥砺奋进的五年"大型成就展在北京展览馆举办，这是党的十八大以来，以习近平同志为核心的党中央团结带领全党全国各族人民取得辉煌成就的大型成就展。人大附中的网络远程扶贫项目"双师教学"在"砥砺奋进的五年"大型成就展中"网络扶智"专题上展出。边远地区孩子与人大附中学生同上一堂课的情景，吸引参观者的关注。

……

多年来，人大附中利用现代教育技术手段，积极推进优质资源共建共享，为促进教育均衡发展探索出一种全新的方式，让千千万万个孩子走进了名校课堂。

一、为优质教育资源插上飞翔的翅膀

计算机网络技术必将带来学习的革命，现代教育技术必将成为教育发展的助跑器。在这方面，世界各国的起点相近，谁走在前面，谁就能占领现代教育技术发展的制高点。

一个战略的提出

关于优质教育资源的信息化建设、辐射，我的想法由来已久。

长年在一线工作，看到老师们年复一年认真、用心地备课、准备习题，可是他们退休离开了，这些资料就都不在了。所以早在 20 世纪 80 年代，我担任人大附中副校长时，就一直想建一个题库，把老师们编的习题等宝贵资料在电脑上进行储存，以便服务更多的后辈教师。当时还曾找过公司合作。后来各地搞优质课比赛，大家同讲一节课，各有千秋。我又产生了建"网上联合中学"、建知识网格的想法。我想，要是能把全北京、全国名校同一节课的教案、课件等优质教学资源都放到网上，资源共享，那么各地的老师在备课时都能调出来参考，思路就会开阔很多，起点就会高很多。

如果把网络比作一座殿堂，我希望这座殿堂坐满来自全国各地的名师，他们在这里切磋交流，分享经验；在这里，课堂能够跨越时空，来自不同地方、不同民族的孩子能聆听同一堂课，讨论同一个问题，远在天涯却能看到彼此的眼神，听到彼此的话语；这里能够尽收天下教育精华，需要者尽可以取之用之……

我知道，要实现这些想法和梦想，需要依靠现代教育技术的发展。

1997 年，接任人大附中校长后，我带领学校干部和部分骨干教师共同讨论、确定了学校的办学目标"国内领先，国际一流"。如何实现这个目标呢？我们率先推出了"现代教育技术工程"，以发展现代教育技术为切入点，推动人大附中跨越式发展。这是因为，我坚信，方兴未艾的计算机网络技术必将带来学习的革命，现代教育技术必将成为教育发展的助跑器。而当时，在这方面，世界各国的起点相近，谁走在前面，谁就能站在现代教育技术发展的制高点。

要清晰地绘制这项工程的发展蓝图，需要学习。那时，凡是有关现代教育技术的课，我都带着老师们去听。凡是有关现代教育技术的论坛和会议，只要得到消息我都要赶去参加。

听说首都师范大学举办为期10天的信息技术培训班，我带学校领导班子成员和部分骨干教师每天骑自行车赶去听课，中午就在校园的石头凳子上吃盒饭。

一次，听说一家国际知名的网络公司要在北京举办一场介绍世界最先进的多媒体技术的报告。原计划是要去听的，可临时有重要会议去不了，我便让学校电教中心的老师将报告全程录像，开完会回来看录像。

还有一次，我从报纸上得知，北京国际会议中心正在举办"中国教育信息化高峰论坛"，我放下手里的事，马上带着学校信息中心的两位老师匆匆赶去。

在大门口，迎面遇见一位认识我的记者，他吃惊地问："您来干什么？这个论坛跟你们有什么关系吗？"

我笑着回答："我很有兴趣。"

就是在那次论坛上，我第一次看到了远程视频，第一次感受到它跨越时空的神奇魔力。

时隔不久，在北京市电信局召开的一次会议上，我第一次坐在远程教室现场听了一堂课。而这次机会还是被我"蹭"来的。

那是北京市教委和北京电信局联合主办的远郊区县开通远程教学的现场会。我闻讯后赶去，得知开幕式后在远程教室有一堂20分钟的课，心里很是兴奋和期待，终于可以一睹庐山真面目了。参加会议的领导很多，教育部和北京市教委的有关领导都到场了。一进会场我就看到大屏幕上打出的通知：由于远程教室相对狭小，容量有限，教育部和北京市的相关领导到远程教室听课，其他参会嘉宾在会议大厅看投影演示。

那时，我已经有了在人大附中建远程教室的想法，也有了初步的蓝图。可是远程教室的设备购置、安装以及使用维护，都有怎样的渠道和门道，我急需了解清楚，在大厅里看投影怎么行，眼前的机会岂容错过，必须亲眼看看、亲自调查了解一番。

于是，我就排在领导的后边进了远程教室。教室里没有我的座位，好在电信中心的人认出了我，安排我坐在工作人员的位置。那次，我既观看了远程教学的全过程，也把远程教室的设备和布局了解得清清楚楚，而且，我还得到了联系设备方负责人的电话，以及电信局负责这项工作的副局长的电话。会后，我立刻和这两位负责人取得了联系，争取他们的支持。人大附中远程教室的蓝图在我心里逐渐明晰起来。

经过我们不懈的努力，人大附中现代教育技术走在了全国中学的前列：

1998年，人大附中校园网建成。轻点鼠标，老师们就可以在网上共享试卷、优质课件；学生可以在网上提交作业，老师可以在网上批改点评。

1997年到2000年初，学校逐步建成数字化图书馆，有可供200名学生同时上机的网络阅览室，还建起了教学资源库。

1998年和1999年，先后开通与加拿大渥太华理科高中、美国纽约州立大学和坎顿中心学校的视频教学、多媒体互动教学，开创了国内中学进行跨国远程教学的先河。

2000年，开通与北京市10个远郊区县"一点对十点"远程教学。

2001年，先后三次与日本中学进行远程教学示范。

……

说起开通"一点对十点"远程教学还有个挺有意思的故事。

所谓"一点对十点"，就是北京市要选一所市区重点学校，面对远郊区的10所中学开课，并把它列入2000年北京市政府向全体市民承诺要完成的60件关系群众生活的实事之一，可以说这是北京市尝试"网络扶智"、借助信息技术辐射优质教育资源的开端。要实现"一点对十点"，必须有一个骨干点，而这个骨干点必须拥有相应的设备和设施。可是眼看快到年底了，承诺完成的60件实事只有这件事还没有落实，主要责任单位非常着急，他们不知道哪个学校具备这样的技术条件能接这个任务。北京市电信局和北京市教委信息处首先想到人大附中，认为人大附中或许有实力做这件事。因为我曾专程找过电信局长，邀请他们参观人大附中的校园网和远程教室，令他们很吃惊的是，没想到一个中学的网络信息技术发展得这么好。这时，北京市教育网络和信息中心也向他们推荐了人大附中。

北京市教育网络和信息中心之所以推荐人大附中，也是缘于一次会议。记得那是我参加的市教育网络和信息中心组织的一个会议，会上中心主任有一个发言，其中提到上海信息化水平高，北京的中学落后了，我认为这与实际情况不符。会后我找到主任，很坦诚地对他说："主任，北京的中学在信息化方面并不落后，希望你们能下来做调研，看看我们学校现代教育技术发展的真实情况。"第二天，主任就带着一批专家、博士到人大附中考察。看到我们的校园网、数字化图书馆和远程教室……在当时一般学校还不知远程教学为何物时，我们已经先后与美国、加拿大的学校开展了远程教学。一番考察下来，主任激动地说："人大附中让我们看到了目前基础教育领域现代教育技术发展的最高水平！"就这样，在他们的推荐下，在北京市教委和北京市电信局的支持下，"一点对十点"远程教学的任务就交给了人大附中。

当时，由于缺少资金，我们的校园网始终没有专用光纤，以致影响它的容量与畅通，我做梦都想把一条专用光纤拉到校园。这次抓住了机遇，因为"一点对十点"远程教学的需要，仅用一周时间，北京市电信局就把光纤拉进了人大附中校园。2000 年 12 月 29 日，"一点对十点"——人大附中和 10 个远郊区县远程教学网开通，我梦想的目标就这样变成了现实。

那天，讲课的是人大附中英语老师程岚，内容是"申奥连着你和我"。北京 10 个远郊区县 400 多名中学生与人大附中学生同上一节课，师生们虽远隔几十公里或百余公里却能进行即时对话。

"北京申奥有什么优势？"程岚老师用英语发问。

远在百里之外山区的延庆一中的学生抢先用英语回答："全中国人民都支持北京申奥。"

大兴区黄村一中学生："北京好吃的举世闻名，可以让全世界的运动员解解馋。"

平谷中学学生："北京城市美，人也友好。"

程岚老师一边展示她研制的课件，一边讲解，有五彩五环图、有世界各地的美丽风景、有北京的风土人情，既有动画，也有静物，上课像看电影，生动活泼，引人入胜。坐在主课堂的学生也踊跃发言，与各个分课堂的同学进行交流。

时任教育部部长陈至立听说人大附中开通了"一点对十点"远程教学，专程来学校考察，并与部分师生座谈。

一位老师感慨："网络使课堂跨越了时空，让山里娃和城里孩子站在了同一起跑线上。"

这次活动，也成为人大附中借助现代教育技术与其他学校共享优质教育资源的开始，它带给了我新的思考：如何进行体制和机制创新，进一步扩大优质教育资源的覆盖面，让全国更多的老师、学生从中受益？我脑海里关于建"网上联合中学"、"网上特色高中"、"创建知识网格"的想法更加清晰，更加强烈了。

这时，恰巧有一个机会向我们走来。

走上国家科技进步奖领奖台

搞现代教育技术离不开研发，对此我有自己的思考。我认为，中学教育信息化的科研工作，不能只指望大学和科研机构，最佳方式是大学、科研机构和中学紧密配合，发挥各自的优势，使研究成果既有理论创意，又有实际效果，相得益彰，相互促进。

2001年冬天，我得知一个消息：国家"十五"科技攻关重大项目"网络教育关键技术及示范工程"将向社会公开招标。这个项目共有12个课题，其中有一个课题是"中学教育示范工程"。

在进一步了解后，我们为这个课题设计了三项主要研究内容："数字化校园建设"、"网上联合中学"、"特色课程资源库"。这些都是我一直思考想做的事，也是提升学校现代教育技术的一个重要契机。如果中标，有了科研经费的支持，就可以早日实现这些梦想。

这时，距离投标截止日期不到半个月。

学校立即成立了由我任组长的课题申报组，校长助理舒大军和王玢、彭晓、张璇、杨春燕等骨干教师和合作单位的几位专家连续奋战了一周，拿出了一份长达107页的标书。在这份标书里，既有对国内外中学教育信息化现状和发展的分析，又有人大附中承担这项课题研究所具备的优势分析，还有课题研究的详细方案。

在招标会上，经过激烈竞争，人大附中中标，我担任课题负责人。

"中学教育示范工程"由人大附中牵头，同时联合了北京市教育网络和信息中心、北京师范大学教育技术学院、北京市第八十中学和北京市密云县第三中学，清华大学也有技术力量参与。之所以选择市八十中和密云三中，是因为这两所学校比较有代表性，八十中当时地处城乡接合部，是朝阳区一所优质中学。密云三中是地处远郊区的学校。我希望能在课题实施过程中为优质教育资源的辐射创造条件、积累经验。

课题启动不久，一天舒大军来找我，说北京大学有位叫毛有东的博士生特别棒，不但计算机技术在国内一流，对纳米技术也有较深的研究，并组织了一个由北大、清华几个学生参加的团队，雄心勃勃地想将纳米技术运用到数字化校园和资源库建设中，但是由于没有经费和研究平台，想法一直难以实施。

我一听，这可是一个难得的人才。我说："能不能邀请他们来参加我们的项目研发团队？"

过了几天，舒大军带着毛有东来见我。一番交谈后，我觉得这个年轻人思维敏捷，有很强的创新冲动和热情。于是，毛有东带着他的团队加入了"中学教育示范工程"研发团队。

几乎与此同时，还有一个年轻人走进了这个团队，他就是在北京一家大型计算机公司主管网络教育的王军。王军的爱人彭晓是人大附中引进的第一个博士，他有时会来学校帮彭晓做些课件用于课堂教学，其中"超越网上教学"平台获得中央电教馆主办的全国多媒体比赛一等奖。

2002年底，我邀请王军和他的团队来人大附中工作，他欣然应诺。2003年初，人大附中成立"现代教育技术研究与发展中心"，王军任研发中心主任。

王军和研发中心的年轻人开始建设网校，着手进行三维教学系统研究，并参与"中学教育示范工程"项目，担任课题执行负责人。可就在这年春天，一场突如其来的灾难——非典疫情降临了。

4月初，非典疫情愈演愈烈。我分析当时的情况，预感可能会停课。停课了怎么办？最有效的办法是网上上课。几个月前，我曾让王军带研发团队设计三维远程教学系统。我立即找来王军，让他加速，尽快将这个远程教育系统赶做出来。一旦停课，马上可以启动网上教学。王军和他的团队开始夜以继日地攻关。

不久，北京市委常委、教工委书记朱善璐等领导来人大附中视察预防非典的情况。当我介绍我们正在进行三维远程教学系统研发，准备在必要的时候启动网络教学时，朱善璐书记听了非常高兴。我说："我们的网络配置有限，如果再多几个服务器，可以无偿面向全市中学生开放空中课堂。"朱书记当即决定，由北京市、海淀区教委出经费购买几台服务器。

4月22日，北京市教委宣布全市中小学生停课，人大附中的"空中课堂"也在这一天正式启动，并向社会公布了平台网络地址，这是当时北京市唯一一家免费注册、全开放、绿色快速的网上学校。

据统计，2003年4月24日至5月26日，人大附中网站累计点击9370万次，累计登陆 1815 万人次，累计在线答疑数量 196246 万次，累计参与辅导的教师达 2050 人次。在人大附中网站注册的，除了本校学生和北京地区的学生，还有上海、广东、海南、新疆、重庆、安徽、黑龙江等地的学生，以及韩国、日本、美国等国的留学生。

2005 年 3 月 29 日，教育部科技司在人大附中主持召开"中学教育示范工程"课题验收会。专家组在听取了课题验收研制报告等相关汇报、观看了系统演示后，一致认为，该课题充分发挥各参与单位所拥有的特色课程等优势，研制完成了数字化校园、网上联合中学平台和中学生知识库基础平台，为学生、教师之间进行交互式、协同式教学和学习提供了平台，为其他中学开展远程教育提供了示范，为今后推广中学网络教育积累了经验，推动了信息化技术在基础教育中的应用。

他们充分肯定课题成果：人大附中建起了包括网络课件资源浏览、网上答疑、作业处理、考试服务、教育管理、教学跟踪质量评估的系统；建起了采用 BXP 无盘技术的 NC 教室、研究性学习网络平台、智能远程教室、多媒体课堂直播教室及教学直播控制中心；为市八十中建起了微格教室，为密云三中建起了远程教室；研制了一套适应中学教育特点，基于互联网的协作式研究性学习系统平台；建起了基于校际间的远程教学系统，实现了联网中学平台互通、网上中学资源共享、异地中学教学观摩课和即时课堂，并开发出了网络特色课程运行平台。

透过这些成果，我仿佛看到了成千上万学生和他们的老师激动、快乐、满意的笑脸。顿时觉得，我们付出的辛劳和心血、度过的无数不眠之夜，都是有意义的。

2008 年，得知国家发展改革委正在进行"基础教育信息资源开发与服务试点工程"项目招标，我找来资料研究，发现这个项目是在国家基础教育网络的基础上，实现基于网络的"手拉手"帮扶模式，它能够拓展"帮扶"空间，搭建跨区域的优质教育资源共建共享平台，而这正与我在 2005 年发起成立的"国家基础教育资源共建共享联盟"所要达到的目标完全一致。如果能成功申报这个国家课题，我们多年实践并百般求解的问题肯定会有实质性进展。想到这里，我无比兴奋。

我们马上组织项目团队准备投标。

可是投标书提交后，迟迟没有消息。我带王军到国家发展改革委有关部门询问，得知人大附中没有通过申报资格审查。问其原因，对方回复：这是国家级课题，历来都是由大学和科研机构来做，从来没有中学申请国家发改委的科研课题。我说："能不能让我见见你们领导，当面向他汇报。"得到的回答是领导开会去了。

　　第二天，我们又去了国家发展改革委，见到了主管这项工作的处长。我向他介绍了人大附中的信息化建设情况，处长听得入神，脸上露出惊讶的表情。

　　我要求见主管这项工作的科技司领导，处长说领导正在开会。我说："没关系，我们就在这里等他。"

　　上午过去了，中午过去了，会议仍在进行……

　　下午四点左右，会议室的门终于开了，一位学者模样的领导走过来问："听说你们要见我？"

　　我说明来意，真诚地邀请他到人大附中去看看，我说："您看了后再做决定也不迟。"

　　几天后，这位司长带队来到人大附中。我领他们走进网络实验室、虚拟科学实验室、电子阅览室……司长一行人兴奋地走遍了校园。很快我们就得到通知，人大附中通过了课题申报资格审查。

　　经过激烈竞争，人大附中申报的"基础教育信息资源开发与服务试点工程"课题中标，我担任课题负责人。

　　经过三年努力，我们圆满完成了这项课题，顺利通过了项目验收。

　　这次项目申报在很多当事人心中留下了深刻印象。教育部科技司一位司长在一次会议上谈起了这件事：

　　　　当初国家发展改革委和教育部准备将这个项目放在高校和科研院所，没想到突然杀出一支中学的队伍。我们刚开始也是打了问号的，后来发展改革委等有关部门到人大附中实地考察，所有的人都感到很震惊。让大家震惊的不仅仅是人大附中的信息技术已经站在中学教育的山尖上，还有刘彭芝校长强烈的创新意识和超前的创新思想。当时我对刘校长说，你们人大附中的定位不就是基础教育吗？她马上回答："不，我们的目标是国内领先、国际一流。"听了这个答复令我非常震撼。

　　2011年1月14日，中共中央、国务院在北京人民大会堂隆重举行国家科学技术奖励大会。党和国家领导人出席大会并为获奖代表颁奖。人大附中参与的"网络教育关键技术及示范工程"获国家科学技术进步二等奖，我作为"中学教育示范工程"课题总负责人与人大附中同获国家科学技术进步二等奖。

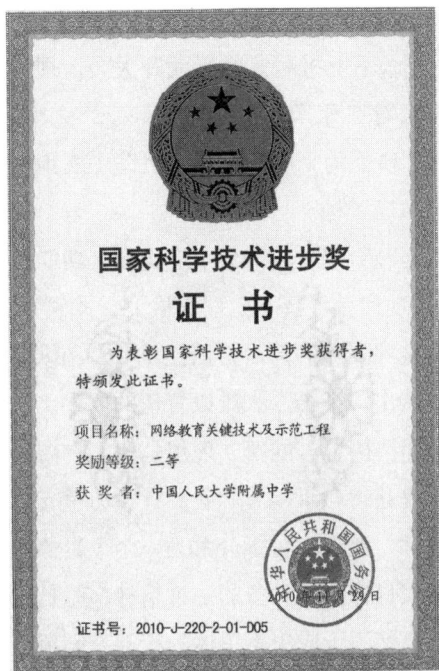

图 4-1 人大附中"网络教育关键技术及示范工程"获国家科学技术进步二等奖

图 4-2 刘彭芝校长作为"网络教育关键技术及示范工程"课题总负责人获国家科学技术进步二等奖

因为这次获奖，还有一个小插曲。

记得有一天，我陆续接到三个会议通知，都是第二天上午的，三个会议都很重要，我只能选择参加一个。其中一个是在北京会议中心召开的全市科技进步表彰大会，由市委书记和市长出席并为获奖者颁奖，会议的规格很高。我听说清华大学有一位教授因为获得"国家科学进步二等奖"在北京市获奖了，我想我们人大附中是一所中学，同样获得这样的奖项，更应受到表彰。我就给北京市科委闫傲霜主任打电话询问此事，"明天开会获奖名单里有人大附中吗？"

闫主任想了一下，回答说没有。

我又问："听说获'国家科技进步二等奖'的这次在北京市都能获奖？"

闫主任很是吃惊，忙问："人大附中获得过'国家科技进步二等奖'吗？"

我说："是啊，我们完成了国家级课题，获得'国家科技进步二等奖'。"

闫主任好像不放心，继续追问："获奖证书大吗？有国徽吗？"

我回答："证书大，有国徽。"

闫主任一听就急了："获这么大的奖你们怎么不上报啊？明天就开大会，现在再报也来不及了。会后，我们一定到你们学校去看一看。"

2011年5月13日，闫傲霜主任带着北京市科委的一些领导到人大附中实地考察，对人大附中信息化建设和科研能力给予了高度赞扬。

回顾人大附中现代教育技术发展的历史，我感慨良多。1994年我国全功能接入国际互联网，而1997年我就启动了人大附中现代教育技术工程，从1998年率先建成中学校园网以来，我们始终走在现代教育技术发展的前沿，抓住每一个稍纵即逝的机遇，在一穷二白的基础上拼搏奋斗，创造出一个个令人难以置信的成果。之所以能做到这些，我归纳出八个字：理想、目标、执着、创新。理想是我们拼搏奋斗的原动力，是凝聚团队智慧和力量的旗帜，是获得各级领导和各界社会力量支持的重要原因。目标是理想变为现实的方向和步骤，我把大目标分解为一个个具体的小目标，一口口吃饭，一个个实现。执着是完成目标必须具备的一种精神，就是不怕碰钉子、不怕遭打击、不怕被中伤、百折不挠、不干成决不罢休的精神。创新则是我研究问题和解决问题的思维方式，是解决任何疑难杂症、作出正确决策的制胜法宝。我把创新过程归纳为：不断地思考和寻找，不断地寻找与变通，在变通中寻求突破，在突破中形成决策。

二、"基础教育共建共享联盟"辐射全国

> 促进教育公平，支援教育欠发达地区发展教育，一个人、一所学校的力量是有限的。只有联合更多的人、更多的学校、更多的团体才能办成这件大事。创建"国家基础教育共建共享联盟"使办成这件大事成为可能，借助这个公益性的网络平台，全国更多名校的优质资源得以走出学校的围墙，实现集成与共享，惠及更多的学生与教师。

建 一条无限延伸的"网路"

2005 年 12 月，在教育部科技司领导下，人大附中牵头发起成立"国家基础教育资源共建共享联盟"（简称"联盟"），开始探索"互联网＋"时代教育帮扶的新模式。

从 2002 年起，人大附中踏上了促进教育均衡的探索之旅。与河南新密市合作办学的实践让我们认识到，受自身人力物力所限，远距离牵手薄弱校并非最佳的帮扶路径。如果以信息技术为推手，架起跨区域、跨校际的教育资源共享平台，使无论身处何地的学校、教师、学生都能通过现代化手段各取所需，将会打破时空的局限，为优质学校发挥辐射作用开辟更广阔的天地。

事实上，为了促进教育公平，支持贫困地区发展教育，国家加大了对中西部、教育薄弱地区的投入，改善了不少落后地区的教育教学硬件设施。然而，优质教育资源匮乏、整合共享不足、应用水平不高等，仍成为制约这些地区教育发展的新问题。基于这样的认识和思考，我一直希望在"创建知识网格"、"网上联合中学"的道路上更深入地探索。

2005 年初，我从清华大学一位教授那里了解到，目前最新的研究项目 IPv6 和中国下一代互联网（CNGI）研发项目正在接受项目申报。我马上与校研发中心主任王军商量申报的事，并将课题确定为"基于 IPv6 的国家基础网格应用示范"。

我说："我们要把最新一代互联网技术引入基础教育领域，创建一个跨区域、跨校际的教育资源共享平台，这是个很好的机会，我们要紧紧抓住。"

　　王军回忆："当时申报这个项目时，其实我心里是没底的。信息技术日新月异，学校研发中心这方面的研究技术也不强。但刘校长给了我们极大的信心，她说，技术可以学习，也可以联合大学共同研发，要善于借脑借力，协同创新。校长的话打开了我们的思路，经过一番调研协商，最后确定联合国家图书馆、清华大学、北京理工大学、长沙一中共同研发。"

　　项目确定后，王军带领团队准备申报书。我参加项目答辩会。经过激烈的评审、答辩，最终人大附中中标。这也是人大附中首次作为第一承担单位中标的国家级信息化项目。

　　2005年12月19日，在"基于IPv6的国家基础网格应用示范"的开题报告会上，在教育部科技司领导的指导下，人大附中、清华大学、北京理工大学、国家图书馆、长沙一中倡议，共同发起成立"国家基础教育资源共建共享联盟"。我被推选为"联盟"主席，王军被选为秘书长。

　　"联盟"在教育部科技司的支持下成立，由正保远程教育集团提供资金、设备、技术和人力支持，具有公益性、开放性、机制创新、技术创新、开发名校资源等五大特色。"联盟"成立以来，董事长朱正东先生一直积极支持"联盟"的工作，正保远程教育集团把"联盟"作为公司的公益项目，成立专门服务于"联盟"的技术开发组、录课组、宣传推广组，参与"联盟"的日常工作，为"联盟"的发展作出了巨大贡献。

　　"联盟"成立后，为了发挥名校的辐射作用和信誉优势，形成名校资源的"数字化集富"，人大附中多次组织召开名校网络课程资源建设会议，联合上海师范大学二附中、南京师范大学附中、江苏省天一中学、山东省茌平县杜郎口中学等39所全国知名中学，一起开发优质教育资源。

　　任何学校和个人，只要具备上网条件，都可以申请成为会员、联盟校，免费从"联盟"网下载课件、试题、论文、课堂视频等，同时也可以把自己的教育资源上传到网络与他人共享。轻点鼠标，足不出户就与名校师生同上一节课，成为一种现实。

　　"联盟"输送的优质教育资源对于边远地区的师生来说无异于雪中送炭。北京延庆永宁中学生物教师李秋宴对此深有体会：

　　　　我在讲授初一下册《血液的组成》时，教材上只介绍了血液由血浆和血细胞组成，要求学生观察人血涂片。由于学校条件有限，学生并不能做类似的观察，只能读课本上干巴巴的文字。"联盟"网上的相关图片和课程视频为我提供了帮助，为讲授这节课做了必要的补充。通过清晰生动的图片、视频，学生更直观地学习了血液的组成及白细胞、红细胞、血小板的颜色、形态结构和主要功能。同时，"联盟"网上还有一些与血液相关的拓展知识，如血型、输血、血压等，帮助学生拓展了知识面，孩子们听得兴趣盎然。

如今，"联盟"已成为我提高教学质量的有力工具。对我来说，它的优点在于：备课资源丰富，"联盟"提供了各式各样的学习资源，拓宽了我的教学思路；同时，借助这个平台，我能够和全国各地的优秀同行交流经验，不断提高自己。现在，只要有时间，我都会去"联盟"网上遛一遛。因为，那里的风景真的很美！

2012 年 9 月，在人大附中联合总校成立大会上，江苏省天一中学校长沈茂德说：

2005 年，我校很荣幸地加入了"联盟"。几年来，"联盟"已成为一个很好的平台，大家共同探讨和研究了许多问题，促进了教育资源的建设，提升了教育教学的质量。作为联盟成员校，天一中学受益匪浅。目前我校已向"联盟"提供有效教育资源 613 件。在这期间，我校有 52 位教师在市级、省级优秀课评比中获奖。

几年来，"联盟"已成为一个优质教育资源辐射的网络。优质学校提供的源源不断的教育资源，拓宽了一线教师的视野，更新了观念，丰富了教育智慧，提升了课堂教学效果。"联盟"促进了跨区域、跨校际的课堂教学研讨，各种主题性的课堂研讨，超越了学校的围墙，形成了深度的校际合作。我校与联盟校合作举办的"聚焦课堂——同课异构"活动已成功举办了八届，来自北京、上海、天津、山东、江苏、辽宁、陕西等 20 多个省市 200 多所知名中学的教师走进天一中学的课堂，一起进行教学探究，在交流碰撞中共同进步。

在大家的共同努力下，"联盟"已建成 1 万多个课时的视频课件、6.5 万多件教育资源，包括小学至高中的常规课程、校本特色课程、国家选修课程等，满足了不同层次、不同地区、不同人群的需求。

2013 年 1 月，"人大附中公开课"手机应用正式上线。2014 年 10 月，"联盟"又推出"名校谈教育——常青公益大讲堂"，以定期远程直播的形式，对当代中国教育问题进行深度剖析和解读。

东风化雨山山翠，资源共享处处春。"联盟"成立以来，已辐射全国 31 个省市，发展联盟校 7000 余所，直接惠及师生 120 余万人。

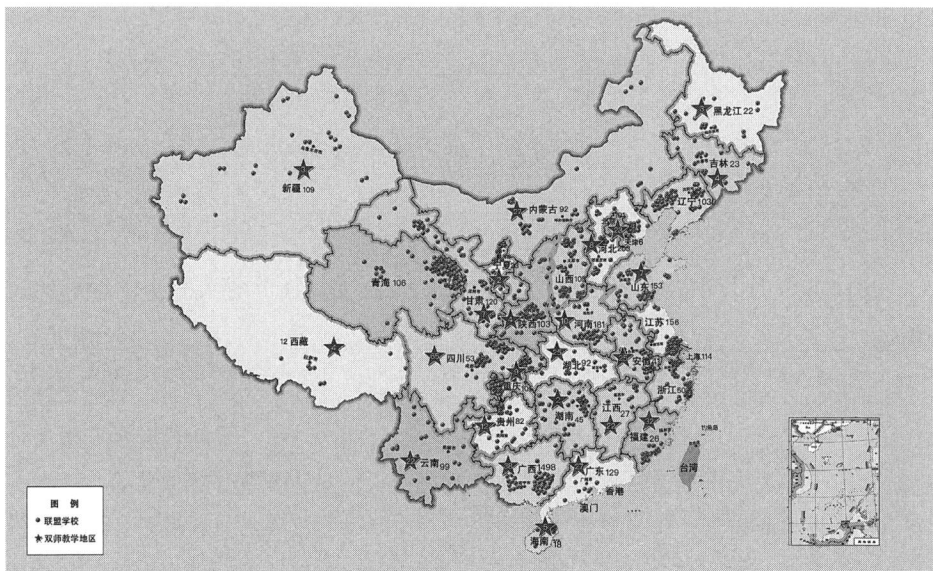

图 4-3 "联盟"成立以来已辐射全国 31 个省市

线 上线下，一网情深

在联盟校中，有两所特殊的学校：宁夏六盘山高中、贵州毕节民族中学。

2006 年 6 月，"联盟"成立半年后，我们推出了为期 7 个月的"国家基础教育资源网上西部行"活动，面向新疆、内蒙古、宁夏、贵州、青海、湖南等地，播出从小学到高中各年级课程 929 节。这次活动后，我请"联盟"秘书长王军作了统计，看看哪个地区的用户最多、最活跃，统计结果显示是宁夏和贵州毕节地区。

于是，2007 年 1 月，我和王军及互联网协会的领导一行冒着严寒赴宁夏考察。

几天走下来，我们发现了一所特别的学校——宁夏六盘山高中。这里的学生全部来自宁夏南部六盘山贫困山区，在政府资助下免费接受高中教育。这些孩子学习特别刻苦，在校园里几乎每一个角落，都能看到孩子们专注地在捧着书看。这个场景深深地打动了我。当我走进高一年级的教室时，发现这些学生个个纯朴可爱、朝气蓬勃，眼睛明亮，炯炯有神。这使我又好奇地走进高三教室，我惊喜地发现，这些从大山里走出来的孩子，都是那么精神焕发，其中有很多是高智商的孩子。

经与宁夏教育厅和宁夏六盘山高中交流，我们接受了宁夏六盘山高中及当地教育厅领导的邀请，于 2007 年 7 月，人大附中与宁夏六盘山高中结为"手拉手学校"。

从此，两校结下了不解之缘。六盘山高中加入"联盟"，学校 383 名任课教师获得了免费的上网账号，共享发达省市知名学校的优质教育资源。两校在教师培训、学生培养、课题研究等方面深度合作。六盘山高中陆续派出 28 名教师到人大附中挂职学习，其中 8 名成为学校优秀管理干部。

自 2007 年 9 月起，人大附中每年接收六盘山高中 8 名高二学生到人大附中"留学"一年。共有 69 名学生来人大附中"留学"过，其中 54 名学生考入北大、清华和香港中文大学等国内顶尖大学。

人大附中追求社会责任最大化的理念也在六盘山高中生根发芽，六盘山高中和宁夏南部山区的泾源县、同心县、海原县等五个县的兄弟学校建立了合作共建机制，担当起示范性高中的社会责任。

向祖国汇报——让世界充满爱视频片断

来自贵州毕节、四川什邡、河南新密、延庆永宁、新疆等地的数百名小"留学生"陆续来到人大附中，开始了他们人生难忘的一段旅程。

2010 年 8 月 8 日，中国人民大学世纪馆里人大附中师生校友、各界宾朋聚集一堂，举行建校 60 周年"向祖国汇报——人大附中素质教育成果展示"活动。当晚，一篇署名博文《人大附 60 年：有一种感动让我泪流满面》发出，作者是一位曾经对人大附中有过误解、在网上发文批评过我们的律师，参加活动后他有感而发：

> 我从大屏幕的影像看到了人大附中一位老师吃力地行走在宁夏六盘山崎岖的山路上，探访穷困农民家庭和他们的孩子；我看到朴实的农民接待这些来自北京客人的最高礼节不过是一盘鸡蛋；我听到他们最高的愿望不过是让孩子走出大山，"学习得比'好'还要好"；我听到被人大附中老师带去北京"留学"的幸运男孩临行时对母亲的承诺："妈，我会养您的！"我承认，当看到他母亲

转身以袖拭泪时，我的眼睛模糊了……

接着，我看到了几十名从贵州毕节民族中学、宁夏六盘山中学、河南新密中学、延庆永宁中学等不发达地区中学来到人大附中"留学"的孩子，齐刷刷站在我们的面前，向全体嘉宾汇报他们骄人的成绩。当我看到那个承诺要赡养母亲的男孩作为哈尔滨工业大学大二学生站在我们面前，以几年前离家时完全不同的精神面貌向人大附中老师表达他发自内心的感谢时，当他和所有孩子和支教老师一起唱起《让世界充满爱》时，我的眼睛又一次模糊了……

当"实现社会责任最大化"一行醒目大字出现在屏幕上时，我承认，我在人大附中找到了刘校长所承诺的名校的社会责任。这个责任可以用一组一组数据来诠释，用刘彭芝校长关于"小生命"、"大生命"的感悟来诠释。除此之外，我还有了更多的了解和发现：我不仅找到了"知识改变命运"现身说法的范本，而且仿佛人大附中本身就是一个改变命运的魔术师。

对人的尊重，对弱势群体发展需求的尊重，构成了人大附中以人文关怀为特质的独特的校园文化核心——而这一切，是我过去所不了解的。

……

读这篇文章时，我的眼睛也湿润了。

我想起了2007年的暑假，为了更好地了解即将到人大附中学习的大山里的孩子，我委托肖远骑、陈慧芳、史艳辉三位老师到六盘山家访。

当他们风尘仆仆走进六盘山，走进柳佳兴、徐鹏两位同学的家时，心里受到了深深的震撼：面前是望不到头的大山、简陋的土屋、朴实懂事的孩子，还有流着泪的满怀希望的母亲……

回来的路上，陈慧芳老师心情沉重，她给我发来一条短信："刘校长，置身在这片黄土、大山的世界，我被您的那份赤诚之心、大爱精神深深打动了，对人大附中帮扶六盘山高中的举措有了更深的认识。我请求您将这两名学生安排到我的班上，作为班主任，我一定会尽我的力量使人大附中的善举落在实处。"

我们安排陈慧芳当了这8个孩子的"特别班主任"，她兑现自己的承诺，给这些孩子极大的关爱，定期给他们的家人打电话，帮助他们克服学习上的困难，细心关注他们情绪的波动……师生之间产生了深厚的感情。当一年"留学"生活结束，依依惜别之时，陈老师收到了一份特殊的礼物：

诚 聘

陈慧芳老师为柳佳兴、徐鹏在京的"陈妈"

薪水：两颗赤子之心

任期：永远

望陈老师能应允，愿好人一生平安！

柳佳兴、徐鹏

2008 年 5 月 21 日

捧着这份"聘书"，像看到了两个孩子像大山一样朴实的心、厚重的情，陈老师流泪了。

更让我欣慰的是"留学"孩子们发生的变化。许睿峤同学《记人大附中的快乐生活》写道：

来人大附中之前，我学习成绩还不错，而视野的狭小却使我摆不正位置，甚至多了几分自满。进入人大附中后，我发现原来自己还有那么多方面尚待努力。看到我的人大附中学友每晚学到 11 点后才肯休息，我服了；看到他们详细完整的笔记，我服了；看到他们与老师探讨问题而排起长长的队伍，我服了。让我自惭形秽的是，除了学习之外他们个个多才多艺，琵琶、古筝、长笛等，信手拈来。看到学友们的优秀，我明白这就是活生生的榜样，他们用行动告诉我："你还得努力！"每次在人大附中图书馆那幅巨大的世界地图前驻足，它都在不断地提醒我："只有放眼世界，才会知道天有多远，山有多高。"我愿把这句话作为自己今生努力的号角。

······

从大山里走到银川，再从银川走到首都，一路走来，数不尽的关爱温暖着我的心。记得刘校长在学校大会上说："人大附中的优质教育资源要与全社会共享，我们要为中国教育事业贡献力量。"学校每次活动都少不了"同一片蓝天"这几个字。这些有声抑或无声的教诲，一次又一次感动着我，让我明白，一个集体、一个个体的价值在于贡献社会，让我明白了感恩之余自己未来对社会所肩负的责任。"永怀感恩，回报社会"不再是印在课本上的黑体字，而成了我心底永远抹不去的烙印。这是我对明天的承诺，也是我今天不懈努力的力量源泉。

在我看来，"帮扶"的作用永远是双向的。对于生活在北京的学生来说，六盘山高中同学身上的许多优秀品质，又何尝不是珍贵的"优质教育资源"。记得在全校大会上，柳佳兴指着屏幕上大山环抱的一个简陋的小院子——院子上空飘扬着一面鲜艳的国旗，他说这就是他上小学和初中时的学校，当时班里一共有47名同学，只有他一人走出大山上了高中。在场的人大附中学生无不动容，他们懂得了什么叫珍惜。在教师节联欢的舞台上，8位"留学生"向远在宁夏的各位师长深深鞠躬，送去节日祝福。这一幕感动了北京的孩子们，让他们体会到什么是感恩。我从来不放过这样的教育契机，开学典礼、升旗仪式、全校大会等活动上，我把这些来自边远地区的孩子们请上台，分享他们的梦想，让不同地域、不同生活境况的孩子相遇、相识、相知，在交流碰撞中彼此学习，共同成长。

贵州毕节民族中学的吴浩亮校长非常认可"联盟"所发挥的巨大作用，他说：

> 提升教师的整体素质，是所有贫困地区的校长最为头痛的问题。我校加入"联盟"后，教师的专业发展才插上了腾飞的翅膀。"联盟"不仅为教师提供了源源不断的优质教育资源，也培养了教师参与共建教学资源的能力，仅2011年，我校教师就为"联盟"提供教学视频58个，教学设计432课时，检测试卷250多套，试题4500多套，有效提升了教师的专业素质。

2011年4月，应吴校长的邀请，我委托周建华副校长率队来到不通航班、不通火车、不通高速路的毕节，与民族中学缔结为友好学校。自此，每年人大附中都会选派一批骨干教师、班主任、教研组长，到民族中学听课、评课、举办专题讲座等。民族中学每学期选派4至6名教师到人大附中跟岗培训，每学年选派5至8名学生到人大附中"留学"。

这些"留学"的少数民族孩子的勤奋给我留下深刻印象。人大附中信息技术老师彭惠群的《像荨麻草一样坚强》，写了一个叫龙杰杰的女孩子。

> 2012—2013学年的开学典礼上，主席台第一排有几个穿民族服装的孩子吸引了我的目光。刘彭芝校长请他们作自我介绍：高高瘦瘦、黄头发的男孩是来自帕米尔高原的新疆少年凯萨尔，大眼睛的短发女孩是来自贵州毕节的龙杰杰，皮肤黑黑的是苗族姑娘李宁……刘校长对大家说，这些孩子都是来人大附

中留学的，他们将在人大附中学习一年……我当时心里非常激动，因为我自己就是来自少数民族地区，深知这个学习机会对孩子们的人生将会产生多么巨大的影响。

新学期的第一节信息课上，我看到了座位上的龙杰杰。那节课的学习内容是制作一个表达特定主题的视频。布置完项目任务，同学们开始讨论和动手制作。我走到龙杰杰身边，想看看她是否需要帮助。龙杰杰有点羞怯地低声说："老师，我以前没有用过电脑。"

我心里一下子很不好受。我拍了拍她的肩膀，轻松地说："没事，接触接触就会了，慢慢来，你今天先练习做一张自我介绍的PPT吧。"我简要地告诉她如何新建文件，如何打字，选择喜欢的模板，加入文件……龙杰杰认真地听着，大眼睛里满是专注和渴望。

下课了，我收到了龙杰杰第一次用电脑制作的PPT，标题是《像荨麻草一样的坚强》

"我是龙杰杰，很高兴来到北京，更高兴能做这个东西，对于电脑，我确实不了解，但不怕，老师在！我希望自己能和老师在电脑这一方面有一定的沟通……哈哈，老师，我会加油的。记住，我叫龙杰杰！！！"

一个励志的标题，一张活泼的个人照片，一段打动人心的文字，粉紫色的底色，用加粗和改变颜色的方式突出了标题和自己的名字，图文并茂，主题突出，真是让人惊喜。

我激动地和史艳辉老师分享了这个作品，史老师感慨地说：这个"留学生"实在太有潜力了。在第二周信息课上，我向全班同学展示了龙杰杰的作品，她信心大增。在这之后，她的进步真可以用飞快来形容。

还有多少"像荨麻

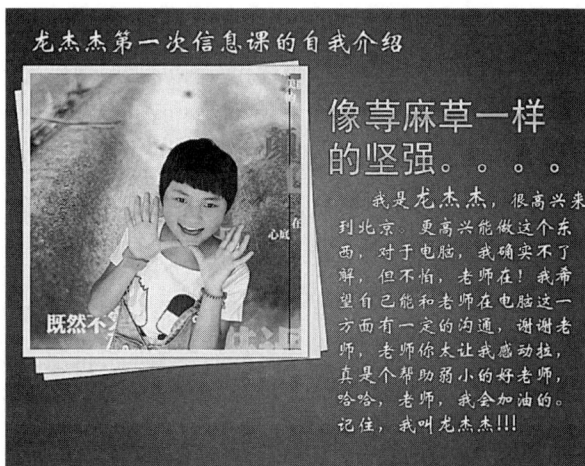

图4-4 龙杰杰第一次用电脑制作的PPT

草一样的坚强"的龙杰杰们，如果能给他们提供适合生长的土壤，他们一定会开花、结果，成为栋梁之材。

每一个孩子，无论富贵、贫穷，无论身处城市、乡村，都有享受优质教育的权利，都可以通过教育实现自己的梦想。这是我理想中的教育境界，也是我殚精竭虑、拼命奋斗的动力之源。虽然我没有那么大的能力去帮助每一个孩子实现梦想，但我要竭尽所能，把一生奉献给教育这个伟大的事业。

除此之外，此生无求！

培养更多的网上优秀"车手"

随着国家在促进教育均衡方面投入的加大，远程教育、在线教学所需要的硬件设施有了很大的改善，基本实现了校校通、班班通。即使是乡村教师，通过手机移动终端，也可以实现资源应用式学习，可以便利的下载、截取资源用于课堂教学。现在的问题是"路"修好了，缺的是路上跑的车（应用软件、丰富课件等）以及车上坐的人（开发、研制、使用课件的教师），这成为制约教育高质量公平发展的瓶颈。

我一直说现代教育技术是教育发展的助跑器，既然是助跑，那它就不是本体，只是工具和手段，关键还是运用技术的人。在我心目中，"联盟"不但要做筑路者，提供一个汇聚全国各地中小学优质教育资源的网络公共平台，使"路"四通八达，畅通无阻，还要做培养众多优秀"车手"的"驾校"，让更多的老师对信息网络爱用、会用，用得得心应手，游刃有余，让网上丰富的优质教育资源真正下沉到课堂，普惠到学生，滋养到教师，提升至学校。同时，要建立不断给"联盟"提供网上优质教育资源的队伍和机制，因此，"联盟"始终将教师培训作为重要工作来抓。

作为一个公益性组织，"联盟"采取线上线下相结合的形式，每年都组织培训研修、学术交流、教学观摩等活动，搭建联盟校之间合作交流的平台。为了汇集更多更优质的教育资源，形成良好的资源生成机制，我建议在"联盟"设立了相关的资源建设课题项目，邀请全国知名中小学校参与资源建设。2021年有20多所知名的中小学校积极参与，已经建设了75个科目3000多课时课程视频，为联盟教师们提供免费的培训和教学使用。

为了提升中西部少数民族贫困地区教师信息化教学水平，2009 年 7 月，人大附中与"联盟"联合举办西部教师公益培训活动，邀请新疆、宁夏、甘肃、青海、贵州等少数民族和不发达地区，以及四川汶川地震灾区学校的优秀教师赴京实地培训。人大附中和中国互联网协会承担了此次培训的全部工作。得知消息，受邀学校的教师奔走相告。

贵州省大方县鸡场乡鸡场中学希望派出由校长带队的十名学员来京学习，远远超出了组委会每校两人的名额限定。鸡场中学的领导多次打电话向"联盟"申请，求知若渴的心情令人感动。经反复协商，在活动经费十分紧张的情况下，组委会最终同意了他们的请求。

这次培训的授课教师由人大附中、"联盟"、腾讯网、空中网等单位的信息技术教师、专家、工程师组成。除了教给学员如何在教学中熟练运用信息技术，还就"共建共享教育资源"这一主题展开了座谈，倾听来自一线老师们的意见和需求。

四川石邡中学董文洲老师说："在我校目前硬件设备有限的情况下，如何通过'联盟'网络平台充分利用教学资源，增强课堂教学效果？"

宁夏六盘山中学徐文娟老师说："我校硬件设备比较先进，师生可以在教室里进行多媒体教学，我们对资源的需求也比较大。可是我们发现上传课件和下载课件都比较耗时，能不能再快一些？

……

"联盟"的专家对老师们的提问——解答、释疑解惑。学员们也分享了自己的一些成功做法。

培训结束后，中国互联网协会与"联盟"还定期对学员进行后续跟踪，确保他们真正将现代教育技术运用到教学中，带动当地教育教学水平的提高。

单纯的教育技术手段不能替代教育理想、信念、胸怀、视野和策略，我希望"联盟"成为一个高层次的教育交流、研讨的平台，成为沟通世界基础教育的窗口。

2010 年 8 月 8 日，由人大附中主办的国际名校长论坛在北京举行，来自国内外的 500 多名中小学校长、幼儿园园长、教师，以及 50 多名专家学者齐聚北京，就"教育·创新·人才——不同背景下的共同关注"这一主题发表演讲、互动交流，"联盟"的部分成员校参与了活动。

论坛上，来自英国、美国、芬兰、德国、韩国、新加坡、澳大利亚、泰国、西班牙、丹麦以及中国的 28 位世界名校校长发表了精彩的演讲。这个办在"家"门

图 4-5　人大附中主办"国际名校长论坛"

口的国际教育论坛，为全国各地的老师们打开了面向世界的窗口。

　　2011 年 7 月，由"联盟"主办的全国中小学骨干教师研修活动在京举办，来自全国 54 所学校的 110 名教师参加了为期七天的培训。我和人大附中多位校领导、特级教师，以及北京师范大学教育技术学院余胜泉院长、北京市教育学院季苹教授等专家共同组成讲师团队，就"人大附中的办学理念与发展"、"课堂教学与教师发展"、"教学设计的核心"、"信息技术与课程整合"等话题进行经验分享和深入探讨。与会教师纷纷表示，这场教育的"盛宴"让他们受益匪浅。

　　河北省邢台市第七中学的刘德全老师写下了《研修学习的几点感悟》：

　　　　此次赴京研修，是我不断学习、认真观察、不断思考的过程。在人大附中所见、所闻、所思的所有东西都可以归结为一点，同样是学校，我们与他们基本的东西大多是相同的，别人之所以做得更好，主要在于别人境界更高，在崇高精神的激励下，身子俯得更低，工作做得更细、更实、更具体。人大附中的老师学历不可谓不高，教学能力不可谓不强，但他们却能放下架子，俯下身子，从小处做起，把事情做细做实。在他们身上，没有"文人相轻"的旧习，而是集众人之智慧，谋教学之良方，发挥集体备课的作用。他们让我懂得，知识的传授来不得半点虚假和浮躁，要把远大的追求和目标落在日常每一处细微的工作中去。

2020 年新冠肺炎疫情期间，联盟和双师教学网作为公益性优质教育资源平台，供全国师生免费使用。这两个平台包括优质示范课、专家培训讲座、校本选修课、试题试卷等教学资源，在网上共有 6 万多件。与此同时，人大附中还开展了线上线下的探索，通过直播加录播的形式，将学习内容前置，引导学生自主探究学习。还尝试了网上实验课、升旗和班会，甚至开通了网络运动会、音乐会，不断探索网上教学教育更多的可能性，极大地拓宽了网络课堂的深度与广度。

国家基础教育资源共建共享联盟2011年暑期中小学骨干教师研修活动合影

二〇一一年七月

图 4-6 "联盟"主办全国中小学骨干教师研修活动，来自全国 54 所学校的 110 名教师参加培训

新冠肺炎疫情期间，联盟组织了五场在线直播访谈活动，促进了联盟和双师教学学校之间的交流。参加访谈的校长和老师包括南宁上林县三里中学、安阳 63 中、新疆华山中学、人大附中等。同时通过网络，向 5000 多所联盟校和参与双师教学的学校进行直播。

2020 年，是脱贫攻坚战的决胜年，联盟携双师教学项目参加了中央网信办组织的网络扶贫活动、北京市"大爱北京"对口帮扶活动。联盟对口帮扶了新疆、四川、内蒙古、青海、西藏、河北等 18 个贫困县市的 1000 多所学校，为这些学校提供联盟及

双师教学

双师教学的优质教育资源。

经过十几年的发展，"联盟"已成为一个品牌，成为学生学习知识的第二课堂，成为教师获取智慧的加油站，成为学校赢得新发展的助推器。

在"联盟"的带动下，一批批重点学校、一批批优秀教育工作者积极行动起来，投入基础教育资源建设的队伍中，涌现了一大批优秀的信息技术应用示范学校，探索出一种线上线下相结合培训中小学教师队伍的新模式。

一只小小的鼠标，一条神奇的路径，打开了学校的围墙，也为促进教育均衡拓展了一条无限延伸的绿色通道。

三、"双师教学"实现学生与教师的双赢

"双师教学"是借助远程教学手段进行的"造血式"支教。这种新型的帮扶模式，为远在偏僻地区的师生提供的不仅仅是名校的教师和课堂，还有新的教育理念和教学方式，更有新的人生梦想和无限希望，给他们带来了"诗和远方"。

不一样的"双师"课堂

2013年9月2日，是新学期开始上课的第一天。在云南、广西、内蒙古、河北等地的13所乡村中学的初一课堂上，孩子们正在上一节新奇的、不一样的数学课。课上，他们通过视频与远在北京的人大附中学生一起上课，参与互动。而他们的数学老师则在身边，随时辅导，现场答疑……

这是一种由人大附中、试点校的老师共同主导的新型"1+1慕课"课堂，又称之为"双师教学"。这个项目是由我和国务院参事汤敏先生共同发起，国家基础教育资源共建共享联盟、人大附中、友成企业家扶贫基金会共同主办，借助远程教育手段在"造血式支教"模式基础上进行的一种新探索。

2013年初，在国务院参事室召开一次会议的间歇，热衷于扶贫事业的汤敏参事找到我，说想把近些年风靡的"慕课"方式移植到基础教育领域，问人大附中是否有兴趣一起做。我说我们一直在做着这件事，依托人大附中现有的硬件、软件条件，技术上是完全可以实现的，而且我们的"国家基础教育资源共建共享联盟"网已经在全国推广使用，做好了各项准备工作。

但是这项工作难度很大且有风险。试想，哪个学校、哪个教师有胆量每天"上镜"，将自己的常态课"和盘托出"，接受大家的品头论足呢？人大附中参与该实验的教师也很忐忑，数学老师刘蓓说："我既要面对人大附中的学生，还要兼顾试点校的孩子，我课堂的每一个细节都会被高度关注，而且全国线上教师都在听着我的课，我感受到了巨大压力。"

但最终，我们还是抛弃了一己、一校的得失，把广大农村教师、学生的需求放在了第一位。

为了做好"双师教学"项目，从开设慕课地点、上课时间、主讲教师工作重心的调整等，学校都做了细致的安排。而在刘蓓、李颖以及后来接替李颖的人大附中分校李晨光主讲老师背后，站着的是学校初中数学组的全体教师。每个40分钟的教学设计，每个课堂细节的把控，每节课的重点、难点，每道例题的选择，他们都在一起反复研究、集体打磨。

每天早上8点钟，两位主讲老师都会面带笑容准时出现在镜头前，被孩子们亲切地称为"主播"。

人大附中、人大附中分校、人大附中翠微学校的相关学生与老师都为"双师教学"作出了贡献。

然而，试点学校与人大附中在办学水平、师资、生源上毕竟存在很大差别，这样的课堂到底能在乡村中学"落地"吗？"同步直播"的问题很快暴露出来：人大附中的学生对老师的提问反应极快、对答如流，试点校的学生却感到没有思考的时间；人大附中一部分随堂题的难度和课堂容量也让大部分试点校的学生感到吃力或承受不了；更有一些家在偏远小山村连电视都很少看到的学生，把直播课堂当电视节目看，完全找不到学习的感觉……

令人感动的是，试点校的老师并没有因此放弃。他们说："就像世乒冠军教小孩打乒乓球，差距和难度肯定很大，但只要坚持下去，这孩子当不了世界冠军也能有出息。"

后来，他们从看直播改为看录播，不拘一格地开发使用人大附中的资源，探索最适合本校校情、学情的授课方式，逐渐找到了自己的"节奏"。

内蒙古和林二中的葛丽老师手里有一把"剪刀"。"5分18秒，22分17秒，33分16秒"，每次上课前，她都会在心里默念着这一串时间点，她说："在反复研究人大附中的授课视频后，我会根据项目班的实际情况做一些修剪，有的地方要删掉，有的地方要停下来，加入一些自己的东西。"

内蒙古清水河二中的石晓军老师总结出"分餐式"教学模式。他把人大附中一节课内容分为基础部分、提高部分和拓展部分。在他的课上，基础部分全上，提高部分适量，拓展部分基本不讲，而是放入题库，给学有余力的学生去做，或在复习时有选择地讲。这样既节省了课堂时间，又体现了分层教学。

广西阳朔朝板山中学的苏寿斌老师，将录播主要用于备课，课堂上基本上只放开头和结尾部分。放开头，是为了让学生意识到：现在我们开始和人大附中一起上课了！放结尾，是因为人大附中老师的结论部分非常精辟，他自感不如。至于中间部分，他会将符合学情的内容充实到自己的教学设计中，在课堂上完全由自己讲。

……

第一个学期结束后，我们对试点校期末成绩进行统计，统计结果表明，参与实验的学生学业成绩有明显提升。广西阳朔朝板山中学，年级平均分 56.6，试点班的平均分 92.7；内蒙古和林二中，年级平均分 39.5，试点班平均分 59.7；河北赞皇县德裕学校，年级平均分 36.9，试点班平均分 54.3……。此外，据老师们反馈，试点班的学生有一种自豪感："我们和北京的人大附中一起上课"、"人大附中的老师教我们！"这种自豪感成了他们学习的新动力。很多家长也纷纷要求自己的孩子加入试点班。

除了成绩普遍提高，"双师教学"还对学生的学习信心、学习习惯、学习兴趣产生了影响。河北省赞皇县德裕学校的杨佳蕊同学在《双师课堂感悟》中写道：

小学时，我的数学成绩很不理想，在我看来学数学太枯燥了，上课不想听讲，作业也是马马虎虎应付一下，或者直接抄其他同学的。升入初中，我很幸运地参与了"双师教学"。接触到人大附中的刘蓓老师，我发现数学不再是我以前所认为的那么枯燥无味了，刘老师讲课很有吸引力，把每道题都讲得很清楚，很透彻。人大附中的学生也特别配合老师，他们思维敏捷，一道题老师教过之后他们还会提出不同的思路和解法。随着人大附中师生的一步步讲解，我的思路也在不断地扩展。

初二时，改为人大附中李晨光老师教我们。李老师讲课特别风趣，我们也都很喜欢他。有一次，我们发现李老师的右胳膊受伤了，被一个东西支撑着。但他还在坚持给我们上课。在往黑板上写字时，我们惊讶地发现，李老师竟然用左手写板书，虽然没有右手那么快，那么潇洒，但是我觉得李老师左手板书有一股神奇的力量，紧紧地吸引着我，让我更加专注地上数学课。后面一个月，他一直坚持左手板书，神奇的是，不知不觉中我竟然也会用左手写字了，原来我一直在模仿他。两年的双师教学不仅教会了我数学知识，还使我有了很多意想不到的收获。

为了帮助我们更好地学习，人大附中的老师用心良苦，还专门添加了五六分钟一小段的"洋葱视频"，让我们利用放学时间看。这样，我们白天学新课，晚上来巩固，每天都把知识记得牢牢的。

"双师课堂"是帮助我们圆梦的地方，希望它可以一直办下去。

图 4-7　中国教育学会会长钟秉林，国务院参事郭瑞、刘彭芝、汤敏为双师教学讲课教师颁奖

2013 年 8 月下旬，"双师教学"试行一年后，在人大附中召开了"双师教学2013—2014学年总结会"，会上我们还为试点校的优秀教师颁奖。

在广泛听取意见的基础上，2014 年 9 月，人大附中推出了两个慕课版本，一个是"普及版"，一个是"提高版"，供各学校根据本校学生情况自行选择使用。

同时，为了加强人大附中与试点校老师之间的交流，我们还建立了长效的沟通渠道：创建 QQ 项目群，随时沟通；每隔 1—2 周，开一次远程视频教研会，由人大附中的教师主持答疑；每年暑假，举办一次"双师教学学年总结会"，邀请试点校的教师赴京实地培训、交流学习。

自 2013 年 9 月"双师教学"项目启动以来，人大附中第一课堂的老师在录制团队的支持下，累计录制新知识点串讲课、习题课、复习课、试卷讲评课 400 多节，覆盖课堂时间超过 1.6 万分钟，贡献远程教学研讨会 30 余次。

"双师教学"这种新型的帮扶模式，为远在偏僻地区的师生提供的不仅仅是课件、教案、试卷，还有新的教育理念、新的教学方式，更有新的人生梦想和无限希望，给他们带来了"诗和远方"。

广西南宁市上林县三里中学覃海礼老师，写下了《"双师教学"——山区教育的诗与远方》：

> 上林县是国家级贫困县，距离北京有 2000 多公里。我们山里中学四面环山，风景无限，但是这里的教育资源却没有当地风景这般无限。山区经济发展缓慢，教育资源比较落后，学生想真正走出大山，只能依靠背井离乡式的转学，到县城里获取好一些的教育资源。因为家庭经济原因，很多学生被困在山里，未来想走出大山的希望更加渺茫。
>
> 2014 年 9 月，我校引进了双师教学项目，让孩子们可以同人大附中的同学同上一堂课。6 年多来，双师教学不仅使学生的考试成绩大幅提高，而且我们实验教师的教学水平也有了质的飞跃，双师教学项目让我校的教与学形成了良性循环，不断向更好的方面发展，让我校的师生真实地接触到了优质教育资源，让他们的诗和远方不再遥远。
>
> 我们班的欧丽蓉同学就是被困在山区的孩子之一，她来自龙鳞村古节庄，"古节"在壮语的意思是又苦又缺。她上学要走两个小时的山路，但是求知的渴望令她风雨无阻。疫情期间我去家访，看到她在自家土屋的房顶上用手机看我们的网课，因为只有在高处才能勉强收到信号，才能正常听课和学习。尽管她被现实拖住了脚步，但却依然笃定自己的梦想，她相信知识的力量，相信学习会获得一个满意的未来。这摇摇欲坠的土屋就是她的家，但是贫困动摇不了孩子走出去的梦想。两个小时的山路，挡不住孩子的学习渴望。
>
> 幸运的是，我们学校的师生遇见了双师教学，这种远程的教学模式给他们的学习、生活带来了巨大的变化。
>
> 在双师教学中，学校采取人大附中老师主讲和当地教师辅教相结合的授课模式，这样的课堂被我称为"土豆烧牛肉"，我们农村的孩子是带着泥土气息

的土豆，而人大附中的老师综合素质高，有很多创新的教学理念和教学方法，是洋气的牛肉，我们广西的老师们是这道菜的调料，双师教学项目为我们农村教学烹饪了一道丰盛的优质教育"大餐"。人大附中主讲老师利用自身丰富的教学经验，为学生传授知识，让更多山区的孩子享受优质教育资源；当地教师根据学生实际情况，提供针对性和个性化的辅导，两者的有机结合使农村的孩子在家门口也能享受到人大附中优质的教育资源。

双师教学不仅打开了学生梦想的大门，也使参加实验的教师有很大的收获。我从教30多年，在接触双师教学前，我缺乏自信，县里举行的教学技能比赛我都不敢参加。参与双师教学后，我自信心增强了很多，感觉自己的教学水平有了明显的提高，我近年参加了市区、甚至全国的比赛，都获得了比较好的名次。

双师教学打破了空间、时间的限制，让山区的孩子接触到最优质的教育资源，他们跨进重点高中、重点大学的门槛不再那么高耸。双师教学用一根网线穿透了现实的墙壁，用一块屏幕拓展了孩子的视野，用一个平台放飞了孩子的梦想。

"1+1"可以大于2

学校发展，教师先行。名师出高徒，学生成才的背后是教师成才，师生互为表里，学生成才是表，教师成长是里。教育欠发达地区急需改变的现状是什么？是优质师资的短缺，是教育理念的更新，是教育资源的匮乏，是教学研究的不足，是育人能力的提升。因此，提升教育欠发达地区基础教育现状的当务之急是加强师资培训，提升教师的专业素养。

习近平总书记对此高度重视，2020年教师节，他特别提出，今年是决胜全面建成小康社会、决胜脱贫攻坚之年，全国广大教师要用爱心和智慧阻断贫困代际传递，点亮万千乡村孩子的人生梦想。

双师教学的实践证明：双师教学实现了边远地区学生、教师共同提高的"双赢"，为培训乡村教师、提升乡村学校办学水平趟出了一条新路。

对此，我非常赞成人大附中联合学校总校常务副校长、特级教师周建华的分析：

老师向谁学？怎么学？怎样才能学得有效？以往碰到了许多困难。老师学习的机会少，即使有机会出来学，往往学的是一些散点，得到的是一些碎片，而且所学的一些理论不能很好地解决教育的实际问题。另外，好老师到底是什么样的？好课堂到底是什么样的？更难有具体的标准，仅仅观摩几节公开课是不能树立起原生课堂的建构的。对参与双师教学的教师来说，节节课都是培训，而且是把初中学段三年全程覆盖的培训。老师们看到的课堂教学过程，实际上是理想之光照进课堂现实之后所呈现出来的，有一个方法论的启示。给出了好老师的榜样，也给出了好课堂的榜样。

双师教学以课堂为载体，把教育教学的四个要素：学生、教师、学科、技术有机地结合在一起。它是怎样助力老师和学生成才的？从教师方面讲：从感性到理性，从经验到规律，这是教师的一次成长；从一个合格的教师成长为骨干教师，从骨干到引领，从教书到育人，这是教师的二次成长；从一个骨干教师成长为专家型、教育家型的教师，这是教师的三次成长。从学生的角度：从模仿到理解，从理解到智慧的深化，这是扶智，是智力开发；学生的内心从自卑到自信，从自信到有梦想，这是扶志，扶持了他的志气，点亮了他的人生梦想。

试点校的教师、领导普遍反映：人大附中的课堂录像不仅系统、直观，而且可操作性强，是一线教师最需要的；这种陪伴式的言传身教，全程、全覆盖的教学指导，成本低，且教师无须离岗，是最有效果、最有效率的教师培训；人大附中教师在课堂上对重点、难点的处理，以及教态、气质、亲和力等，让他们找到了好教师的标准。其实，这也是人大附中开展这项教育实验的一个重要目的，变"输血"为"造血"，为当地培养一批骨干教师。

广西壮族自治区南宁市上林县三里中学数学组教研组长覃启干在《三里中学的"三变"》中写道：

作为一所国家级贫困县的普通农村中学，各方面的原因导致教育教学相对落后。与人大附中开展"双师教学"项目，使我们眼界大开，给三里中学带来了课堂教学方式的巨大改变，也使我们的校园悄然发生变化。

变化一：课堂教学——柳暗花明又一村

过去传统的课堂教学，似乎已"山重水复疑无路"。在迷茫、倦怠之时，

"双师教学"项目的开展，使我们感受到人大附中老师教学和人格的魅力：教态和蔼可亲，语气温婉，语言幽默诙谐，课堂中能够摆正教师的主导位置，充分发挥学生的主体作用，让学生真正成为学习的主人，而教师则成为学生学习的同行者和促进者；注重学生合作学习，鼓励学生大胆地合作创造，让每个学生都体验到集体学习的乐趣；为学生创设自由、轻松、和谐的学习环境，让学生在玩中认识、体验、培养各种能力。通过"双师教学"项目，我们努力汲取第一课堂教师的优点，对照自己的不足，及时调整，在一节节课的耳濡目染中一点一点地成长，逐渐迎来了"柳暗花明又一村"。通过不懈的努力，相信我们的老师也会摒弃枯燥的授课方式，为学生提供更生动的课堂。

变化二：教研活动——万紫千红总是春

"双师教学"走进三里中学之前，老师们不愿参加教研活动，习惯自己单打独干，老师之间很少交流教学问题，公开课不愿意上，评课时都不愿意说话。但现在，我们每周都有教研活动，老师们自觉进入第二课堂听课，并加强了课后反思，记录一节课的成败之处，在日后的教学中不断改进和完善，逐步提高自身的教学水平。大家一起学习，一起做课题研究，尽管很辛苦，但慢慢地我们找到了其中的乐趣。虽然目前"双师教学"只在数学组开展，但是数学组教研活动的展开，也渐渐带动了其他教研组开展活动，整个学校的教研氛围焕然一新。

变化三：学生乐学——红杏枝头春意闹

由于家庭环境等原因，大多数农村孩子都比较内向，上课不敢举手回答问题，更不敢到黑板前解题，相互之间也不善于交流。经过半年的"双师教学"，人大附中的同龄人积极活跃、各抒己见的风貌也在潜移默化地影响着他们。我们的老师也受到第一课堂老师的影响，尽可能地把课堂还给学生，让他们讲，让他们讨论，让他们表现。慢慢地，学生视野开阔了，变得更大胆，更自信，更开朗，笑容也更加灿烂。

在"双师教学"这场教学变革和实验中，我们通过这个大平台，迅速地自我成长，不断提高水平，积极投身到教学改革与创新中。

中国教育科学研究院研究员张杰夫研究远程直播教学长达10年，曾做过教育部、中国教科院的6项课题，他在《双师教学引领边远民族地区高质量、跨越式发展》的课题汇报，认为双师教学是我国利用教育信息化，促进西部贫困地区、民族地区教育均衡发展，让生活在社会底层的孩子能够上好学的最成功的案例。这种新型的教学形态，使城乡学生融为一体，实现异地同堂，从而开启了边远、民族地区学生健康成长、实现梦想的幸福之门。在谈到双师教学对提升教师专业水平的影响时，他说：

这些年我研究和走访了六十所远端学校，几乎走到每个学校我都会问，直播教学对谁的影响最大？给谁带来的收益最大？大家的看法几乎是一致的：对教师的影响最大，教师收获是最大的，超过学生。我觉得其中有两个作用：

1. 扩大了贫困地区优秀教师的覆盖率。原来我们只是往那里派教师，但是互联网＋时代，可以通过虚拟的方式把优秀教师派过去，使他们实现远程服务，把城市优秀教师的智慧放大了，成百倍、千倍、万倍地放大，为我们国家实现教育公平奠定了基础。

2. 为什么教师能够有这么大的发展？经过长期研究，我认为双师教学创造了一种教师在教学中学习、在学习中教学的环境，形成了世界上独有的教师专业成长最快、最佳的环境。目前研究教师成长的理论非常多，如五阶段论、六阶段论、八阶段论等等，双师教学打破了这种理论的周期论。比如康定中学校长介绍，他们学校有个新入职三个月的英语老师，参加学校英语大赛拿到第一名，震动了整个学校。后来了解情况，他就是直播教学的远端教师，每天都模仿前端的优秀教师来学习。我觉得直播教学发挥的作用就等同于天天派一个名师来教你怎么教学，能学到优秀教师的高级思维技能和策略性知识。

我的大规模调查也显示，83.9%的教师认为，这种直播教学双师教育是目前边远、民族地区教师成长的一条最现实、最有效的途径。

赠人玫瑰，手有余香。双师教学中，人大附中第一课堂的老师也在成长着、收获着。刘蓓老师在《感悟双师教学》中写道：

承担"双师教学"任务以来，我曾两次跟随刘彭芝校长、汤敏参事、王珉珠书记等去外地调研。有一次是去呼和浩特，一走下飞机，我就被接机的很多人层层围住，和我握手，对我嘘寒问暖，顿时让我感觉有点受宠若惊。后来一问才知道，接机的大多是一线教师，他们每天都在镜头上看到我。看到老师们这么热情，我很感动，也很感慨。

还有一次是去江西赣州。那是我第一次走进第二课堂，第一次和从未谋面的我的学生见面。课堂上，看着乡村孩子那一张张朴实的小脸，看着他们那么专注投入地跟我们一起上课的神情，看着他们那么认真积极地回答着视频里我提出的问题，我感慨万千，一下子就泪奔了。感动之余，我更感受到了一份沉甸甸的责任。后来，当得知跟我学的学生们成绩有大幅度提升，我体会到了一种从未有过的、桃李满天下的幸福感！

对我个人而言，在面对挑战迎难而上的日子里，可以说我是双师教学最大的受益者。我得到了众多优秀教师的帮助和指导，他们从各个角度对我的课提出宝贵意见。设计每一个教学细节，琢磨每一句教学语言，挑选每一个习题，我仿佛把以往的课堂无限放大，对于每一个细节都反复推敲。讲过的这二三百节课，无论在知识传授、能力培养还是驾驭课堂上，都是我从教20年来提升最快的一段时间。

对于我们这个团队而言，每节课后，我和我们的数学教师团队都会重新回放课堂，从教案到例题，从课堂节奏到与学生交流，我们都认真分析，及时总结，以便在下一课上发扬或改正。在不断修正的同时，为今后打造精品课堂留下了一份宝贵资料，也为今后双师教学进一步发展积累了经验。

双师教学主讲教师、人大附中分校数学老师李晨光也讲述了他的故事：

接到人大附中数学教研组长刘蓓老师的电话，约我去试讲双师课，连续三天录课和评课。刘彭芝校长亲自对我面试、点评、指导，她鼓励我说："讲得很不错，放轻松，把镜头对面的孩子当作自己的亲孩子，亲学生一样教数学。"刘校长的这些话点醒了我，带着刘校长的信任和人大附中同仁的支持，我怀着把镜头对面的孩子当作自己的亲孩子、亲学生一样教数学的信念，开始了双师之旅。

双师课堂所呈现的数学课不是打磨了多遍的公开课，而是原汁原味的人大附中日常数学课。我所讲的每一道例题，每一种方法，甚至我的每一个动作，每一个神态，在镜头前面对的依然是自己班里的孩子，而在镜头后面影响的是边远地区的孩子、学校，甚至是一个地区。为了让双师娃娃更好地学习数学，在备课中我更加投入，更加细致，思考如何能调动镜头后面的孩子们跟我一起学数学、爱数学，让孩子们一起感受到数学的美丽与魅力，体验学习的快乐与幸福。

我的双师教学生涯历经了4个完整的学期，共录制近300堂数学课，并多次和全国各地教师进行研讨。两年中，我认识了很多双师娃娃，孩子们用信件、文章向我表达着感谢，带给我很多幸福的回忆和感动。

"双师教学拉近了我们农村孩子与城里孩子的距离，不仅让我们更好地学到了数学知识，也让我知道了农村孩子与城市孩子是平等的，我们可以一样学习。平时我们只会一种方法，而人大附中的同学却能想出多种多样的方法。在每天与人大附中同伴一起学习数学的日子里，原来不敢大胆尝试的我，渐渐敢于回答问题了，每次答对了，心中都有一种说不出的开心。现在的我改变了太多太多，这都要感谢第一课堂中的人大附中伙伴们，是你们给予我勇气，让我成长。"

"人大附中的同学每节课都会钻牛角般的质疑老师，敢于向老师提问。一次，李老师列举三角形的条件，有一位同学举手问：'老师，您怎么知道角一对角二呢？没有说明哪两条边相等。'这位学生穷追不舍。'对不起，我忘记了。'李老师笑了笑，接着说：'同学们，咱们要学习这位同学刨根问底的精神，给他鼓鼓掌吧。'没想到，李老师不仅没有批评这位同学质疑他，反而还鼓励和表扬了他。久而久之，我也受到了感染，开始钻数学问题当中的牛角尖了，越来越喜欢探究数学了。"

孩子们的这些话让我更深地体会到：双师教学形式在双师，内核在教学，核心是爱与尊重。

令我们备受鼓舞的是，双师教学得到了社会各界的关注和支持。2014年，被国家民政部列入"中央财政支持社会组织示范项目"。2015年，李克强总理、刘延东副总理都对该项目作了重要批示。北京师范大学脑与认知科学研究院心理与学习评价中心、中央财经大学中国人力资本与劳动经济研究中心，一直在对该项目的实施效果进行跟踪、评估和分析，为项目的改进与发展提供指导。

星星之火，可以燎原。由于效果显著，从2016年开始，重庆和广西开始利用双师教学模式开发本地教学资源，开展本地的双师教学工作。重庆彭水自治县在本地的优质小学录制音乐课和美术课，并在近 10 所薄弱校开展双师教学试点。广西双师教学的试点周期是 5 年，试点范围涵盖 14 个市，74 个非城区县，148 所农村中小学校。目标是围绕广西教育精准扶贫战略部署落实项目，到 2020 年基本建成具有广西特色的互联网＋乡村教师知识服务体系，实现课程资源建设全学段、全学科、全区域基本覆盖，全区乡村学校开启国家规定课程，乡村学校教师和优质教育资源不足难题得到有效破解，乡村教师教育教学素质和能力全面提升。

图 4-8　双师教学第二课堂——江西上饶县第二中学

图 4-9　双师教学第二课堂的内蒙古和林二中学生收看人大附中刘蓓老师的直播课

双师教学的目的不仅是教学生学会学习，还要促进他们的个性发展，挖掘潜能，树立人生理想。人大附中双师教学除了开设常规中高考课程之外，还联合北师大附中等学校，开设了 25 门校本选修课。为了建设更多的教育信息化资源，2020 年 9 月，创新人才教育研究会设立了"双师教学课题"，已有北京大学附属小学、新疆华山中学、南京外国语学校、天津耀华中学等 20 多所全国知名中小学校，200 多位教学经验丰富的优秀教师积极参与。

双师教学项目获中国人民大学 2017 年教学成果一等奖，并于 2018 年 6 月由中国大百科出版社出版了《双师教学探索与实践》一书。目前，人大附中双师教学已推广到广西、内蒙古、重庆、河北、四川、西藏、新疆等20多个省市的400多所乡镇中小学校。

让 "双师教学" 行稳致远

双师教学自2013年问世，至今已经走过九年艰辛探索的历程，取得了突出的成绩和巨大的社会效益。但在肯定成绩、效益的同时，我更关注的是它还有哪些痛点和堵点，更多思考的是如何通过顶层设计，让双师教学走得更远，做得更实，铺得更广，用得更好，受益更大，使这种依托现代教育技术的新型教育形态真正成为促进教育均衡，为全民提供高质量的公平教育的突破口和增长点。

多部门推动基础教育网络扶贫扶智体系建立

习近平总书记多次强调扶贫必扶智。让贫困地区的孩子们接受良好教育，是扶贫开发的重要任务，也是阻断贫困代际传递的重要途径。要把发展教育扶贫作为治本之计，着力解决教育资源均等化问题。绝不能让贫困家庭的孩子输在起跑线上，坚决阻止贫困现象代际传递。《中共中央关于制定国民经济和社会发展第十四个五年规划和二〇三五年远景目标的建议》中，首次提出发挥在线教育优势，明确了在线教育在建设高质量教育体系中的重要地位。这对双师教学的未来发展，将是一个重大的发展契机。

2020年12月19日，为了回顾总结网络教育先进成果与经验，进一步推广双师教学模式，"国家基础教育网络扶贫、扶智暨大规模推广双师教学视频调研会"以视频连线方式在北京、成都两地同时举行。

会议由国务院参事室、中央文史研究馆主办，创新人才教育研究会、教育部中小学校长和幼儿园园长国家级培训项目管理办公室、成都七中、中国人民大学附属中学联合学校总校、中国电信集团有限公司协办，调研会主会场设在国务院参事室，连线分会场设在成都七中。

国务院参事室高度重视教育扶贫和双师教学工作，专门成立了由我牵头，由参事刘燕华、马力、许琳、汤敏，文史馆员安家瑶、刘谦，王静副司长等领导、专家参加的阵容强大的调研组。调研组原计划实地调研，因为疫情影响，调整为在北京、成都两地开展线上调研。会后我们在网络上开放相关学校的视频，邀请开展双

图 4-10 刘彭芝校长在"国家基础教育网络扶贫、扶智暨大规模推广双师教学视频调研会"北京主会场

师教学的学校网上观看，并征集教师学生的反馈建议。

这次调研内容分为两部分：调研人大附中与四川、广西、内蒙古、新疆、河南等五个省区双师教学的开展情况；成都七中东方闻道网校通过全日制远程直播教学，实现与四川省内学校异地同堂携手成长效果。调研目的是总结网络教育扶贫与双师教学成熟的经验做法，抓准堵点和痛点，创新思路，提出破解难题的有效办法，为大规模推广双师教学模式提供指导意见，为进一步推动教育均衡发展建言献策。

国务院参事室党组成员、副主任王卫民、赵冰；中央文史研究馆副馆长冯远出席会议并分别主持调研会相关环节。出席会议的还有国务院参事室相关司室负责人，教育部教师工作司、基础教育司、发展规划司，中央党校等相关负责人，以及创新人才教育研究会理事及部分会员，部分省区市教育主管部门的领导，教育部校长国培计划中小学名校长领航班基地专家及参训校长，中国卓越校长、卓越教师基地负责人，中国人民大学附属中学、成都七中等全国部分大中小幼校长（园长）。

在调研会发言中，我说：

在一线工作几十年，我体会无论做什么事情，细节决定成败。无论干什么工作，一具体就深入。我们召开这次调研会，就是希望通过大家的交流，碰撞出思想的火花，凝聚成智慧的结晶，让网络扶贫和双师教学往深里走，往实里走，往心里走，行稳致远，越走越好，为政府建言献策，为更多优质学校提供帮扶的方案，为接受帮扶学校提供高效提升的建议，让我们国家的基础教育在更高水平上实现均衡。

2020年，世界发生了太多的改变，但不能改变的是我们教育帮扶的初衷，是我们推进教育均衡的信心和决心。目前，全国贫困县均已摘帽，脱贫攻坚战已取得决定性胜利。但这个决定性胜利仍然是阶段性的，离万事大吉还远得很。接下来，如何巩固脱贫成果？如何防止返贫？如何由外力扶贫变成内力发展？都是亟待破解的重大课题。破解这个课题一靠教育，二靠实业。只有把教育办好了，人的素质提高了，志向立起来了，能力强起来了，内生动力才会有根，有源。实业发展起来了，才会从根本上保证不返贫，才会一路向前，一直向上。

帮扶欠发达地区的教育，发达地区示范校的送课派员当然管用。但送课派员总是有限的，而通过互联网远程帮扶，实现优质教育即时共享则是无限的。基础教育网络扶贫、扶智、扶志才是真正的海阔天空，大有可为。近100年前，晏阳初先生在开展平民教育时有一句名言：世界上比金矿、银矿更宝贵的是脑矿。让我们用基础教育网络去开发脑矿，脑矿开发成功了，效能是无法想象、无法估量的。

梳理盘点前些年工作的经验教训，结合新时代、新阶段的新要求。我认为，今后基础教育领域的互联网远程帮扶应该重点在三个"打成一片"上着眼、着力：

第一是线上线下打成一片。线上是网络，线下是现场。线上是画龙，线下是点睛。线上线下不能各自为政，而要互联互通。在打好线上帮扶的坚实基础上，线下的现场指导和示范一定要发挥点石成金的作用，一定要发挥四两拨千斤的作用。

第二是帮扶者和受帮扶者要打成一片。帮扶者和受帮扶者要从你是你、我是我过渡到你中有我、我中有你，最后形成你就是我、我就是你。只有帮扶者和受帮扶者同频共振起来，良好互动起来，远程帮扶才能真正把好事办实。

第三是政府部门、社会组织和示范学校要打成一片。互联网远程教育帮扶示范学校是主体，社会组织是纽带，但真正的主导者始终是政府部门。现在远程帮扶风起云涌，八仙过海，更需要政府和权威机构有效引导和整合，科学布局、优势互补，实现高质量发展。

习近平总书记在河北省阜平县考察扶贫开发工作时指出，治贫先治愚。把贫困地区孩子培养出来，这才是根本的扶贫之策。一桥飞架南北，天堑变通途。基于网络的扶教、扶智，就是在发达与薄弱的教育天堑上架起了通途，让优质教育走遍边远山区，走进贫困家庭，走进薄弱学校，这是一项伟大的事业，是一项促进教育均衡、促进民族大团结的事业。期待更多教育界同仁和社会各界有识之士加入其中，一起点燃网络扶教扶智的星星之火，助燃起中华民族教育振兴之势，造福我们的孩子，造福中华民族的未来！

客观判断双师教学的效果，理清下一步提升与完善的方向，离不开专业的科学评估。中国基础教育质量监测协同创新中心地方服务平台副主任柯李在调研会上作了第三方评估报告，通过各地区试点学校的实验组与同水平的对照组抽样进行标准化测验，得出如下结论：

双师教学项目实践模式的核心，是通过人大附中优质的教育资源及优秀的教学示范，引领农村（薄弱）初中数学教学从理念到实践的全面变革，促进学生数学学业水平及相关素质的全面发展。从双组前后测评的结果可知，双师教学项目总体而言使学生学业发展优于同地区同水平学校，学生在学科能力素养方面尤其体现出更大优势；学生学业增值情况也表现得明显，学业成绩发生进步的学生比例也高于对照组。

如何优化双师教学的授课模式，评估报告给出了分析：

在项目实施过程中更紧密地联系项目组，更快发现本地实施中的具体问题并及时反馈、积极自主寻求解决办法的学校，客观上将会更快速、更有效地把握双师教学项目的核心精神，化为对自己有益的资源，更好地服务学生。农村地区学生学科基础与人大附中差异较大，选用录播形式使用人大附中课程资源，将优质资源作为教师自身发展的基础和教学实践的助手，是确保双师教学项目取得成效的有效模式；教师在项目实施过程中，更积极、主动地开展同侪研讨工作，将大大促进教师自身的成长发展，通过多种形式的校内外研讨活动，也可以帮助教师更全面、更准确地应用项目资源材料；认清自己学生的发展特点，引导学生进行有效的预习，针对学生的实际水平和不同课程内容创新人大附中课程的使用方式，可以实现人大附中课程与本校学生的自然融合，增强资源的利用效率，提高学生的学习效果。

对双师教学的未来发展，评估报告给出建议：

在未来的双师教学项目工作中，应进一步考虑农村学校教师和学生的基础水平，从内容上加强针对性，调整资源和实施模式；从实施上加强监控、沟通与指导，通过多种形式引领带动交流研讨活动，为教师提供更多培训机会，促进教师的成长与转化；注重非智力因素对学生学业发展的影响，强调优质高效的教学，丰富双师教学项目的目标任务，促进农村初中学生综合素质全面发展。

对目前双师教学存在的问题及应对措施，有关部门领导和专家发表了真知灼见。

教育部基础教育司司长吕玉刚在调研中发现，能与城市学校在课堂上同步学习的一般都是当地最优秀的学生，其他学生怎么办？他认为今后双师教学的着力点可放在提高边远地区教师整体水平上，通过双师课堂、联合教研，提升边远地区教师整体水平，最终还是要靠当地教师来解决当地问题。

2020 年全国网络
扶贫推进会

十二届全国人大法律委员会副主任李连宁认为，依托国家基础教育共建共享联盟而进行的双师教学，因为没有财政资金支持，如何保持可持续性，将是一个很现实的问题。他建议未来可探索由受益地区适当以财政分担的模式来支持这个项目长期稳定运行。

相信有党中央的政策，有政府及社会各界的支持，有众多参与学校、教师的不断探索与创新，双师教学必定会有更大发展。

2020 年 10 月 24 日，受中央网信办邀请，我赴贵州省贵阳市参加"全国网络

图 4-11　刘彭芝校长在"国家基础教育网络扶贫、扶智暨大规模推广双师教学视频调研会"上接受中央电视台采访

扶贫暨数字乡村发展工作现场推进会"。这次会议是由中央网信办、国家发展改革委、国务院扶贫办、工业和信息化部以及贵州省委省政府共同主办的。

会上，有两个数字令我特别欣慰：贫困地区网络覆盖目标提前超额完成，贫困村通光纤比例由实施电信普遍服务之前不到 70% 提高到 98%；网络扶智攻坚工程成效明显，全国中小学（含教学点）互联网接入率从 2016 年底的 79.2% 上升到 2020 年 8 月的 98.7%。现代教育技术硬件设施的完善为网络扶教扶智修好了"高速路"，我们的任务就是使这条路上尽可能多地跑好车（丰富的优质教育资源）、培养好车手（熟练运用优质教育资源的教师），真正让它发挥作用。

会上，我作了题为"远程共享优质教育资源，推动网络扶智"的报告。介绍了创新人才教育研究会、人大附中联合学校总校积极推动网络扶智的情况：通过中小学教育联盟网推进服务于教师的校际间信息化资源共享；通过双师教学推进直接服务于学生的教学资源共享，这两种方式都取得了显著的社会效益

在会议现场，举行了网信企业与未摘帽贫困县结对帮扶项目集体签约仪式，包括人大附中在内的中国移动、中国电信、中国互联网发展基金会、阿里巴巴、苏宁、联想、58 集团等 38 家网信企业、学校、社会组织与 42 个未摘帽贫困县达成

77 个网络扶贫结对帮扶项目。王军代表人大附中联合总校和国家基础教育共建共享联盟与四川凉山布拖县签约网络扶智协议。

図 图 4-12 刘彭芝校长受中央网信办邀请，在贵州举办的"全国网络扶贫暨数字乡村发展工作现场推进会"上作报告

我们的课堂在一起

2017 年 7 月 25 日，我接到中央网信办通知，"砥砺奋进的五年"大型成就展将于 2017 年 9 月 25 日在北京展览馆举办。这是党的十八大以来，以习近平同志为核心的党中央团结带领全党全国各族人民取得辉煌成就的大型成就展。中央网信办邀请人大附中参与这次大型成就展中的一个板块：特色体验中的"网络扶智"专题部分。

接到通知，我既激动又自豪，在全国各行各业方方面面取得的巨大成就中，人大附中能够占一席之地，这是对我们以往工作的充分肯定；同时，也深感任务艰巨，责任重大，我们必须全力以赴，以高度的责任感和使命感完成这个任务。

经过讨论，我们确定了主题：展示人大附中通过"双师教学"和"国家基础教育共建共享联盟"推动教育均衡所作的探索。

如何生动直观地再现这个主题呢？我们反复研究，最终确定三个内容：将北京、河北、福建三地学生同上一节课实况在展览大厅直播，再现原生态的双师课堂；通过动画和地图展示双师教学和联盟遍布全国；播放介绍双师教学的宣传片《我们的课堂在一起》。

拍摄《我们的课堂在一起》专题片是所有任务中的重头戏。摄制组一行7人在负责人刘扬云、撰稿人张国栋和导演刘智勇带领下，历时15天，途经5个省，行程15000多公里，圆满完成了拍摄任务。其间，他们肩扛沉重的拍摄器材，跋山涉水，历尽艰辛，付出的种种辛劳与心血，令我十分感动。他们的随行札记记录了一路的所见所闻所感：

8月14—15日　西藏墨竹工卡县：

下午5点左右，我们到达西藏墨竹工卡县中学，这里平均海拔4000米以上。偌大的一个县只有这一所中学，坐落在大山脚下。

大家带着严重的不适感坚持在校园拍摄。高原的风很大很猛，紫外线更是强烈，西藏的盛夏仍未过去，还十分炎热。为了拍好师生们的每一个镜头，选一个独特的视角，摄制组的人端着摄像机，有时趴在地上，有时站在房顶，有时贴在架子上，长时间地进行拍摄。

在采访中，校长索朗次仁说："双师教学打破了一间教室一个老师的模式，让我们这个最偏僻小县的师生得到了最优质的教育。我们十分感谢人大附中，十分感谢党和政府对我们的关怀。"藏族学生多吉也告诉我们："原来我不怎么爱学习，有时也不想去学校，双师教学后不一样了，生动的学习形式和深入浅出的讲解让我听懂了课程，产生了兴趣。现在学校是我最向往的地方。因为那里又多了个我期待的人，那就是人大附中的老师。我现在的梦想是到北京看天安门，看看人大附中的老师。"

8月18日　广西南宁上林县：

上林县位于南宁市东北部100公里处，是一个以壮族为主的多民族聚居地，山脉纵横，河流密布。下午3点，我们在时晴时雨的天气里赶到了上林县三里中学。这是一所农村中学，四周都是稀疏的村庄和农田。该校教务处覃海礼主任、覃家勋老师等带领几十名学生在学校迎接我们。

学生们穿着壮族服装，看上去很是漂亮。对于我们的摄制录像，他们很是新奇和高兴，十分配合，尤其是拍课堂时，大家情绪饱满，回答问题声音十分响亮，校园内到处是笑声歌声，拍摄十分顺利。从教学楼上下来，我们就看到六七个女学生，站成一排给我们唱起了山歌，边唱边跳。我们很感动，使劲地鼓掌叫好。女孩们说："想把我们的山歌唱到全国去。"我们热情鼓励她们："好好学习，争取考上大学，这个愿望一定能实现。""我们一定努力学习，走出大山。"孩子们明亮的眼睛里充满了渴望和自信。

摄制组驱车十多公里去拍一个壮族女学生和双师教学的故事。初一时，她学习成绩一般，内心很自卑，觉得自己很笨，高中肯定上不了，打算混完初中就回家务农。在当地，像她这样的情形很多，许多学生上完初中就等于一辈子告别了学校。但三里中学实行双师教学后，她发现自己居然能够听得懂了，原来那些艰涩难懂的课变得浅显了。在老师和同学们的鼓励下，她渐渐建立了自信，成绩越来越好。中考时，居然以优异成绩考上了县重点一中。我们去拍摄时，她父亲还拿出录取通知书让我们看，说："真的感谢北京的学校，没有忘记我们这么偏僻角落的山里人，用这么先进的技术，将这么好的课堂搬到了这里。真是没想到啊！"这个镜头也被我们拍摄了下来，成为《我们的课堂在一起》中很感人的一幕。

8月23日 江西省赣州市石城县：

今天上午，我们到达江西省赣州市石城县第二中学。石城县是中华客家文化的发祥地，是千里赣江的发源地，更是当年中央红军长征重要出发地。历史上的石城是中央苏区全红县，毛泽东、朱德等老一辈无产阶级革命家曾在这里生活、战斗过。据当地史料记载，毛主席曾先后七次住在这里。1930年至1934年间，有1.9万余名石城儿郎参加红军，其中1.6万人参加长征。

现在的石城被大山包围，交通不便，以农产为主，属经济欠发达地区。石城二中虽然是县重点中学，但教学设施比较简陋。双师教学在这里开展，非常受欢迎。他们通过几年的实践，取得了明显的效果。校长温永南告诉我们："今年的中考成绩，提高了十多个百分点。"双师教学驿站站长温涌泉说："我们由原来的10所双师教学试点校推广到现在的47所，城乡学生的分数差，由几年前的20分缩小到10分以内。"

2017年9月25日，"砥砺奋进的五年"大型成就展隆重开幕，人大附中拍摄的《我们的课堂在一起》宣传片被放置在展览大厅中。下午3时45分，习近平总书记等中央领导来到北京展览馆，参观了"砥砺奋进的五年"大型成就展。当晚的中央电视台新闻联播中播放了《我们的课堂在一起》中的两个感人画面。

　　展览期间，成千上万的观众走进北京展览馆，在我们的展位前驻足，通过视频自动循环播放，看到了双师教学这种从未有过的扶教、扶智、扶志方式，在全国各地开花、结果。

　　图4-13　"砥砺奋进的五年"大型成就展隆重开幕，人大附中双师教学项目受邀设立展台

启示

　　1.站在现代教育信息技术前沿，以信息技术助推教育均衡。科学技术是第一生产力，教育的现代化可以营造良好的数字化学习环境，只要紧紧抓住机遇，就能在推进教育均衡发展中大有作为。

　　2.建立可持续发展机制。教育教学及科研成果要大规模推广应用，需要建立一套可持续的发展机制，集合学校、社会组织、政府部门的力量。教育帮扶要形成以学校为主体，社会组织为纽带，政府部门为主导的机制。

　　3.提高教育质量的同时，也要遵从个性发展。基础教育的核心价值，一个是公平，一个是尊重个性。大规模推广远程教育不但要提高教育教学质量，同时也要注重学生的个性发展，根据学生的兴趣爱好开设更多的选修课程。

　　4.远程帮扶大有可为。帮扶欠发达地区的教育，发达地区的示范校送课派员当然管用。但送课派员总是有限的，而通过互联网远程帮扶，实现优质教育即时共享则是无限的。基础教育网络扶教、扶智、扶志才是真正的海阔天空，大有可为。

第五章
为基础教育播撒良种

实现教育均衡，关键在师资。薄弱校最缺乏的是具有先进教育理念的校长和教师。推动教育均衡，既要为薄弱学校"输血"，更要帮助薄弱学校"造血"。鉴于此，一方面，人大附中把自己辛苦培养的优秀人才输送到周边薄弱学校，帮助提升办学水平；另一方面，通过承办"双卓基地"、"国培计划"等项目，为全国各地培养教育家型校长、专家型教师。

一、托起未来的教育家

> "倡导教育家办学"、"培养一支德才兼备的教师队伍，造就一批杰出的教育家"，这是教育发展的时代命题。

"双卓基地"诞生记

2009 年 4 月 28 日，人大附中校园春意盎然。"上海市普教系统名校长名师培养工程刘彭芝卓越校长培养基地"、"北京市普教系统先锋校长培养基地"揭牌仪式在这里举行。

2006 年，上海市启动了"普教系统名校长名师培养工程"。项目开展到第二轮时，一些优秀校长和教师普遍感到"吃不饱"，于是市教委有了"走出上海，走向全国和世界"的想法。他们首先把目光投向了北京，投向了人大附中。2008 年 9 月，上海市教委副主任和人事处处长、副处长赴京，邀请我担任该项目的主持人。

2009 年春节刚过，我和人大附中几位同事来到上海，选拔学员，与他们座谈，共同研究培训方案。我提出一个要求："这个基地不仅要有中学校长，也要有幼儿园园长、小学、进修学校、职业教育学校的校长。"教育是长期、连续的过程，基地的校长不能仅局限于研究自己所教孩子年龄段的教育，也要研究 0—18 岁甚至更高年龄段青少年的教育；不能满足于自己一所学校的教育，而应考虑全国的教育，甚至是全世界的教育。

最终，覆盖了基础教育各个阶段、各个方面的 22 名校长，成为"上海市普教系统名校长名师培养工程刘彭芝卓越校长培养基地"的学员。

北京市教委觉得这是京沪两地校长交流碰撞的好机会，便推选了 24 名校长学员，建立"北京市普教系统先锋校长培养基地"。

两个校长培养基地成立的消息传开后，北京市一些区教委也希望基地能向更多的校长敞开大门。海淀区、顺义区、延庆县教委各推荐 10 名学员，丰台区教委推荐 11 名学员。云南、宁夏、新疆、四川、福建、陕西等地一些校长也申请加入……

我们把基地定名为"中国基础教育卓越校长、卓越教师培养基地"，简称"双卓基地"。

"双卓基地"的宗旨是：人力资源强教，培养一批"教育家型的卓越校长"，进而培养一大批"专家型的卓越教师"，打造优质学校，促进我国基础教育均衡、优质、科学、和谐发展。

"双卓基地"的培养策略定位为：引领、实训、提升、创新。

引领——以中外先进的办学理念为引领，锤炼学员的领导力，研究名校长的成长规律；

实训——以常态的人大附中为依托，进行实证研究，凸现"实战"特色，启迪实践智慧，提高学员破解教育难题的能力；

提升——建立学员间特别是基于京、沪文化背景的学员间的思想碰撞的平台，形成优秀的学习团队，提升学员的教育思想；

创新——创新名校长的培养模式，增强校长培训工作的针对性，提高校长培训工作的有效性。

在揭牌仪式上，面对领导的重托、同行的信任，我说：

> 一个优秀的校长可以带好一个学校，而一个突出的好学校又可以带起一片优质学校。所以，培养大批优秀校长，既是当务之急，也是基础教育的长久之计。我愿意并将为卓越校长、先锋校长培养基地竭尽全力。

全国卓越校长卓越教师培养基地

"把家底翻给你们看"

双卓基地的学员都是当地选拔出来的优秀校长，需要完成的是从"优秀"到"卓越"的突破。我想，这些校长走进"双卓基地"，希望从我这里学些什么？我能给人家什么呢？

破题，从我心中最朴素的想法开始——"我要把人大附中的全部家底翻给你们看"、"我要把应该请到的各个领域的名家请过来"、"我要为你们搭建可以为你们搭建的各种展示平台"、"我要把人大附中的教育资源提供给你们"、"我要带你们去看

世界顶级大学和顶级中学"……

我们以人大附中为依托,进行实证研究。短短十几年,人大附中何以从一所基础较好的重点中学,一跃成为"国内领先,国际一流"的名校?它走过的,是一条什么样的发展之路?

思想决定行动。我们首先以人大附中为案例,系统地介绍了学校的办学理念、创新发展历程、课程建设与教学改革、创新人才培养、教育管理、未来教育、教育均衡等。

为了将人大附中的发展历程原汁原味地展示出来,2009 年 7 月 12 日—16 日,2010 年 2 月 25 日—3 月 1 日,利用两次集中培训,我们作了人大附中创新之路系列报告——人大附中德育创新之路、人大附中教育均衡创新之路、人大附中干部队伍建设创新之路、人大附中超常教育创新之路、人大附中"三高"体教结合创新之路、人大附中艺术教育创新之路、人大附中教学改革创新之路、人大附中现代教育技术创新之路、人大附中科技教育技术创新之路、人大附中国际交流与中外合作办学创新之路。

人大附中很多教师和学生走上讲台,通过讲述、访谈、视频、PPT 展示等方式,生动地再现了十多年间人大附中在各个领域改革创新的过程和成效。

图 5-1　人大附中创新之路汇报会现场

2010 年 2 月,在以"人大附中教学改革创新之路"为主题的报告会上,我们把山东杜郎口中学的一节语文展示课和人大附中的三节课堂教学教法改革探讨课搬到了现场。

这节课的题目是"蜡烛",从这个词你能联想到什么?

我想起了老师,老师像蜡烛。

我想起了火柴,火柴是蜡烛的恩师。

我想起了一句诗:春蚕到死丝方尽,蜡烛成灰泪始干。

山东杜郎口中学的语文展示课《蜡烛》，在这样的问答中开始了。

这节课呈现的是杜郎口中学的"三三六"教学模式，即预习阶段——小组合作、自主探究；展示阶段——成果汇报，点评指导；反馈阶段——学困生保底，优生拔高。课堂上，老师的话语不超过十分钟，却把握着讨论的走向，启发着学生的思维。

人大附中展示的三节研讨课各具特色。

高二年级综合必修课"品味世界遗产——颐和园"，由四位不同学科的老师一起上。地理老师带领学生欣赏颐和园的"园之景"，学生做导游，老师分析构景；语文老师以楹联为载体，引导学生挖掘景色之中的意境，赏析颐和园的"园之境"；历史老师带学生追溯颐和园的历史，分析乾隆皇帝的建园思想；政治老师带学生探讨"天人合一"的理想，从史、政两方面辨明"园之理"。这种多学科交叉的教学方式，全方位立体式地呈现了颐和园的文化意义、历史意义、地理意义。

图 5-2　地理教师丁利上展示课

图 5-3　政治教师李虎上展示课

人大附中高一年级政治必修课"走进股市，认识股票"，则是从课前的市场调研开始的。上这堂课的张帅老师提前在假期就给学生布置了作业——观察、体会股民的生活。学生们有的实地参观，有的向家人请教，有的查阅相关资料，有的干脆选择一个课题进行研究。课堂上，学生们分享了自己的所见、所闻、所思：代码、K线、证券公司、上市公司、分红与差价、影响股票价格的因素……课堂变成了分享、讨论的场所，知识和概念的生成来自学生与老师的共同协作。

人大附中高二年级语文必修课"祝福"，则采用了全新的教学方法。在让学生充分做好课前预习的基础上，组成由学生担任公诉人、辩护人、法官的"模拟法庭"，对祥林嫂一案进行公审，通过寻找证据、分析排查、自由辩论，探讨"谁是杀害祥林嫂的凶手"？接下来，转向文本解读，深入探究祥林嫂悲剧的根源。

杜郎口和人大附中同台做课，同台介绍经验。现场观摩这四节课的"双卓基地"学员和与会专家大呼过瘾。

中国教育学会常务副会长郭振有点评："这两所学校完全不同类型和模式的课无疑都是最好最有效的课堂，是对旧课堂的颠覆。我没想到课还可以这样上，这样的课堂，老师很幸福，学生也很幸福。"

什么是真正有生命力的课堂？这几节教法探讨课至少给了大家这样的启示：课堂教学，要关注学生的生活世界，打通书本世界和生活世界之间的界限；要关注学生的生命价值，给学生以主动探索、自主支配的时间和空间；要关注学生的生存方式，构建民主、平等、合作的师生关系；要关注学生的心理世界，创设对学生有挑战性的问题或问题情境；要关注学生独有的文化，增加师生之间以及学生之间多维有效的互动；要关注学生的学习状态，打破单一的集体教学组织形式。

校长领导力必须抵及学校教育的核心领域——课堂。教育家苏霍姆林斯基说："经验证明，听课和分析课是校长的一项极为重要的工作。只有当学校领导人掌握了足够的事实和进行足够的观察，才能在教育教学领域达到工作的高质量。经常听课和分析课的校长，才能了解学校里在干什么。"

受此次培训的启发，新疆华山中学邱成国校长，在同年3月该校承办的兵团第二届中澳校长论坛及相关的交流和研讨活动中，特意呈现了4节探讨课，其中一节为文综课，政治、历史、地理三科老师共同授课。此外，还结合学校的特点，在全校开展了撰写反思案例的活动。

了解一个作家，最直接的途径是读他的作品；了解一名校长，最直接的途径是去他的学校看一看。学校的一草一木、一人一物、一举一动，都表达着这所学校的价值观与文化追求。因此，2009年9月14日—18日，人大附中举办"学校开放周"活动，基地学员走进人大附中校园，近距离地了解常态的人大附中，亲身感受人大附中校园内独特的文化氛围。

他们与人大附中师生零距离接触、直接对话，观看欣赏人大附中艺术团的排练，推门聆听人大附中教师的课，了解体会人大附中的教研活动、管理体制，观摩考察人大附中校园文化节、选修课宣传周，以及各种各样的学生社团活动……

据不完全统计，开放周共展示了99节学科课，23节德育课。学科课听课887

人次，德育课听课 73 人次。短短一周，960 多人次走进了人大附中的常态课堂。

上海市崇明县教师进修学校校长宋林飞对人大附中的课程活力、课堂活力、教研活力、校园活力留下了深刻印象，深深感慨于人大附中的实践活力之强。上海市浦东新区龚路中心小学校长蔡忠铭有感于人大附中的选修课管理规范、课程设计精致，认为这为校本课程的实施提供了范例。

2010 年 8 月 7 日，"向祖国汇报——人大附中建校 60 周年素质教育成果展示"大型活动在中国人民大学世纪馆隆重举办。人大附中师生以丰富多彩的形式汇报了创办"国内领先，国际一流"的办学追求和办学成果，"双卓基地"学员应邀参加。

从理论到实践，从抽象到具象，从整体到细节，我们努力将一个真实的人大附中立体、多维地展现在基地学员面前，让他们自己去听、去看、去体验。

《寻找奇迹背后的秘密》《人大附中，为我打开了一扇思考教育的窗》《品味精彩教育，学做优秀校长》……每次培训后，学员们都会写下一篇篇研修日志，从不同的视角研究人大附中。

许多培训课程之外的细节，也成了学员们的学习资源。

上海市杨浦高级中学校长向玉青记得第一次来北京参加培训的情景："由于飞机误点，晚上 10 点半才到达首都机场。'双卓基地'年近七旬的朱教授和一位教师来机场接机。由于天黑又恰逢下大雨，车子开了近两个小时，凌晨才到达培训地点，没想到，人大附中会务组的老师还在等着我们。"

上海市第三女子中学徐永初校长对每次会议开场前的花絮记忆犹新："每场会议之前都会播放五分钟的花絮，内容丰富、有趣，又有深意。这些素材的收集整理制作都很费心思。在欣赏之余，我发现这些 PPT 的制作几乎都是在凌晨三点多钟才完成的。为了培训会议的顺利进行，有那么多的老师放弃休息、努力工作，太让我惊讶了，这就是全校一盘棋啊！"

上海大学附属中学校长卢广华，分享了一个发生在他身上的故事：

2009 年暑假，在人大附中学习期间，我感冒发烧了。当时恰逢甲流来袭，我被隔离起来，住进海淀医院。这本不是什么大病，刘校长却在百忙之中安排人员落实医院，给医院的领导、医生直接打电话，给学校的校医打电话，给送我的驾驶员小王打电话，还安排人帮我准备好洗漱用品。一切都安排好后，她又给我打电话，安慰我、鼓励我。这点点滴滴中，蕴含着刘校长"爱与尊重"的理念，也蕴含着她睿智的管理哲学，让我明白了小事情在管理中的大作用。

后来，我将这样的体悟用到了教师管理中——给一位聪明出色、经常给学生买糖果作为奖励的教师当众送巧克力，收到了意想不到的效果。这使我意识到，刚性制度之外的人文关怀，对增强教师的归属感、激发教师的积极性非常重要，这同样应该成为校长领导力的重要构成。

从走近人大附中，到走进人大附中，一次次的培训带给基地学员一份份的触动，一份份的触动生发成一次次的思考，一次次的思考转化为一次次的实践，一次次的实践孕育着一份份的收获。

搭 建看中国、看世界的平台

除了利用人大附中的资源，开设"导师论坛"、"人大附中十大创新之路"、"人大附中教育教学现场观摩"等模块的课程外，"双卓基地"还整合了国内外一流学校及教育专家等多种资源，通过基地学员校考察诊断、教育科研、专家引领、同伴交流、中外教育比较研修等模块，努力为学员们搭建一个"看中国"、"看世界"的高端平台。

基地学员来自全国17个省市区，有北京、上海等一线城市，也有新疆、云南等边远地区；有的来自中学、小学、幼儿园，有的来自职业学校、进修学校；有优质校，也有薄弱校。大家在一起组成"学习共同体"，不同的文化在这里碰撞，不同的经验在这里交流，不同的问题在这里求解，形成了一个纵横相交、立体多元的交流平台。

2009年12月15日—18日，我和"双卓基地"的学员赴上海考察，走访了六所基地学员校。每到一所学校，我们除了听取校长办学思想和实践的介绍，还走进课堂听课、评课。

这六所学校各有千秋：上海市实验学校是一所中小学九年一贯制学校，办学前瞻创新，实验精致领先；上海市实验小学文化底蕴深，改革气息浓，在均衡分班背景下通过选修课及社团满足学有余力学生的发展需求；上海市建平中学，"自觉的课程改革与自觉的课程文化"独树一帜；上海市甘泉外国语中学，"日语见长、多语发展、民族情怀、国际视野"，办学特色鲜明；上海交通大学附属中学依托大学创办"科技实验班"，探索拔尖创新人才培养模式；上海市徐汇区科技幼儿园幼儿科技教育成绩斐然。

上海市徐汇区科技幼儿园活动室，看到孩子们有的在看书，有的在织毛围脖，

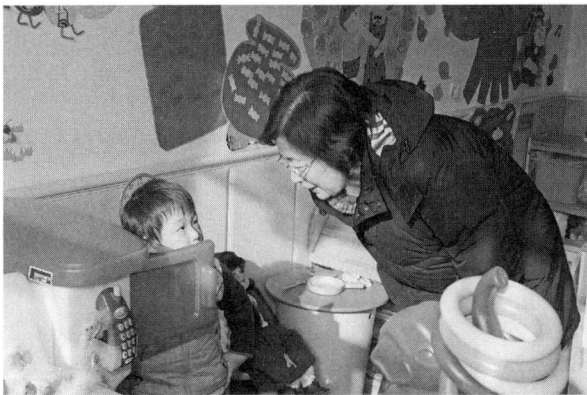

图 5-4 刘彭芝校长在上海市徐汇区科技幼儿园与孩子交流

有的在串珠子，有的在做实验。有一个孩子穿着白大褂、戴着听诊器在给洋娃娃看病，看到我们过来，站起来就跑，到另一个活动室接着玩，非常认真、专注。原来这个孩子的父亲是医生，他每天一玩游戏就扮演医生。在总结时，我给校长学员提出了一个新课题：研究不同年龄段的孩子各有什么特长，对不同特长、潜能、爱好的孩子如何发现与培养。

上海市徐汇区科技幼儿园园长高一敏说：

> 过去，我们更关注课程和教师，我们的教师更容易关注爱交往、爱表达的孩子，但刘校长引导我们更关注所有的孩子，思考科技幼儿园孩子的特质是什么，并提供了翔实可行的思考路径：归纳孩子的学习方式、环境、内容等。刘校长走后，我们立即着手这项工作。通过多次座谈会讨论，归纳出本园孩子的特质：探索、专注、互动、创造，并开始着手做 86 个孩子的跟踪案例，将每个孩子每天同样时间段的活动记录下来，分析他们的兴趣、特点和潜力。

半年后，再集训时，高一敏园长与大家分享了她们的研究成果。

为了近距离了解、考察发达国家的教育，2011 年 7 月 19 日—8 月 1 日，经教育部国际司批准，我和中国教育国际交流协会办公室主任傅博带领 80 名"双卓基地"学员，作为当年中美文化交流派出的第一批教育使团访问和考察美国。

带队赴美前，我对美国的中学进行了梳理，确定将四所学校作为此次研修的重点：美国顶尖的两所公立高中——伊利诺伊理科高中、托马斯杰佛逊理科高中；两

所顶尖的私立高中——菲利普斯艾克塞德学校、菲利普斯安多福学校。为了使考察调研更有针对性、实效性，我事先飞到美国，与四所学校校长交流协商，推敲考察细节。

芝加哥—波士顿—华盛顿……在美期间，我们顶着美国少有的 40 多度的高温，一个城市接一个城市、一所名校接一所名校地考察、调研，并在哈佛大学举办了"中美基础教育高峰论坛"，在美国教育部听取了有关美国基础教育尤其是精英教育的报告。

图 5-5　刘彭芝校长带领 80 名校长学员赴美研修

　　我们的考察并不是走马观花，而是深入学校的校园、教室、实验室等，与美方校长、主管教学的副校长、各科任课教师、学生进行面对面交流，全方位了解美方办学经验。每参观完一个地方，我都会主持召开一次学术研讨活动，及时引导校长学员进行"头脑风暴"。

　　"我们以为美国的基础教育还在为基本的阅读能力、计算能力不过关发愁，并不关注英才教育；我们以为美国的基础教育都是杜威的'生活即教育'，在玩中学，学生没有负担；我们以为美国的学科教学远不及我们深、广、扎实……"深入美国的学校，校长学员惊讶地发现——

　　伊利诺伊州理科高中的学生并非"轻负担"，作业很多，很多学生晚上要到12点甚至凌晨一点才睡觉，有的甚至一天只睡三四个小时；

　　托马斯杰弗逊理科高中学科教学在深度和广度方面均处于领先地位。学生在暑假提前自学，开学后课堂教学进度很快，对某一学科感兴趣的学生，可以在选修课时选择大学课程；他们重视精英人才培养，学校批准创建了能源补充研究计划，并发射了一颗由学生自行研制的用于教育使用的卫星。

　　《伊利诺伊数理高中的教育"三问"》《在哈佛的头脑风暴》《观察美国精英教育》《走进百年老校》《名校贵在课程与环境》《美国之行留下什么》……每篇文章都凝聚着研修团成员的思考和收获。14天近距离观察，面对面交流，刨根问底询问，他们认为：此次赴美学习研修，安排紧凑、内容丰富、组织严密，大大开阔了视野，并在交流互动中激发了行动智慧。

　　"'双卓基地'是一所没有围墙的学校，北京的、上海的、中国的、世界的教育智慧都在这里酣畅地交流和碰撞，通透地传递出中国教育的最强音。"上海名校长工程负责人徐虹说。

　　2012年1月，首期"双卓基地"培训班的89名校长学员圆满结业。首期培训历时3年，共举行了6次大型集中培训，合计35天，350个学时。

　　北京市顺义区教委副主任张华礼说：

　　　　许多学习或培训都在告诉我们什么是好的教育，但是很少有人真正告诉我们好的教育是如何得来的。可刘彭芝校长不同。她既告诉我们什么样的教育是好的，还耐心细致地告诉我们，这样的教育是如何得来的。

图 5-6　刘彭芝校长与上海名校长基地学员合影

上海市崇明县教师进修学校校长宋林飞说：

　　我们不缺乏办学思考，但刘校长让我们学到了如何超越自我，在一个更高的办学境界上去给学校定位，勇当一名引领者的校长；我们不缺乏教改实践，但刘校长让我们学到了如何从教育核心构件上去改革、去实践，创造属于自己的教改之路；我们不缺乏校本研修，但刘校长让我们学到了"成事成人、任务驱动"的道理和如何促进每个教职员工走向优秀的校本激励机制；我们不缺乏听教育名家报告，但刘校长让我们觉悟到学校不仅属于教育，更属于社会，让我们站得更高，使我们看到了教育发展更远、更美的景色；我们不缺乏国际交流，但刘校长把我们带入这种交流的高层次，使我们取到教育的真经成为可能。

　　2009 年 4 月 28 日，我们上海市卓越校长班的 22 个学员，以多少有点散乱的步子来到刘彭芝校长面前，有着各自的情感站向与站姿。今日，我们则都以虔诚折服、充满感激、用列队正步齐一的形式走向刘校长。

目前，上海学员班的 22 名校长，都已成为上海教育教学改革的中坚力量，有 20 人被评为上海市特级校长，其中有一人还被选为党的十八大代表。

来自北京顺义区的十名校长，已成为顺义教育的领军人物，积极投身教育创新的实践中。

"双卓基地"首期学员、新疆兵团华山中学校长邱成国，从培训中汲取智慧，不仅带领华山中学实现跨越式发展，还主动帮扶 20 余所薄弱校，将优质资源注入若羌县教育"洼地"，并派遣最优秀的教师团队到条件最艰苦、少数民族聚居的十四师皮山农场、和田地区皮山县等贫困地区，实施精准扶贫，推动当地学校改革发展。他带头构建"南疆兵团一体化基础教育发展网络"，被誉为"天山之南的教育侠客"。华山中学被授予"全国民族团结进步创建活动示范单位"。

谈及这些年的作为，邱成国校长说："人大附中敢为天下先的办学精神及开展教育帮扶的无私、担当，都深深地震撼了我，让我豁然开朗，找到了现实中的参照目标。从那以后，我就下定决心，要追随他们的脚步，努力把华山中学办成新疆的人大附中！这些年，如果说华山中学在南疆教育均衡中做了一些工作的话，我更愿意将其视为刘校长和人大附中充满大爱的教育在南疆大地的传递和延伸，对遥远西部的引领和辐射。"

"意外"进入"双卓基地"的上海市徐汇区科技幼儿园园长高一敏，从横向到纵向，拓宽了视野，对学前教育工作的认识更深刻了，"本来以为园长做得很不错了"的她，又开始了新的追求和超越；

……

2012 年 10 月，"双卓基地"第二期校长培训班开班，又有一批来自上海、北京、新疆、山东、四川、贵州等地的校长学员走进了"双卓基地"。

自 2009 年至 2015 年，共有来自全国近 250 名校长、教师进入基地长期跟踪学习，基地举办了十余次集中培训，培训了包括北京、上海、湖北、新疆、四川、宁夏、山东、陕西、广东、黑龙江、山西、贵州、江苏、福建、浙江、河南、云南、安徽、广西、辽宁、吉林、内蒙古等 22 个省、市、自治区的 200 多所学校的校长、教师，共计 1500 余人次。

作为新生事物，经过六年多的实践，"双卓基地"成功探索依托优质学校开展校长、教师培训的新模式，助推一大批校长、教师学员走向优秀、走向卓越。

二、培养"种子教师"

> 2010 年，教育部、财政部启动旨在"充分发挥示范引领"作用的"国培计划"，培养更多的优秀教师。

"国培计划"首次进驻中学

2010 年 10 月 11 日，"国培计划（2010）中小学骨干教师研修项目——人大附中高中数学班"开班。这是"国培计划"项目首次进驻中学。

为了培养更多的优秀教师，2010 年，教育部、财政部启动"国培计划"，公开招标承办单位。得知消息后，我们马上准备投标材料。

通常，承担国家级培训的，都是知名大学或培训中心。我之所以积极争取这样的机会，是因为：第一，优质中学承担教师培训可以更近距离地结合教学实践开展，是一条很好的路径。第二，人大附中 2009 年开始承办"双卓基地"，致力于培养教育家型校长和专家型教师，有一定的培训经验。第三，这是人大附中发挥名校辐射作用、促进教育均衡的一个新平台。第四，可以使人大附中的教师、干部得到进一步提升。

人大附中脱颖而出，成为 25 所中标院校中唯一的中学。

开班仪式上，"国培计划"项目执行办公室副主任黄文峰说："作为国内一流的中学，由人大附中来承办国内一流教师的培训意义非凡，希望能办出中学特色，为国家培训教师探索出一条新路。"

50 名来自北京、天津、重庆、黑龙江等 7 个省市的学员走进人大附中，参加为期 15 天的培训。

为了办好这次培训，我担任了"国培计划"的首席专家。学校还聘请了数学家、中科院院士林群、严加安，文化部原部长、作家王蒙，数学教育专家顾泠沅、章建跃、史宁中、郑毓信、单墫、李文林、鲍建生，全国教育科学规划办公室常务副主任曾天山，教育培训专家季萍、顿继安等，以及人大附中、北京市第十二中学等首都中学的 10 多位数学特级教师，共同组成培训专家团队。

人大附中成立专门的项目管理办公室，由人大附中数学特级教师周建华牵头，带领朱家华、杜祥、杨程等几位老师，具体负责项目的执行与管理。学校的数学组、基地办、电教中心、食

图 5-7　刘彭芝校长在教师国培计划通用技术班上讲话

堂、公寓、校办等部门通力协作，在课程设计、培训设施、后勤保障等方面都下足了功夫，确保项目高质量实施。

我们组织专家对这次研修项目作了认真设计，因为参加此次培训的都是全国各地的教学骨干，我们设计目标起点高、标准高、要求高，紧紧围绕"提高高中数学学科优秀骨干教师的专业化水平、教学能力和对青年教师的指导能力"的主题组织实施。培训策略上采取"五个注重"：注重对研修目标的架构与解析，注重分析学员的学习需求，注重教师专业发展的理论分析，注重在全国范围内遴选授课专家，注重发挥人大附中作为中学承担国培项目的优势，采取参与式、浸润式、集中培训、网络研修、跟踪指导等多样化培训方式。确定了"学科前沿动态及通识教育、优秀中学数学教师的专业发展、中学数学课程改革中的热点、难点研究与探索、人大附中数学教育实践与创新、教育教学研究方法、教育考察"等六大模块核心课程。

学员们普遍反映，通过培训受益匪浅。江苏省宿迁中学李愚老师在研修总结《感动半月，受用终身》中写道：

> 2010 年 10 月 11 日—25 日，我到人大附中参加全国骨干教师高中数学班培训，整个学习过程安排非常周密，培训内容丰富多彩，培训方式多种多样。15 天的培训，每天都是充实的，都能感受到思想火花的冲击。
>
> 刘彭芝校长"怎样成为名师"、顾泠沅教授"基于课堂改进的教师在职学习——中国教师专业化发展的重要方面"、章建跃编审"中学数学核心概念、思想方法教学设计研究"，严加安院士"科学与艺术：大道至简，大美天成"，

数学特级教师、数学奥林匹克高级教练王建民"中学数学课堂教育与教学艺术",人大附中副校长、数学特级教师周建华"高中数学教学设计研究"、"中学数学教学研究与教研论文的写作"……一场场精彩的讲座,加深了我对高中数学新课改理念的认识和思考。此次培训还辅以现场观摩、自由交流、学员论坛、案例点评等多种方式,尤其是组织我们到人大附中、潞河中学、北师大二附中、北京十二中等学校观摩、听课,邀请中学数学教育教学专家与学员们一起座谈、听课、研讨,提高了培训学习的实效性。这次培训在我们学员中反响很好,对帮助我们转变教育教学观念、提高认识水平有很大的促进作用。

通过这次培训,我找到了学习的楷模、努力的方向。特别是人大附中数学特级教师周建华,其高尚的人格魅力、广阔的教育视野、精深的理论造诣、高超的教育技能,深深地吸引着我。一个中学数学老师若能如此,工作并幸福着,足矣!在这次培训中,我学到了新的数学教育思想、教育理论、教学方法、教学手段以及新的教师观、学生观、课程观,也更加理解了数学是一门创造性的艺术,教师应通过自己的"创造"为学生展现"活生生"的思维过程。同时,也更深入地理解了教师的职业内涵和责任使命,那就是要把每一个学生烙进自己的职业生涯,点燃每一个学生的希望,为他们终身的可持续发展奠定基础。

美国心理学家波斯纳提出:成长=经验+反思。培训使我更加关注自己的专业发展,反思自己在教学上的不足。专家们以鲜活的案例和丰富的知识、经验,给了我具体的操作指导。在千万教师中,能参加这样的培训,我是幸运的、幸福的。回到单位后,我会带回这次培训的最新信息,真正起到一个"种子教师"的作用,从而带动一所学校、一个地区。

基 于人大附中现场的浸润式培训

基于教育现场的参与式、浸润式培训,是人大附中"国培"班最大的特色。

结合研修目标与学员实践教学中的问题与需求,我们特别将"人大附中数学教育实践与创新"作为本次研修的六大模块核心课程之一,内容包括"高中数学教学设计研究"、"高中数学研究与教研论文写作"、"高中数学国家选修课的校本化实施与思考"、"高中数学模块教学整体设计与实施"、"信息技术与数学课程整合教学实践探索"、"人大附中数学教学高效课堂观摩"、"人大附中高三数学备课组集体备课展示"、"优秀中学教师成长之路"、"人大附中学生访谈——我在人大附中学数学"。人大附中30多位一线教师走上国培讲堂，与学员们分享他们的教育理念、教育创新和教育智慧。

作为培训课程之一，我们为学员们安排了人大附中数学教师的公开课观摩。福州三中数学特级教师林风在研修博客中写道：

今天的数学观摩给人眼前一亮的感觉。第一节是李岩老师的"数列"，整节课"高开高走"，高观点，大立意，以函数为主线，以数列概念为平台，大刀阔斧地去枝节末叶。把"数列"上得如此大气，我还是第一次看到，印证了周建华副校长倡导的"境界为上，技能为下"的教学追求。第二节课更是令人刮目相看，年轻的李秋生老师在众多国培老师面前，泰然自若，大胆创新，全然以开放式的教学展现在大家面前。人大附中学生在课堂上的表现让我们看到了国内一流名校的风采，敢想、敢做，敢于对话与交锋，跌宕起伏，峰回路转。教师在其中只是一个引导者的角色，基本上整节课都是学生唱主角。敢如此放手教学，足以窥见人大附中教师的深厚功底。我不禁要竖起大拇指说："好课，人大附中！"

天津市静海县教研室的数学高级教师王雨池写道：

今天下午观摩人大附中唐晓苗和李秋生两位老师的课堂教学，给了我太多的震撼。两位老师把课标精神和课改理念发挥得淋漓尽致。从师生交流和探究活动及学生的思维发展层面来看，两节课都是我从教以来所听的各种课型中最棒的。

回想过去，我也曾在活动课讲过"游戏中的数学"这类课，总是预想着学生会兴趣高涨、气氛活跃，可一节课下来感觉与平时上课差不多，所以我特别想看一看这样的课唐老师会怎么上。听完之后我用四个词语概括我的感受：

一、惊叹：学生思维的敏捷让我眼花缭乱；

二、惊奇：师生交流竟如此融洽，不像是上课，更像一位长者和小朋友在聊天；

三、热烈：孩子们高高地举着手，迫不及待地发表自己的意见；

四、高效：下课时看着孩子们脸上洋溢的笑容、和老师顽皮的交流，就知道教学的效果。

在项目组的精心策划下，我们还把人大附中高三数学组的一次集体备课原汁原味搬上了"国培"讲堂。

江苏省常熟市浒浦中学数学高级教师李建中写道：

今天有幸参加了人大附中高三数学组集体备课活动，给我留下了深刻的印象。本次活动分为：

1. 对上一单元教学汇总中的问题提出解决方法；

2. 对本单元前测情况进行详细分析；

3. 对本单元考点进行展示，对近五年考题进行回放；

4. 分析考纲要求；

5. 复习建议；

6. 分专题备课；

7. 讨论，修改，调整要求；

8. 组长总结，布置下一次活动要求。

通过集体备课，高三数学组的教师踏踏实实地经历了"理解教材—首席设计—比较创新—总结提升"的教研过程。这其中，既有个体的积极参与，也有群体的通力合作。老师们在教研中达成了共识，共享了资源，激发了智慧，进一步提高了教学水平。

集体备课是研究课堂、孵化好课的重要形式，也是培养教师、发展教师的最基本途径。在人大附中，每个教研组、备课组都是一个教师发展的共同体。回去以后，我要把人大附中的教学经验介绍给我的同事，与同事们共同学习人大附中教师的团队精神、拼搏精神、科学精神、创新精神。

培训期间，"国培"班的学员就生活在人大附中。这里的环境、氛围营造的校园文化无处不在、无时不在，会潜移默化地对学员产生影响。

哈尔滨市第三中学数学高级教师姜思洋写道：

> 这几天我也观摩了人大附中的几节其他课。我注意到，在学校的音乐厅，每天放学后，都有管乐队和弦乐队在那里排练，师生水平之高令我惊叹。老师在忘我的投入中完全没有注意到陌生人的存在。教的过程中，启发式教学、鼓励与评价、充分发挥学生的主体作用等运用得那样自然、流畅。我同时体验了美妙的音乐和灵活的教学方法，这种感觉太好了！

黑龙江省鹤岗一中数学高级教师董蕾写道：

> 每一次看到人大附中的展示，无论是学生还是教师，给我带来的都是一种发自心底的震撼，每个人的脸上无不洋溢着乐观、向上、自信的神情，无论教还是学都是快乐的，这才是真正的教学。

我们还组织学员走进北京市潞河中学、北京市第十二中学等示范性中学，观摩优秀教学实例，参与教学活动，和一线教师、教学专家一同分析讨论教学实践中出现的热点、难点问题和应对策略。

人大附中首次承办"国培计划"就取得了成功。受训学员表示，这是他们所接受的培训中最为震撼和收获最大的一次。在教育部组织的2010年"国培"项目绩效匿名评估中，人大附中名列第一。

此后，人大附中连续五年承担"国培计划"任务，项目难度不断增加。

2011年，承办"中小学骨干教师研修项目"人大附中高中数学班，共培训全国13个省份的100名教师。

2012年，承办"中小学骨干教师研修项目"人大附中高中数学班、高中语文班、高中通用技术班，培训来自全国20多个省区市的教师150名。

2013年，承办"骨干教师高端研修项目教师工作坊研修项目"人大附中高中数学班，为8个省培训"种子教师"91名。这91名教师又通过人大附中网络平台培训了4800名基层一线教师。还承办"一线优秀教师培训技能提升研修项目"人大附中高中数学班，培训了来自10个省的50名教师。

2014年，承办"示范性教师工作高端研修项目工作坊主持人集中培训"人大附中高中数学班，为 10 个省培训教师 39 名；承办"一线优秀教师培训技能提升研修项目"人大附中高中语文班，培训来自海南、广西、西藏等地 50 名教师。

人大附中连续五年、共承担 9 项教师国培项目，有三年评估位列第一。

参训学员回到当地后，积极履行"种子教师"的责任，开展了各种类型的教师培训、教学改革和教育科研等活动。

2012 年"国培计划"骨干教师研修项目学员、湖南省湘潭市湘乡市一中肖劲松老师反馈：

> 经过人大附中"国培班"的培训后，我的教学、管理理念都有了很大改变。我配合校长深入抓好我校推行的"高效课堂"，并且精心组织多轮、分层次、全方位的教师培训活动，将"高效课堂"的理念、精髓及操作步骤与我们的老师分享。同时，我还发动我校的语文老师一起申请了一个关于高中语文作文教学如何加强思维训练的课题，这个课题是湘潭市的重点课题，后来又被列入湖南省"十二五"规划的一个教育科研课题。

2013 年"国培计划"骨干教师研修项目学员、江苏盐城师范学院数学科学学院段志贵老师反馈：

> 在人大附中，我听了周建华副校长"关于高中数学培训问题中的问题和对策"的讲座，感觉有高度、有内容，对指导我们师范学校开展教师培训工作很有帮助。今年上半年，我们学校申报了新疆国培农村初中班和青海农村初中数学班，就是按照周校长给我们讲的方案去申报的，结果一举中标，得到了新疆、青海两地教育厅的肯定。与此同时，我们还举办了江苏省的农村高中教师培训，并以周校长的方案指导我们的实践，培训效果非常好，受到了当地教育主管部门和受训学员的一致好评。

三、为中西部地区培训体育教师

> 中华民族伟大复兴的中国梦，包含着无数国人振兴中国足球的梦想。实现这个梦想，首先要培养一批出色的足球后备人才，要培养足球后备人才，必须有一支优秀的教师队伍。

背 着烤馕来"三高"

2008 年 5 月 10 日，北京电视台体育频道播出一条新闻——今天我们不谈足球。不谈足球，那谈什么？谈足球教育。人大附中"三高"基地发起"百名中西部中小学体育教师培训工程"，来自陕西、青海、山西、甘肃、宁夏、新疆、西藏、云南、贵州、广西等 12 个省市自治区、30 多个民族的 100 名乡村中小学体育教师，分四批来京进行为期 12 天的免费培训。

从 1985 年组建第一支足球队算起，人大附中的校园足球教育已进行了 30 多年的探索。"三高"基地就是人大附中为进行体教结合实践所创建的体育训练基地。多年来，它依托人大附中的优质教育资源，开创了一个在学校环境中培养足球拔尖人才的新模式，使喜爱足球的孩子在足球技艺和文化素养、道德品质、心理健康等方面得到全方位的教育培养，取得了突出的成绩，人大附中也因此成为中国中学生足球协会的主席单位。

为了推动中小学校园足球运动发展，人大附中已办过十几届全国范围内的中学生足球比赛。我们了解到，西部地区特别是一些老少边远地区体育教育很薄弱，很多中小学甚至连足球场都没有，即使有足球场也缺少懂足球的教师。这些学校的体育教师，非常渴望提高足球专项业务水平。本着支持中西部地区教育事业的宗旨，秉承教育均衡的理念，人大附中"三高基地"提出为中西部地区无偿培训 100 名基层中小学体育教师的计划，并得到了教育部中学生体协等方面的支持。

项目启动仪式在人大附中举行。

大会开始前几分钟，刘小惠副校长忽然跑过来，在我耳边说："校长，告诉您

图 5-8　百名"中西部中小学体育教师培训工程"启动仪式

一件特别逗的事。咱们培训 10 号报到，有个从新疆来的体育老师，6 号就到了，整整提前了四天。而且，还背着一大口袋馕！您知道他为什么提前这么多天吗？呵呵……因为他不知道火车提速了。"

我问："这位老师在哪儿？"

小惠说："就在台上坐着呢。"

我连忙对站在旁边的一个老师说："你上台去把那位老师请过来！"

一会儿，一个身材高大、长得挺精神的新疆小伙子站到我面前。

我说："一会儿你和我上台说几句吧。"

他的脸"唰"一下就红了，用不太流利的汉语小声问："您让我说什么呀？"

我说："你别紧张，就给大家讲讲你是怎么来北京的，为什么带着那么多馕。没关系，一会儿我问你答就行。"

就这样，在"百名中西部中小学体育教师培训工程"启动仪式上，我俩一问一答，给全校师生和在场嘉宾讲述了他的故事：

小伙子来自新疆喀什，因为地处偏远，他在家乡没注意火车已经提速。老母亲知道儿子要去北京，担心路途遥远，长时间坐火车饿着，就烤了一袋馕让他带上。

图 5-9 刘彭芝校长与新疆体育教师一起给人大附中师生讲"背着烤馕来'三高'的故事"

结果，路途最远的他，提前四天第一个到"三高"基地报到。

我对参加启动仪式的学生说："同学们，你们身在首都北京，对优质资源可能没有感觉，但你们应该看到，我们国家很大，在偏远贫困地区，还有很多孩子的生活环境、受教育的条件和你们相差很远，有的学生可能从来没有踢过足球。我们要尽力帮助那些贫困地区的师生，让他们享受到更好的教育，把我们的优质教育资源奉献给社会，让更多的人受益。人大附中人一定要有这样的胸怀和境界！"

为了办好这次培训，我们多次召开培训专题会议，研究培训计划，确定培训内容，并聘请马元安、李辉等足球界资深人士担任讲师。近 400 课时的培训，从足球历史到青少年身心特点，从技术训练到战术训练，从球队组织到比赛分析，既有足球教学理论，也有足球教学实践、后备人才培养、比赛录像观摩分析。全方位的培训，让学员们认识到"中国足球的希望在学校，只有从基础做起，才能从根本上推动中国足球事业的健康发展"。

"三高"基地还安排学员与基地足球队进行交流比赛，不同民族、不同地区的人，因足球走到了一起。

14 天的培训，远道而来的学员学有所获，满载而归。

"三 高"理念驻我心

人大附中足球俱乐部的知名，不仅在于它取得的突出成绩，还在于它探索出了一种与专业竞技体制下足球后备人才培养不同的新模式——"三高"模式。这里的"三高"，是指"高道德水准 + 高文化水平 + 高运动水平"，使每一个从这里走出去的青少年成为品学兼优、运动水平一流的高素质人才。

在"百名中西部中小学体育教师培训工程"第一堂课上,"三高"基地李连江主任就对学员们说:"'三高'模式的精髓在于充分尊重、关切、维护被教育者的个性、价值和命运,关注教育对每个人、每支球队的未来所产生的影响,关注这个人、这支球队对相关的家庭、学校、社区的辐射作用,关注这种辐射作用在一定范围内对于形成新型足球人口并由之营造先进足球文化所具有的深远意义。竞技体育回归教育,是体育的未来,也是教育的功能。"

撒什么样的种子,开什么样的花,结什么样的果。通过这次培训,学员们充分理解、接受了"三高"的足球理念。

宁夏石嘴山市光明中学王金平老师深有感触:

> 这次培训给我提供了很好的学习机会。专家们精彩的课堂、渊博的知识、高超的技能、严谨的治学态度,都给我留下了深刻印象。尤其是人大附中的"三高"理念对我触动非常大,它让我认识到现代足球训练不仅要重视运动水平和体能训练,同时也要重视队员的道德品质和文化素质的培养。如果中国多一些这种体教结合的训练模式,中国足球才真正有希望。今后我会改变我的训练方法,把"三高"理念带到训练中,带到球队管理中,把训练水平和比赛水平提高到一个新的层次。

回到学校后,王金平老师身体力行,加强队员的道德品质教育,要求做人与踢球要统一;加强对队员文化课学习的监督,要求体育训练成绩、文化课成绩并重,两项成绩均列入考核范畴;注重训练与实战结合,将学到的新技能合理运用到训练指导中。

一年后,光明中学在2009年宁夏第十届中学生足球比赛中取得第二名的好成绩,并摘得石嘴山市中学生足球比赛冠军,被列为足球传统项目学校。

2012年12月,在"人大附中联合学校总校成立揭牌仪式暨2002—2012人大附中促进教育均衡探索实践汇报"大会上,参加"西部百名中小学体育教师培训"的兰州市27中体育教师水波,在汇报中说:

> 我们这些来自西部贫困地区的体育教师,做梦也没想到能有机会到北京接

受职业培训，我和我的学生都是培训的受益者。从人大附中"三高"足球训练基地回去后，我的梦想就产生了：在兰州也组建一个从小学、初中到高中一体化的学生足球俱乐部。现在，我们学校的足球队已连续四年稳居兰州市中学生足球比赛一、二名。在我们的运动队里，也要求学生做到"道德水平高、文化素质高、运动水平高"，每年新队员进队都强调"抓学习、促运动"，我们的毕业生已达到100%进入高等院校学习。

参加第一批培训的山西省临汾市浮山县体育教师李柱说：

> 我们那里是个典型的山区贫困县，全县34所中小学，在校学生12000多人，400米标准场地只有两个，还全集中在县城，乡下的小学有的地方连操场都没有，许多孩子只在电视上看过足球，自己从没有真正踢上几脚。这样的条件直接限制了校园足球活动的开展。
>
> 对我们山区体育教师来说，专业理论知识和技能培训也是特别需要的。半个月的培训对我来说就像久旱逢甘露。培训结束后，我回到家乡，县教育部门对我这次外出学习极为重视，特意组织全县30多名中小学体育教师进行培训。我特别兴奋，回去后就因陋就简，在学校成立了足球兴趣小组，进行系统的训练。爱踢球、会踢球的孩子越来越多，而且，在足球活动的带动下，学校各类体育活动都开展得有声有色。明年，我们县打算新建一座标准化塑胶场地，成立少年体校，给喜欢运动、爱足球的孩子搭个更好的平台。

2012年8月，我委派人大附中"三高"基地主任李连江到延安志丹县，了解志丹县青少年开展足球运动的情况，并与志丹县签署了十年战略合作协议。人大附中"三高"基地每年帮助志丹县培养两名学生，同时派教练员不定期到志丹地区培训体育教师，并利用每年暑假让志丹县的青少年足球队到"三高"基地比赛交流。

协议签订期间，我们还对当地40多名学生进行了身体技能及比赛能力测试，从中选出了第一批到"三高"培训的队员，希望以此推动革命老区校园足球运动的发展。

四、助推名校长"领航"

提升教育品质，办人民满意的教育，校长和教师是关键。而我们最缺的就是优秀校长和优秀教师。所以，20 年来，我们把人大附中培养的优秀人才输送到周边薄弱学校，帮助他们提升办学水平；另一方面，通过"双卓基地"、"校长国培计划——中小学名校长领航班"等，培养出一批勇于承担社会责任、积极投身教育帮扶的优秀校长和教师，他们带动了更多的校长、教师和学校，自觉主动地投身于教育帮扶的伟大事业中。

行 走在天山之南的"教育侠客"

2002 年人大附中获得北京市首批高中示范校称号，新疆生产建设兵团二师华山中学校长邱成国来我校参观学习。当时，这个自称"兵团二代"的年轻校长立足南疆、办好教育的大志向，给我留下很深的印象。

2009 年暑假前夕，"双卓基地"首期培训准备开班，邱成国成为"双卓基地"首期学员，也由此走上了教育帮扶之路。

三年基地学习培训结束时，邱成国神情严肃地对我说："刘校长，我要把华山中学办成新疆的人大附中！"

我告诉他："人大附中的平台很大，你们需要什么就提出来，人大附中的资源你都可以用！"

几年后，华山中学在新疆基础教育界率先实现了跨越式发展，办学质量在南疆地区首屈一指。从 2012 年起，华山中学参照人大附中的做法，筹划开展针对南疆基础教育发展的深入细致的调研行动，为在南疆开展帮扶做准备。

2014 年暑假，经过两年时间的认真筹划，"华山中学环塔里木文化传承暨综合科考夏令营"如期举办。夏令营集中了华山中学各学科最优秀的青年骨干教师，选拔高中年级最优秀的学生，聘请国内知名专家共同组成调研团队，深入南疆地区的乡村和学校，全面了解南疆少数民族聚居区的历史、文化、经济、社会和教育现状，为接下来制订帮扶策略提供参考。

华山中学师生通过考察对南疆地区少数民族同胞的教育诉求和发展有了更深入的了解。每到一地，只要时间允许，邱校长就带着营员深入乡村学校，详细了解乡村学校的发展状况，寻找开展交流合作的方式与途径。还不失时机地宣讲党的教育政策，鼓励少数民族群众树立通过教育改变孩子和家庭命运的信心。在充分总结师生们的意见建议后，邱成国校长提出了开展教育帮扶的两点初步行动设想：

人大附中联合学校
总校校长领航班

其一，要把华山中学最优秀的干部和教师派到南疆乡村学校挂职任教，推行"由点及面"的帮扶路径，即改革学校，转变教师，发展学生，带动家庭，稳定社区；

其二，教育帮扶是一场复杂持久的系统工程，绝对不能依靠少数学校来完成。只有建立起全覆盖的中小学校网络体系，实现南疆所有中小学校的分层协作和区域联动，共同推进，才能收到扎扎实实的功效。华山中学在这个过程中必须担负起引领示范和构建体系的重任。

经过认真研究，华山中学决定将和田十四师皮山农场中学和若羌县中学作为首批教育帮扶对象，并与两所学校所在地的党委和政府签订了帮扶协议。邱校长说："直接与党委和政府而非学校签订帮扶协议，是华山中学借鉴人大附中的独特做法。它保证了帮扶措施能够不折不扣地得到落实。"

若羌县是新疆著名的红枣之乡。"红枣经济"给当地农民带来可观的收入。但因为不愁钱了，一些家长反而对孩子的教育不上心了；还有家长在库尔勒市区等地买了房，孩子到城里就读，使若羌县教育陷入教师和学生流失的恶性循环。

针对这一状况，邱成国校长亲自率队，深入若羌县调研指导。2014 年，依照人大附中"授人以鱼不如授人以渔，更不如送去组织打鱼的人"的帮扶理念和经验，邱校长选派了华山中学优秀中层干部挂职若羌中学校长和副校长，并派出骨干教师团队，对该校实施全面改革。经过短短两年，若羌中学就发生了巨大变化，高考升学率提升 50%，办学质量由全州倒数跃居前三，一举扭转若羌教育师生流失的下滑局面。当地学生家长自发组织起来，敲锣打鼓给县委县政府送去感谢信。在偏远的若羌县，优质教育发挥了稳定器作用。因此，华山中学于 2016 年被兵团党委授予"兵地共融共建模范单位"荣誉称号，并得到了新疆维吾尔自治区党委表扬。

和田十四师皮山农场是南疆少数民族聚居区，也是一个维吾尔族人口占比超过

95%的国家级贫困团场。这里封闭落后，教育质量低，家长大多没接受过学校教育，不通汉语。邱成国校长认为，教育不仅是"南疆维稳"的重要阵地，也是民族团结的舞台。于是，华山中学主动把目光投向条件最为艰苦、少数民族高度聚居的十四师皮山农场、和田地区皮山县等贫困地区，派遣最优秀的教师团队，实施精准帮扶，推动当地学校改革发展。

2014年，邱校长亲自带队，把由五名女教师组成的首批支教团队送抵1400公里之外的十四师皮山农场学校。刘小丽等五位教师分别任职农场教育中心主任和4所中小学副校长等职。邱校长和她们一起从走访学生家庭开始，走进校园推门听课，参与学校管理，指导课堂教学，开讲座，上示范课，设计校园文化建设方案，组织师生文体活动；同时还就改进学生考试方式、完善教师评价管理、注重教师发展等方面向皮山农场领导提出意见建议。

看到皮山农场教育在短时间内就发生了显著变化，邻近的和田地区皮山县委、县教育局主动联系华山中学，提出要到华山中学考察学习，并希望华山中学也能派出援教团队，实施联合办学。

2015年8月8日，作为教育部"国培计划"首期名校长领航班的成员，"邱成国名校长工作室"成立。工作室结合华山中学自身发展实践，在课程体系、文化建设、师资队伍等方面进行改革整合，有计划、有步骤地实现外延拓展，带动更多学校共同担当起推进南疆教育发展的重任。截至2019年，华山中学已经与南疆50余所中小学签订了援建协议，建立起从学校当地、第二师内部、南疆兵团范围、南疆兵地四个层次稳固的跨区域帮扶网络架构。

至2017年底，华山中学直接参与南疆援教活动的教师累计已超过在职教师总数的四分之一；教师拥有援教经历被学校定为职称评定和干部聘用的必备条件。在教育帮扶的过程中，华山中学涌现出以全国"五一"劳动奖章获得者、兵团民族团结道德模范刘小丽老师为代表的"五朵金花"团队等一批优秀援教教师，他们被媒体赞誉为"天山以南的教育群侠"。

"侠之大者，为国为民。"有人把邱成国校长称为"天山之南的教育侠客"，而这位"侠客"则说："我们的教育帮扶，灵感和行动来自刘彭芝校长的点拨和人大附中的示范引领，源于我在'双卓基地'培训期间的学习与思考。"其实，说到底，源自我们共同的对教育帮扶的满腔激情，源自希望更多孩子享受优质教育的理想与担当。

承 担名校长"领航"重任

"校长国培计划——中小学名校长领航班",是新中国成立以来教育部教师工作司组织的最高层次的校长培训项目,目标是培养造就一批具有较大社会影响力、能够在基础教育事业发展中发挥示范作用的教育家型校长。

2015 年,人大附中通过竞标取得"校长国培计划——中小学名校长领航班"的培训资质,成为全国 8 个培训基地中唯一的中学基地。

教育部从全国遴选出 64 名中小学校长,通过双向选择,长沙雅礼中学校长刘维朝、四川绵阳南山中学校长唐江林、天津复兴中学校长刘浩、西安育才中学校长辛军锋、山西新绛中学校长宁致义、苏州振华中学校长周颖等校长成为人大附中培养基地学员。基地对他们进行为期三年的培训,助推他们成为具有广泛社会影响力的教育家型校长。

承担这个项目是挑战和荣誉,更是责任和使命。学员本身已是优中选优的全国各地的名校长,我们该如何给他们授课呢? 我考虑,第一步应该先去这些学校考

图 5-10 第一期"名校长领航班"开班仪式

图 5-11　刘彭芝校长与第一期"名校长领航班"学员合影

察，看看他们的办学情况，了解各位校长的个性化需求。

我们基地导师团队专程到这几所学校调研。调研组通过召开座谈会，听取校长介绍情况及当地教育行政部门领导评价，访谈中层干部和教师、学生代表，听评优质课以及进行问卷调查等形式，对学员校进行了比较系统的了解和考察，同时就中小学名校长领航班的目的及意义进行沟通并达成共识。

人大附中培养基地还依据教育部颁发的《义务教育学校校长专业标准》《普通高中校长专业标准》，设计了"校长专业发展情况调查问卷（初中\高中）"。调研组成员在这几所学校共发放问卷 1242 份，回收有效问卷 1165 份。通过问卷调查与分析，对这几所学校及其校长的发展状况有了较为清晰的了解，为做好校长个性化培养工作奠定了基础。

调研结束后，我马上召开基地专家研讨会，根据项目整体培养目标，确定了人大附中基地的培养目标——托起未来的教育家，并进一步细化、完善了各位学员的个性化培养方案。

三年培养期间，我们精心组织了 7 次集中培训，内容包括中美教育比较研究、STEAM 课程研究、名校集团化办学、拔尖创新人才培养、足球后备人才培养、中

图 5-12　刘彭芝校长率队到基地学员校调研、指导

医药文化进校园、教育均衡发展等。

　　基地学员多次走进人大附中进行全方位观摩研究，深入了解人大附中的教育教学实践，并带着本校的管理、教学团队参加人大附中的教师培训。我也多次随同基地导师团队及全体学员赴学员校进行办学诊断与指导。

　　培养教育家，我认为最重要的是要使这些名校长们跳出一所学校，胸怀天下，站在国家的高度思考教育的发展。因此，我们充分利用国家一级学会——"创新人才教育研究会"的平台。这个研究会是我在 2012 年联合科学家、院士、大学校长、中小学及幼儿园校长、园长发起成立的。我们让名校长们在这个平台上学习、锻炼，在全国的校长、教师中分享、展示、交流，进而不断完善自己。

　　西安高级中学校长、原西安育才中学校长辛军锋说：

　　在这之前，我参加过校长岗位培训、校长提高培训、省级校长高级研修班培训、教育部优秀校长高级研修班等，这次参加人大附中培养基地的培训，是我从教生涯感悟最深、收获最多、终生难忘的一次经历。三年来，在刘彭芝校长和基地专家的引领、指导下，我带领西安育才中学一举通过了陕西省示范高中的验收，带领西安高级中学实现了新发展。我个人先后发表论文10余篇，专著2部，被评为西安市教育改革创新先进个人，助推陕西教育先进人物，当选西安市第十三届党代表。可以说，没有人大附中基地的培养，就没有我今天的成长。

苏州第十中学校长、原苏州振华中学校长周颖说：

　　人大附中堪称中国基础教育的奇迹。而她的背后，站着刘彭芝校长。走近刘校长，我深深地感受到，她成功的关键在于对中国教育的信仰，以及呈现出的伟大抱负、情怀与执着。人大附中培养基地是首期领航班中唯一的一所中学基地，但它更适合做校长成长的基地。因为有太多鲜活的教育场景，因为它可以让每一位已经比较优秀的校长，看到自己的不足，从而振奋起来，努力前行！当校长用理性办学时，学校和校长有可能变得优秀；当校长用信仰办学时，学校和校长才能变得伟大。三年的学习，永远的感动，永恒的心灵荡涤！

　　结业仪式上，我以"关于教育家型校长的12条心语"寄语学员，激励他们追求卓越、成就非凡。

　　1.事业心。是一个热爱教育事业，具有高尚品德，能将自己的一生奉献给教育事业的人。

　　2.理想目标。是一个有思想、有实践、有理念、有理想、有高远目标的人。

　　3.赤子之心。是一个有中国心、中国情、中国梦，"苟利国家生死以，岂因祸福避趋之"的人。

　　4.奋斗精神。是一个坚韧不拔，执着追求，刀山敢上，火海敢闯，不断探索，敢于冒险，勇于承担责任的人。

　　5.爱与尊重。是一个能够将爱与尊重的理念深入骨髓和血液，自然流溢在行动中的人。

6. 解放学生。是一个能够解放学生，解放教师，解放员工，全心全意为他们服务，而不是替他们作决定的人。

7. 受人尊敬。是一个修己安人，内圣外王，把真理的力量、人格的力量、行动的力量完美结合的人。

8. 好学善思。是一个不断学习，不断思考，跟上时代的脚步，熔铸中外精华，坚持综合创新，探索未来教育的人。

9. 博大胸怀。是一个能够吃大苦，耐大劳，任大怨，在艰难面前不退缩，即使受委屈仍向前的人。

10. 讲科学。是一个深刻了解学生的成长规律，准确把握学生的心理特点，能按科学规律办教育的人。

11. 永不满足。是一个低调做人，谦虚谨慎，不断学习，直道前行，坚决实现自己梦想的人。

12. 亲证力行。是一个知行合一、表里如一，以真心实意、真才实学、真抓实干献身教育事业的人。

这十二条心语引起学员们强烈共鸣。

培 养更多的优秀校长、教师

2018 年，教育部教师司再一次发来邀标通知，希望人大附中联合总校参与"校长领航工程第二期中小学名校长领航班培训项目"。

结合上一次培养实践，为了更好地提升领航班校长们的教育理论水平，我希望人大附中联合总校能联合中国人民大学教育学院共同承担该项目，人民大学副校长兼教育学院院长吴晓求欣然同意。于是，由我担任基地主持人和首席专家，国务院参事、原科技部副部长刘燕华和吴晓求副校长共同担任首席理论导师。

我们在首次培养的基础上进一步完善了培养方案，最终从全国 20 多个竞标单位中胜出，成为全国 13 个校长培养基地中唯一的中学基地。

2018 年 5 月 8 日，我和刘燕华参事、吴晓求副校长一起去国家教育行政学院，就培养方案向全国遴选的 100 多位校长做了说明，通过双向选择，8 位校长进入我们的基地，他们是陕西省西安市铁一中校长庆群，四川省绵阳中学校长魏东，湖南

图 5-13 刘彭芝校长与第二期"名校长领航班"学员合影

省桃源一中校长燕立国，河北省保定美中、北京八一中学分校校长贺宇良，河南省郑州四中校长闫培新，重庆市渝北区实验中学校长陈后林，湖北省武汉市常青树实验学校校长万玉霞，广东省茂名市祥和中学校长彭志洪。

7月6日，我与中国人民大学教育学院副院长周光礼教授、清华大学教育学院施晓光教授、北京十二中校长李有毅、东北育才学校校长高琛，以及人大附中联合总校的周建华、杨连明、郭洪林等导师和工作团队成员赴西安铁一中学调研，并在那里组织了基地的首次培训。之所以这样安排，一是希望能深入了解学员校长的办学情况，更真切地感受他们的教育理念和实践；二是希望八位学员能互相学习，共同提升教育教学的诊断评价能力，为进一步开展名校长工作室做铺垫。我还特地邀请教育部全国中小学教师校长培训专家工作组执行秘书长黄贵珍参加了此次调研活动。

陕西省教育厅副厅长王海波以及西安市各区中小学校长 200 多人受邀参加开班仪式。我以"如何做一名好校长——爱与尊重、发现与培养、解放与创新"为题，给基地八位校长学员以及全市 200 多位校长做了一场报告。

庆群校长在学习笔记中写道："刘校长以案说事，以案说法，以案说理，以案说人，在解决各类教育问题时她总能以开拓性的思维大胆尝试，锐意创新，她的敢为天下先的教育逐梦者形象令我们敬佩不已！"

黄贵珍秘书长、周光礼教授和施晓光教授分别以"新时代校长的使命、责任与担当"、"校长境界与教育科研"、"中国教育改革若干问题"为题作了高水平的讲座。

我们通过各种形式对铁一中学教育教学工作进行了考察，并就调研的情况进行了集中讨论。

2018年11月26—27日，我又带着团队去河南郑州四中进行调研、培训。

项目执行期间，我们还在北京安排了三次集中培训，将校长国培计划领航班的培养项目和人大附中联合总校的内部培训以及创新人才教育研究会全国年会结合起来。

2019年4月，"国培计划"——中小学校长和幼儿园园长国家级培训项目管理办公室组织召开校长领航工程年度总结。万玉霞校长在会上发言：

> 刘校长每次组织的培训都极具引领意义。2019年1月15日，我带着校长工作室的20多名成员参加了刘彭芝校长组织的培训，刘校长热情地向来自全国的校长教师们介绍了我和我的工作室团队，让我倍受鼓舞。这次培训，刘校长为了让我们对拔尖创新人才培养有深入的认识和思考，邀请了国务院参事、创新方法研究会理事长、科技部原副部长刘燕华，科技部政策司司长贺德方，中国科学院院士、西湖大学校长施一公等科技创新领域的专家及教育专家，介绍我国科技创新发展的前沿动态，拔尖创新人才培养的动态、策略，极大地开拓了与会校长们的视野。

促进教育均衡是教育部校长领航班工程的重要目标。为此，我们在培训中设计了诸多相关内容。2018年11月4日，专门安排了以"集团化办学——名校优质教育辐射促进教育均衡发展"为主题的培训，以人大附中以及人大附中联合学校总校16年来的教育帮扶为案例，对领航班校长如何进行区域内教育帮扶进行了专项指导。

2019年6月，教育部教师工作司组织"国培计划"中小学名校长领航工程培养基地、名校长领航班学员以及名校长工作室成员开展四川省凉山彝族自治州教育帮扶行动。7月，在组织校长领航班集中培训时，我特别邀请黄贵珍秘书长就此次帮扶行动对学员们进行了辅导。校长们积极响应教育部的号召，对支教凉山非常支持。

同年9月，人大附中联合总校培养基地有26位教师赴凉山冕宁县和越西县进行为期一年半的帮扶，为打赢脱贫攻坚战贡献力量。

2021年3月9日和16日，我们以视频会的形式，连续组织了两次集中培训，总结凉山支教模式与经验。

领航班的校长们在基地专家的引领下，站位越来越高，格局越来越大。

第六章
探索振兴县域教育新路

  振兴县域教育，既是中国教育事业的当务之急，也是中国教育事业的长久之计，更是社会主义教育事业人民性、公平性的集中体现。创新人才教育研究会与保定市人民政府携手开展振兴县域教育综合实验，就是为解教育之急、谋教育发展长远之计探索路径，就是为消除社会焦虑、稳定社会预期，办人民满意的教育积累经验。

一、同心同德，振兴县域教育

> 中国最广大的土地在县域，最广大的人口也在县域。县域是国家治理最重要的单元，也是教育事业最重要的基础。基础不牢，地动山摇。县域稳则社会稳，县域强则国家强。政治如此，文化如此，教育也如此。

阵地转移，初心不改

2019 年 4 月，我从人大附中、人大附中联合总校校长的位置上退下来，作为名誉校长，协助新任校长做了一些过渡工作后，主要精力开始更多地放在创新人才教育研究会上，并开始思考如何在创新人才教育研究会这个更大的平台上，继续教育帮扶之路，推动教育优质均衡发展。

2020 年上半年，陆续有人找我去外地办学、支教。有去省市县挂职的干部邀请我去他们挂职的地方，也有朋友邀请我去他们的家乡。最迫切的是南方一个省的主要领导，打电话请我去指导基础教育，不久，他便派省教育厅厅长一行来和我面谈，接着又派了一个市的市长来接洽。

我当时的心情激荡起伏，久久不能平静。过去我所做的是带动人大附中帮助一所一所学校，后来又组建人大附中联合总校，以教育集团的形式帮助联合总校各成员校。现在有省、市领导来找我去支教，这就不是一所学校帮一所学校、一个集团帮几所学校的事了。我该做什么、怎么做、从哪儿开始？在复杂的纠结中，我不停地思考，不停地寻找，不停地变通，一些想法、一些思路和怎么做逐渐在我头脑中清晰起来。

从 2018 年开始，教育界关于"县中塌陷"的讨论，引起了广泛关注。县中塌陷的背后，是整个县域教育的衰败。教育资源特别是优质教育资源由县域流向城市，由小城市流向大城市，由大城市流向中心城市，由中心城市流向一线城市，这种状况让人忧心忡忡，县域教育的凋敝，已经到了十分危急的境地。振兴县域教育，既是中国教育事业的当务之急，也是中国教育事业的长久之计，更是社会主义教育事业人民性、公平性的集中体现。我想，如果将创新人才教育研究会的会员校特别是一些名校的校长和教师组织起来，大家一起去为振兴县域教育探索新路、积累经验，那将是一件多么振奋人心、多么了不起的事啊！想到这里，我非常兴奋、非常激动。

创新人才教育研究会
十周年纪录

可是，振兴县域教育是一项庞大而又复杂的工程，工作量成几何增长，我已经 75 岁了，还能干吗？我不给自己留点养老时间，享受一下晚年生活吗？

55 年来，我一直奋斗在教育一线，没有节假日，没有白天和黑夜，每天平均工作时间超过 16 个小时，如果按每天 8 小时工作制计算，我已经工作 100 多年了。在这半个多世纪的教育生涯中，我经风雨、见世面，享受过赞誉和鲜花，也遭遇过误解和打击，云舒云卷，荣辱得失，这些均可看淡，在我心中，浓得化不开的只有教育。教育，是我的因缘所在；教育，是我的人生大事；教育，是我的心之所向。七堇年《尘曲》中有几句话我很喜欢："凡心所向，素履以往，生如逆旅，一苇以航。"

在长期的教育实践中，我有感有思，出版了《人生为一大事来》（上下）《三乐集——中学教育行思录》《教书育人 100 句》等专著；主编了《托起未来教育家》（上下）《面向未来塑名校》等丛书。有朋友劝我，不当校长了，有时间了，好好总结梳理一下自己的教育经验，多写文章多出书，留给同行，传与后人，这也是对教育事业的贡献。

可是，我从教半个多世纪，积累了一身的经验，懂得如何办学，如何培养校长、老师和学生……如果什么都不干了，这些经验就都带走了，我感觉很可惜。而且，我最了解自己。我喜欢阵地前移，习惯扑在一线，更乐于与校长、老师、学生、家长分享自己的教育感悟，共同实现教育人生的价值意义。

左思右想，思前想后，我终于下定决心，豁出去了，接着干！

我思考，在教育帮扶的路上，人大附中帮助了一所又一所学校，我把这种做法叫作点对点；帮扶的学校多了，我又创意成立了联合总校（教育集团）帮助多所学校，我把这种做法叫作点对面；现在，由一个学会组织全国更多的名校共同去帮助一个地区，我把这种做法叫作面对面。

2021 年 3 月，我随中国人民大学的领导送两位同志到保定三中挂职，当听到保定市委书记、市长代表全市人民表达对优质均衡教育的渴望时，当看到保定在京

津冀协同发展和雄安新区建设中的特殊战略意义时，当想到近年来关于县中坍塌、县域教育凋敝的热议时，我一段时间以来的激情和思考一下子具象化了，我要组织一支成规模、上水平的队伍，在保定22个县市区全面开展综合实验，为改善教育生态积累经验，为振兴县域教育探索路径。

我在继续深入思考。凡事谋定而动，才能直道而行，行稳致远。

两个多月的时间里，我和研究会的同志，不仅十几次深入保定，与校长、教师、学生、家长深度交流，而且到衡水、石家庄等地实地考察，全面了解保定所处的教育环境，了解河北省的教育生态。

经过多次调研、深思熟虑后，创新人才教育研究会与保定市人民政府的战略合作，定名为振兴县域教育保定实验。保定市下辖22个市区县，具备县域教育的多样性，并且深受教育内卷和"虹吸"之害，是适合开展振兴县域教育综合实验的理想之地。

我们的战略合作，得到了国家教育主管部门的充分肯定。2021年6月28日，教育部基础教育司专门发函，对创新人才教育研究会运用资源优势帮扶基础教育薄弱地区表示支持，并希望创新人才教育研究会组建高水平志愿帮扶团队，以县域薄弱普通高中和乡村薄弱义务教育学校为重点，着力提升帮扶地区校长教师队伍素质和教育教学水平，积极推动缩小区域和城乡教育差距，发挥示范引领作用。

我们的战略合作，得到了教育界同行的热情支持，全国人大代表、东北育才学校校长高琛，全国人大代表、湖南雅礼中学校长刘维朝，全国政协委员、北京十二中校长李有毅，全国政协委员、江苏锡山高级中学校长唐江澎，全国知名的县域中学山东省茌平县杜郎口中学校长崔其升，湖南省桃源县桃源一中校长燕立国，山西省新绛县新绛中学原校长宁致义等名校长，先后加入了创新人才教育研究会的志愿者团队。北京、上海、天津、重庆、江苏、山东、广东、四川、湖南、湖北、辽宁、陕西、山西、内蒙古、新疆、宁夏、河北等17个省市区的46位知名校长、专家带领近千名骨干教师，在振兴县域教育保定实验项目中共襄盛举、同献大爱。

表 6-1 创新人才教育研究会振兴县域教育保定实验基地首席专家及专家团队

序号	实验基地	姓名	职务
1	首席专家	刘彭芝	中央文史研究馆馆员，创新人才教育研究会会长
2	首席专家团队	李春林	创新人才教育研究会执行会长
3		王珉珠	创新人才教育研究会常务副会长
4		罗滨	海淀区教师进修学校校长

表 6-2 创新人才教育研究会振兴县域教育保定实验基地对口县市区及主持人

序号	对口县市区	主持人	职务
1	竞秀区	唐江澎	江苏锡山高级中学校长
2		徐红	上海市实验学校校长
3		刘可钦	中关村三小校长
4	莲池区	李有毅	北京十二中总校校长
5		杨连明	人大附中联合总校常务副校长，挂职保定市委副秘书长、保定三中党总支书记
6		谢泽运	人大附中朝阳学校校长
7		沙晓彤	人大附中分校副校长
8		尹超	北大附小校长
9	满城区	朱建民	北京三十五中总顾问
10	清苑区	刘浩	天津南开中学校长
11	徐水区	庆群	陕西西安铁一中校长
12		崔其升	山东杜郎口中学校长
13	涞水县	王俊成	北京八中校长
14	阜平县	刘彦	人大附中西山学校校长
15	定兴县	陆磐良	上海复兴高级中学校长
16	唐县	刘维朝	湖南雅礼中学校长
17		卢广华	上海大学附属中学校长

续表

序号	对口县市区	主持人	职务
18	高阳县	王华	人大附中深圳学校校长
19	涞源县	周颖	江苏苏州十中校长
20	望都县	吴鹏程	北航实验学校校长
21	易县	易国栋	四川成都七中校长
22	曲阳县	燕立国	湖南桃源一中校长
23		花洁	上海市嘉定区教育学院院长
24	蠡县	邱成国	新疆兵团华山中学校长
25		陈后林	重庆渝北实验中学校长
26	顺平县	金存钰	宁夏六盘山高级中学校长
27	博野县	张华礼	北京市顺义牛栏山第一中学校长
28	涿州市	宁致义	山西新绛中学原校长
29		吴金瑜	上海外国语大学闵行外国语中学校长
30		陈民艳	人大附中朝阳分校副校长
31		魏东	四川绵阳中学校长
32		彭志洪	广东沙滘中学校长
33		王欢	史家教育集团校长
34	保定实验基地	龚月萍	人大附中二分校校长
35		王建华	内蒙古乌兰浩特市第十二中学校长
36	安国市	高琛	东北育才教育集团校长
37	高碑店市	周建华	人大附中联合总校常务副校长， 人大附中航天城学校校长
38	白沟新城	俞金飞	上海市松江二中校长
39	高新区	万玉霞	湖北武汉市常青树教育集团校长
40	教师教育发展建设实验基地	罗滨	海淀区教师进修学校校长
41	心理健康教育指导实验基地	陈华	创新人才教育研究会副会长， 心理研究中心主任

续表

序号	对口县市区	主持人	职务
42	互联网＋实验基地	王军	国家基础教育资源共建共享联盟秘书长
43	民办学校基地	贺宇良	保定美术学校、八一学校保定分校校长

在创新人才教育研究会的号召下，一支前所未有的崭新大军同心同德、同行同向，阔步走在教育优质均衡发展的大路上。

2021年7月5日，保定市召开史上第一次教育创新发展大会。

会前，时任河北省省长许勤等省领导会见了来自全国各地的名校长名教师，并对振兴县域教育保定实验提出了殷切期望。

会上，保定市委市政府明确提出基础教育"年年有进步、三年大变样、六年大改观"的创新发展目标。同时，创新人才教育研究会振兴县域教育保定实验项目的25个工作基地签约揭牌。

我在会上发言说：

> 阳光的伟大在于普照，雨露的可贵在于均沾。我们讲教育的均衡发展，我们讲教育的内涵发展，我们讲教育的公平发展，我们讲教育的持续发展，我们讲办人民满意的教育，千言万语归结成一句话：就是让每个孩子都能在家门口享受优质教育。
>
> 保定市人民政府与创新人才教育研究会就振兴县域教育开展战略合作，把准了历史方位，踩准了时代节拍，顺应了群众呼声，是一项功在当代、利在千秋的战略合作，是一项追求理想、创造美好的战略合作，是一项集中体现教育自觉、教育自信、教育自强的战略合作。
>
> 教育是党之大计、国之大计，也是民之大计。我们相聚保定进行振兴县域教育实验，既是在为保定教育作贡献，也是在为中国教育作贡献。教育事业就像一条大船，我们每个人既是这条大船的搭乘者，更是这条大船的划桨人。地无分南北西东，中国教育是一家人。让我们同舟共济，朝着一个目标，共同用力划桨，让教育这条大船乘风破浪，行稳致远，直达光辉的彼岸。

一时间，保定成为教育热土。无论是保定的教育工作者，还是外来的支教团队，大家对保定在不久的将来成为教育高地，既充满期待，更充满信心。

在集思广益的基础上，我为振兴县域教育保定实验项目提出了"一个重点、四个结合"的工作思路。

"一个重点"，就是把着眼点着力点放在转变保定地区校长和教师的教育理念，提升他们的教育教学水平上。做到这一点，必须上下同心。上，就是各级领导高度重视，积极参与，真正理解，大力支持；下，是及时做好学生和家长的工作。

"四个结合"，一是明体达用，体用结合。明体，就是确立先进的教育教学理念，达用，就是掌握科学的教育教学方法。二是内生动力和外部助力结合。振兴保定的基础教育，外来专家只是"场外指导"，保定的校长教师才是场上主角。三是线上线下结合。线下，是外地专家来保定学校指导、保定教师去外地名校观摩；线上，是利用互联网技术，常态化交流，听课评课、共同备课，实现同课异构、双师教学。四是集中培训和分散指导结合，平时分散指导、培训，假期集中培训。

就在振兴县域教育保定实验全面铺开、扎实推进、效益渐显的时候，国家正式出台了义务教育"双减"、"开展县域义务教育优质均衡创建工作"等重大政策。这些政策让所有参加振兴县域教育保定实验的同志备受鼓舞、备感自豪。我们正在倾情倾力的事业，与中央的决策、时代的脉搏同频共振，我们非常荣幸地成为新时代振兴县域教育的先行先试者。

目前，振兴县域教育保定实验25个工作基地的同志正在深入学习领会中央的文件精神，进一步调整完善工作计划，在更高的站位上开阔视野，以饱满的热情、出色的工作，努力为教育优质均衡发展作出贡献，努力为振兴县域教育探索出一条切实可行的新路。

政府与研究会联手汇名校资源

快速有效提升保定地区基础教育质量，首先需要了解保定的教育生态，了解各县区的校情、教情和学情，了解师资队伍、干部队伍的状况，有了第一手材料，才能制订有效的帮扶策略。为此，2021年3月13日，我与创新人才教育研究会专家团队第一次走进保定调研。在这之后的8个月，我们先后几十次到保定所属各县市区进行调研，走进教学一线，深入课堂听课，与校长、教师、学生、家长面对面交流，听取他们的需求和心声。

我们的调研足迹并不仅仅局限于保定。为了深入了解河北省教育情况，我还联合中央文史研究馆、国务院参事室、教育部的领导和专家组成联合调研组，2021年5月9—12日赴河北省衡水市、石家庄市开展"提高基础教育质量，全面推进素质教育"的专题调研。

在衡水中学，我们从早上5：30开始，观摩了早操、早读、上课、用餐、教研、晚自习直至就寝，并分别召开了校领导、教师、学生座谈会，晚上10：10学生宿舍统一熄灯后才离开衡水中学，前后连续一天工作18个小时。为什么要进行这样全天沉浸体验式的调研？就是力求更深入地了解河北教育，制订出更有效的工作方案。

在创新人才教育研究会专家组在保定举行的调研报告会上，我说，基础教育要以人为本、着眼长远。推进京津冀三地教育协同发展，党委和政府是主导，学校是主力。在提升保定教育水平的过程中，创新人才教育研究会愿意与保定合作，以校长和教师培训为重点，通过提高校长和教师能力，挖掘学生潜能，形成师生良性互动、良性循环；通过形成政府、研究会、学校三方合力新格局，推动保定教育高质量发展。

回京后，我积极联系全国优质教育资源在保定教育平台上汇聚。

这些优质教育资源，既有我担任导师的"中国基础教育卓越校长、卓越教师培养基地"①培养的学员，也有来自由我担任主持人、首席专家的教育部"国培计划"——中小学名校长领航工程人大附中基地和人大附中联合总校、人民大学教育学院联合基地的学员，还有一批与我志同道合的名校校长和一批愿为振兴县域教育贡献力量的名师。

创新人才教育研究会充分发挥人才优势，早在2012年就开始深度参与人大附中基地"中小学教师国培计划"和人大附中联合总校、人民大学教育学院联合基地"卓越校长领航工程中小学名校长领航班"项目，积累了较为丰富的资源和经验。

我们在全国17个省（市、自治区）邀请了46位教育家型校长和有经验的专家、

---

① "中国基础教育卓越校长、卓越教师培养基地"，简称"双卓基地"。2009年至2015年，共培训校长、教师1557人。

图6-1　保定市人民政府与创新人才教育研究会战略合作签约仪式

校长，带领各自团队与保定22个县（市、区）结对帮扶，这些校长教育理念先进，实践经验丰富，具有强烈的教育情怀，愿意为保定市的教育质量整体提升作奉献。

4月28日，保定市人民政府与创新人才教育研究会举行战略合作签约仪式。

根据合作协议，创新人才教育研究会将协助培训保定市中小学校长、骨干教师、新入职教师和中小学生和家长，并提供国家基础教育资源共建共享联盟网上教育资源，在条件具备的学校开展"双师教学"等，为保定建设教育强市、品质生活之城提供可靠的智力支持和人才保障。

战略合作启动后，保定市印发了《保定市基础教育高品质发展三年提升行动实施方案》《保定市尊师重教若干措施》《保定市推动职业教育高质量发展十条措施》《保定市加强卓越教育人才引进工作的若干措施（试行）》四个文件，为保定教育高质量发展提供了坚实的政策保障。

7月5日，在保定市召开的教育创新发展大会上，"创新人才教育研究会振兴县域教育保定实验基地"正式揭牌成立，来自全国的名校长分别携手保定市22个县（市、区）成立各县（市、区）实验基地，以及教师教育发展建设、心理健康教育指导、互联网＋教育三个实验基地，助力保定提升县域基础教育水平。

图 6-2 保定市教育创新发展大会

保定市委书记党晓龙说："我们这次召开全市教育创新发展大会，就是要坚定信心、解决问题、创新发展、点燃激情，办好人民满意的教育，努力开创保定教育的新辉煌。以今天的大会为标志，保定将迎来新时代教育创新发展的春天。"

我在揭牌仪式上说：我们这些基地，就像种子，一定努力在保定大地生根发芽，开花结果；一定努力不负重托，在推动保定教育三年大变样、六年大改观中发挥作用，作出贡献；一定努力开物成务，成为展示新时代振兴县域教育的重要窗口。

保定教育创新发展大会反响热烈。保定师范附属学校校长王淑英说："过去的一年，市委、市政府以人民为中心，我见证并亲历着保定品质教育的理念之变、行动之变、模式之变。今天，刘彭芝会长带领全国40余位知名校长在保定建立工作室，保定迎来了教育协同创新发展的春天，跟着榜样学榜样，我将把爱、尊重、奉献的教育理念融合到品质教育中，创新育人模式和教育管理模式。"

全国人大代表、东北育才学校党委书记兼校长、创新人才教育研究会振兴县域教育保定（安国市）实验基地主持人高琛说：

这次振兴县域教育的大规模实验前所未有，具有开拓性和前瞻性，站位高远、意义深远。东北育才学校有机会与全国优秀的教育同仁一起参与此次行动，为整体提升保定市基础教育质量、推动基础教育优质均衡发展贡献力量，感到非常荣幸，也深感责任重大。我们一定会在刘会长的带领下，在深化课程改革、推动教学改进、提升校长与教师队伍的素质、促进评价制度改革、形成育人合力等核心工作和项目上给予对口地区最大的支持，为促进教育均衡发展

图6-3 保定市市委书记党晓龙在保定市教师节庆祝大会上讲话（左图）；保定市委副书记、市长闫继红在保定市教育创新发展大会暨振兴县域教育保定实验基地暑期校长、教师培训大会上致辞（右图）

贡献智慧和力量。

签约仪式后，我为保定市教师、学生、家长作了题为"理想、目标、创新、执着、辉煌"的报告，分享了人大附中的教育理念、教学方式、教育帮扶、创新人才教育研究会创立与发展等经验与感悟，又一次和大家袒露了我的心声："人生为一

图6-4 保定市振兴县域基础教育现场会

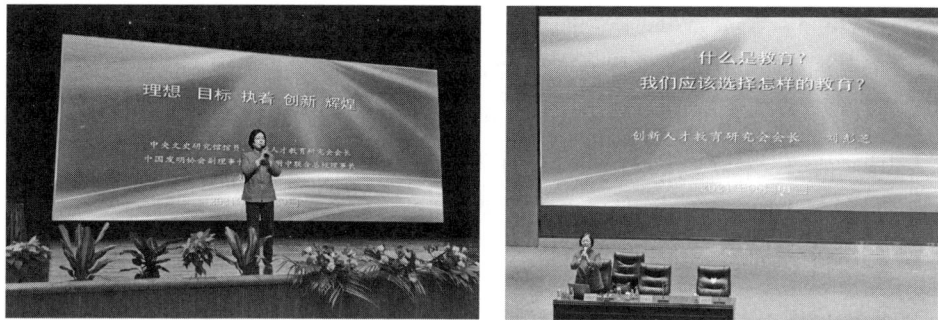

图 6-5 理想、目标、创新、执着、辉煌——刘彭芝教育人生报告会（系列一）（左图）；什么是教育？我们应该选择怎样的教育？——刘彭芝教育人生报告会（系列二）（右图）

大事来，作为教育工作者，学习无止境、教育无止境、人生无止境。我愿把全部精力、智慧和资源奉献给社会和需要的人，也将尽我所能联系全国优质教育资源汇聚保定，为提升保定基础教育质量、推动教育优质均衡发展作出探索和贡献。"

当天下午，保定市振兴县域基础教育现场工作会议召开，各县（市、区）委书记和开发区党工委书记与结对帮扶的名校长名师座谈交流，共商提升本地教育质量的大计。

为了让保定教师树立正确的教育理念，6 月 1 日，我又为全市教育系统作了"什么是教育？我们应该选择怎样的教育？"的报告，在这场近四个小时的报告里，我以人大附中、山东杜郎口中学、山西新绛中学等案例告诉大家，什么样的教育才是好的教育，什么样的教育理念才是好的教育理念，我们应该选择什么样的教育！

实施"1530"模式，为县域教育"造血"

2021 年 6 月 17 日，保定市与创新人才教育研究会共同审议通过了《保定市基础教育质量整体提升工程实施方案》。

按照方案，我们组建了由 4 名全国知名教育专家组成的首席专家团队、42 名全国著名中学校长、专家组成的校长导师团队，带领上千名优秀教师组成的教师导师团队，采取"1530"模式，即：1 个名校长团队培养 5 位校长学员、30 位教师学员，努力为提升当地教育水平"造血"。

　　按照方案，各县（市、区）的实验基地为对口合作名校建立名校长、名师工作室，全市共遴选170余所学校、1180余名学员进入名校长、名师工作室学习。

　　项目启动伊始，为了解保定各县（市、区）学校的实际情况，我们组织了多次听课调研活动，采取了多项切实可行的措施：

　　2021年4月29日，到保定一中听课调研，保定市副市长杨伟坤、教育局局长徐志清等领导一同参加调研；

　　5月19日，到涿州工作基地实地考察，保定市代市长闫继红、教育局局长徐志清、涿州市市委书记姚运涛等领导参加；

　　6月1日，创新人才教育研究会、海淀区教师进修学校、人大附中、人大附中分校、人大附中二分校、人大附中朝阳学校一行56人到涿州物探中心学校第一分校进行调研，河北省教育厅厅长杨勇、保定市代市长闫继红、副市长杨伟坤、教育局局长徐志清、涿州市市委书记姚运涛等领导参加；

　　6月4日，创新人才教育研究会宁致义副会长一行六人在涿州召开高中校长座谈会；

　　6月17日，我们和保定市人民政府组织召开保定实验基地特聘主持人会议，听取名校长们对基地建设的意见和建议，通过《保定市"基础教育质量整体提升工程"实施方案》，保定市市委书记党晓龙，市委常委、统战部部长姬琳，副市长杨伟坤等领导参会；

　　6月25日，我在涿州为保定全市教育系统作题为"理想与目标、机遇与选择、创新与挑战、成功与辉煌"的报告，保定市副市长杨伟坤、教育局局长徐志清、涿州市市委书记姚运涛等领导参加；

　　6月29日、7月1日，组织召开两次保定实验基地联络员工作会，建立对口联络、分工负责工作机制；

　　6月30日、7月3日、7月4日，组织召开三次保定实验基地特聘主持人工作会，部署保定教育创新发展大会相关工作，建立了创新人才教育研究会、保定市教育局、对口县市区、帮扶名校的四级联络员管理机制；

　　7月5日，参加保定市教育创新发展大会；

　　7月6—7日，参加保定市教育创新发展大会的名校长主持人分赴各对口县（市、区）进行调研，我和首席专家团队及六位基地主持人先后前往莲池区、竞秀区、保定三中、保定七中进行考察调研，保定市副市长杨伟坤等领导参加调研；

7月下旬至8月上旬，各县（市、区）基地相继举办揭牌仪式，多位名校长主持人到对口县（市、区）考察指导，对口县（市、区）领导到名校进行对接、学习；

7月29日，创新人才教育研究会一行30余人到涿州中学进行调研；

8月19日，与安国市领导座谈，研究安国市基础教育提升工作；

8月23日，组织召开创新人才教育研究会振兴县域教育保定实验基地、涿州实验基地高三工作会；

8月30日，组织召开保定实验基地工作会，保定市副市长杨伟坤、市教育局局长胡占房等领导参会；

8月30日，与唐县、高阳县、涿州市领导座谈，研究振兴县域教育工作；

9月4日，与蠡县教育局领导座谈，研究蠡县基础教育提升工作；

9月9日，参加保定市教师节庆祝大会，我在大会上围绕"双减"、振兴县域教育作专题报告；

9月22—24日，创新人才教育研究会、人大附中、人大附中分校、人大附中朝阳学校一行23人到涿州市就县域高中数学教学工作进行为期三天的实地调研，保定市副市长杨伟坤、市教育局局长胡占房等领导参加调研；

11月5日，与涿州市领导进行座谈，研究涿州市基础教育推进工作；

11月6日，参与保定市组织召开的普通高中学校高三摸底考试情况分析会，认真总结前一阶段高三备考工作经验，查找不足、统一思想、振奋精神、强化落实，为2022年高考打好基础；

11月8日，参与涿州市教体局组织召开的涿州市普通高中学校高三年级摸底考试成绩分析会；

11月10日，参与保定市组织召开的直属高中学校高三摸底考试情况分析会；

11月12—14日，创新人才教育研究会、人大附中、人大附中分校一行24人到涿州中学进行为期三天的调研座谈、听课评课；

11月21日，参与保定市组织召开的高中统考质量评估培训会；

12月10日，组织召开创新人才教育研究会振兴县域教育保定实验基地2021年度工作总结预备会，对总结全年工作、谋划明年工作进行了安排部署；

12月19日，参与保定市举行的保定市高三班主任培训会。邀请专家以"领航、护航、励航——高三班主任的365天"、"以积极的心态迎接挑战——高三师生心理健康的维护"为主题进行授课辅导。全市教育系统共2000余人参加会议；

12月22日，与涿州市领导座谈，研究涿州市实验基地重点工作；

12月23日—2022年1月5日，创新人才教育研究会的五位专家在涿州中学进行连续十余天的深入调研、专项指导；

12月27日，参与保定市县域高中学校课堂教学评价总结会；

2022年1月12日，参与涿州中学高三学生、教师、家长座谈会，我在会上作动员讲话；

1月14日，参与保定市全市普通高中高三期末调研考试成绩分析会，我在会上和几所重点中学校长进行了交流探讨；

1月27—28日，连续两天组织召开涿州中学专题工作会，对高三年级全体教师进行培训，并分学科进行指导；

1月31日、2月1日除夕夜和大年初一，我亲自备课研究数学教材，与涿州中学高三年级班主任、教师进行沟通、部署复习工作；

2月6日大年初六，组织召开创新人才教育研究会振兴县域教育数学名师与涿州中学数学骨干教师讨论会、研究会、培训会，我亲自指导涿州中学数学教师上数学课，李春林执行会长，王珉珠常务副会长以及人大附中数学特级教师、现任人大附中丰台学校校长汤步斌，原人大附中数学专家王金战、人大附中数学教师战景林、李岩等专家作专题报告，精心指导高三工作和数学教研；

2月16日，组织召开创新人才教育研究会振兴县域教育保定实验基地工作会，保定市副市长杨伟坤、教育局局长胡占房等领导参会；

……

我们在保定的实验是前人没有做过的事情，没有现成的经验可以借鉴，只能靠自己思考、设计、规划、探索。

振兴县域教育，会遇到各种各样的矛盾。在各种各样的矛盾中，我们要善于抓住主要矛盾；在主要矛盾中，我们要善于抓住矛盾的主要方面，只有这样，我们的实验工作才能有的放矢，精准施策。

当前，振兴县域教育的主要矛盾的主要方面，就是教师队伍水平的提升。没有人才的青蓝相继，就不会有事业的五彩缤纷。我们一定要把工作的着眼点和着力点，集中在提升保定教师队伍的水平上，运用我们的外来助力，催化保定同行的内生动力；运用我们的先行一步，激扬保定同行的后发优势，让保定教师队伍的水平不断迈上新台阶。

为保证对保定教师的培养质量，必须先统一承担培训任务的导师团队的思想。于是 2021 年暑假期间，我们组织了导师团队岗前培训研修和保定市校长、教师培训大会。

组织导师团队岗前培训研修，不是对导师的能力水平有疑问，这些来自名校的导师都是独当一面的行家里手，个人能力绝对让人放心。但是，实验基地的导师，距离保定最近的也有七八十公里，远的上千公里，况且本职工作都十分繁重，深入保定的时间有限，投入实验的精力有限，怎样才能把有限的时间和精力用在关键点上，让有限的时间和精力产生最大的效能？而且，他们在实验基地工作，不仅要展示个人的才能，更要呈现集体的智慧。从严格意义上说，实验基地的每个导师都代表着一所名校的某个学科的整体实力。我们既要把技艺绝活展示给保定的同行看，更要把这些技艺绝活背后的秘诀方法传授给保定同行，这才是我们在保定开展振兴县域教育实验的初衷和境界。所以我们的岗前培训研修，是一次提高认识、激发创新的再动员。

此次培训工作交给了在全国比较有影响力的北京市海淀区教师进修学校。他们充分发挥教师培训方面的优势，承办了导师团队岗前培训暨第一次研修活动。应我邀请，海淀教师进修学校校长罗滨（曾任人大附中主管教学的副校长）担任振兴县域教育保定实验基地首席专家和教师教育发展建设实验基地主持人。

2021 年 7 月 23—25 日，我们利用网络平台，连续组织了三天导师团队岗前培训研修。邀请北京师范大学郭华教授讲解高中课改与义务教育课标修订情况；罗滨校长主讲"指向核心素养发展的教学设计与实施"，海淀区教师进修学校支瑶副校长主讲"教师如何听评课"、林秀艳副校长主讲"基于问题诊断的教师教学研究"，各学科带头人分别主讲本学科学习活动与评价设计。

我们要求所有的导师都要在基地校长主持人的支持下，与所在学校所在学科的老师集体备课，一起出思路、出办法、出教案。这样，我们在保定拿出的东西，才是精华中的精华，我们的实验工作才能起点高、影响大、见效快。

"1530"工程实施后，北京八中与涞水县商定《北京八中对口支援帮扶涞水教育实施方案》《北京八中对口支援涞水教师专业成长专题培训活动方案》后，涞水县遴选了 5 所学校、65 名教师加入对接北京八中工作室，落实专家指导、业务培训、资源共享等"三大类九小项"合作细则。涞水对接学校根据北京八中"一周一课"展示活动安排，集中组织学科教师以直播、录播两种方式进行线上观摩，同步感受课堂教学方式方法。每次观摩学习后，相关学校将学习观摩研讨情况第一时间反馈给北京八中，北京八中进行分析后进一步调整"一周一课"展示活动安排，切实提供科学、高效、符合需求的高质量教育资源。

上海实验学校与保定市竞秀区确立了"校长领航班"培训计划，竞秀区教师发展中心、保定七中、实验小学、沈庄小学、新秀学校五所学校校长为领航班首期学员，五所学校加入上海实验学校"攀登计划"，作为实验研究的孵化器，协同研究，扩大成果辐射范围。

新疆兵团华山中学、重庆渝北实验中学与蠡县教体局制订《教育合作行动计划实施方案》《对接帮扶合作计划》，全面推进对接帮扶工作。两校导师团队不但到蠡县实地指导，并组织了 400 多场线上研讨会、培训会、讲座，累计 7 万多人次参加培训。同时，创新人才教育研究会"互联网＋教育"基地项目以及华山中学课程资源网向蠡县教育系统全面开放，线上资源访问量已达 5.6 万余次，成为全县教师提升业务素养的有力支撑。

北京十二中联合总校邀请莲池区中学领导及教师代表参加学校第十一届科研年会，并与保定二中、莲池区育德中学、民族中学、二十三中、第一实验小学和红星路小学等学校建立研修共同体，组织实施联合教研，确立联合教研学科组工作制度，做到"三保证"、"六统一"，即保证参与人员、保证时间、保证参与效果；统一思想、统一管理要求、统一收看参与研讨、统一填写记录表、统一听后再研讨、统一硬件准备。他们还与莲池区联合组织"青年教师赛课"活动和"论学杯"教学评优说课比赛，通过听课、评课、赛课，互相交流，以赛促研，提升业务水平。

跟岗学习是进行传帮带的有效办法。徐水区选派三所高中 6 名分管教学和教研的副校长到西安铁一中跟岗学习，学习借鉴铁一中的学校管理、课堂教学、教研活动等工作理念和做法。跟岗学习后，他们将铁一中的"团队型五人小组自主探究"教育教学模式与徐水区高中教学实际相结合，形成具有特色的小组合作学习方式，取得了阶段性成果，有效地提升了学生的学习效果。

河北小学与北大附小建立对接合作，双方在干部培养、教师培训、课程开发以及国际交流等方面开展共建活动，逐步形成全方位指导和常态化交流。河北小学选派了多名骨干教师到北大附小成长中心进行跟岗学习。

保定竞秀区各基地校不仅线上线下同步参加中关村三小教学教研活动，还派出

图 6-6　保定项目暑期校长教师培训大会

七名骨干校长和教师到中关村三小进行为期一周的跟岗学习。

振兴保定的县域教育，保定的教育工作者永远是主力军，我们只是帮忙者。我们到保定来，不能越俎代庖，不能喧宾夺主。所以我们要求各位导师要守好定位，扮好角色，坚持有所为有所不为，凝神聚力把分内的责任履行好。如果把保定的县域教育比作一架钢琴的话，外地导师的角色定位，首先应该是"调音师"，快速而准确地发现哪个琴键的音不准了，及时把不准的音调准。进一步讲，如果把振兴保定县域教育比作一场音乐会的话，外地导师的角色定位是"场外指导"，尽心尽力协助场上的指挥和乐手酣畅淋漓地高水平发挥。先当好"调音师"，发现问题，解决问题，再当好"场外指导"，帮助场上指挥和乐手演绎精彩的交响乐，这就是振兴县域教育保定实验基地导师团队的任务。

导师团队岗前培训研修结束后，我们又在涿州组织召开了保定市校长、教师培训大会，这次培训中，名师荟萃，精彩纷呈。保定市 170 多所学校的 700 多位校长教师现场参加培训，8 万多名中小学教师线上同步观看直播。

这次培训主要目的是拓宽校长和教师的视野格局，提升他们的综合素养，坚定他们的教育理想。于他们而言，不仅要知道保定的教育是怎么做的，河北省的教育是怎么做的，还要了解国内外的教育是怎么做的。不仅要知道教育领域的情况，还要了解政治、经济、文化、科技等各领域的重要信息，努力从"教书匠"上升为"大先生"。

中国人民大学教育学院教授、博士生导师周光礼在培训会上作了"习近平总书记关于教育的重要论述"专题报告，中共中央党校（国家行政学院）国际和港澳培训中心原主任刘宏毅为大家带来了"百年奋斗路　启航新征程——正确认识当前国内国际形势"专题报告。

保定市市委副书记、代市长闫继红在培训大会向全市教育工作者提出要求：

全市22个县（市、区）、开发区深入对接名校长团队，共商合作事宜，扎实开展"大学习"、"大讨论"、"大对接"、"大督查"、"大宣传"活动，营造了全社会关心教育、热爱教育、支持教育、投身教育的火热氛围。希望老师们珍惜机会、潜心学习，做读书治学的先行者；虚心求教、认真研学，做教育改革的探索者；立定圆心、拉大半径，做先进理念的传播者，全面提升综合素质，积极探索新思路、新方法、新途径，辐射引领全体教师同频共振，以"爱、奉献、尊重"为魂，努力开创全市基础教育全面振兴的新局面。

创新人才教育研究会执行会长李春林在会上提出期望，他说：

不谋全局者，不足以谋一域。移动互联网时代，就是万物联通的时代，在这样的时代，谁都不能做桃花源中人，谁都不能只盯着自己的一亩三分地。无论是做任何工作，要想达到一流，要想追求卓越，开阔视野，不仅必要，而且必须。

对教育工作者来说，要从"教书匠"上升为"大先生"，一定不能只就教育谈教育，一定要在掌握教育教学技能的基础上博览群书，完善知识结构，提高综合素养，一定要善于从文化和哲学的高度思考教育，这样，我们便既能脚踏实地，又能仰望星空，纵浪大化中，俯仰天地间，由必然王国进入自由王国。

一个老师、一个校长要显山露水、出类拔萃，需要做各种各样的努力，但凡事统之有宗，会之有元，教育工作者的根本努力，就是砥砺教育品行，涵养教育情怀，坚定教育理想，忠诚于党和人民的教育事业，奉献于党和人民的教育事业。

清华大学、北京大学河北招生组组长分别介绍了两校在河北省的本科招生政策和人才培养情况。

这些报告介绍了教育方针、政策和国内国际形势，有利于拓宽校长和教师们的视野，提升他们的综合素养。

人大附中联合学校总校常务副校长、人大附中航天城学校校长周建华在培训会上作了"指向核心素养提升的学校课程建构"专题报告，以他担任特聘主持人的保定市高碑店实验基地为案例，解析如何重塑教育新高地；以人大附中航天城学校为案例，分享如何建构指向核心素养的学校课程体系。

海淀区教师进修学校校长罗滨在培训会上作了"新时代教师的全专业发展"专题报告，阐述了课程改革的意义，分享了如何理解学科核心素养，把握学科课程的性质，并以化学学科为例解析了如何实现新时代教师的全专业发展。罗滨说："我们为了保定地区提升教育质量而来，我们共同的身份是学习者、执行者、培训者、研究者，我们的目标是构建区域发展共同体、校际发展共同体、教师成长共同体。"

人大附中语文特级教师于树泉在培训会上作了"提升核心素养——读书比什么都重要"专题报告，解读了中高考语文学科改革情况，阐述了如何聚焦核心素养加强阅读。他以人大附中为例，提出要鼓励孩子"多读书，好读书，读好书，读整本的书"。

我在会上作了"进一步探索什么是教育，我们应该怎样做教育"的专题报告，这是继4月29日、6月1日、6月25日、7月7日（两场）后我为保定全市教育工作者作的第六场专题报告。报告中，我结合自己的教育生涯，介绍了国内外教育案例，重点阐释了"爱与尊重"的教育理念，希望各位学员尊重学生个性，挖掘学生潜能，提高破解教育难题和学校发展难题的能力。

"爱与尊重"的教育理念深深影响了参加培训的学员，一位老师深有感触地说："为师者只有真正做到无条件地爱每一个孩子，并不断地给予孩子精神成长的力量，才能促进孩子全面成长、健康成长、幸福成长、持续成长，才能在他们成为天使的路上，快步前进。"

一位参训的教育局领导说："在今后的教育管理中，我们也要遵循'爱与尊重'的教育理念，尊重学生兴趣，开拓课程资源，增加多元化评价，最大限度满足孩子们的需求，力求发现、挖掘和发展每一个孩子自身潜能，不断创造教育奇迹，让每一位老师和学生都能找到属于自己的舞台，绽放自己的光彩。"

在振兴县域教育的工作思路中，我曾提出了"四个结合"，其中之一就是"明体达用，体用结合"。明体，就是确立先进的教育教学理念，达用，就是掌握科学的教育教学方法。明体达用就像教育的两个翅膀，没有它，教育注定飞不高也飞不远。

导师团队首先在教育教学理念、教育教学方法上作引导、作示范。

2021 年 8 月 23 日，新学期开学前，我们和保定市教育局联合组织了保定市高三工作会，为全市各校高中分管领导和高三年级班主任进行教育教学理念和方法指导。

会上，人大附中于秀娟副校长作了专题报告，系统阐述了人大附中的四种精神以及高三工作的思路；人大附中巩翔老师解读了高考政策和命题趋势，强调要理解核心素养，提升教学效能。

创新人才教育研究会常务副会长王珉珠讲述了以科学研究的态度抓好高三工作的体会，她说：

> 高考的改革是以科研为先导的，我们也必须用科学研究的态度对待高考，要学习和遵循科学的规律。要研究教育教学理论，用新的理念和方法指导高三工作。
>
> 《孙子兵法》讲："知己知彼，百战不殆"。"知彼"，就是要研究高考的改革动向，认真学习新课标，深入理解各学科核心素养的要求，认真研究近几年的高考考题。"知己"就是要研究学生的实际情况，结合核心素养的要求制定教学规划。在知己知彼的基础上，做到既针对高考对核心素养的要求，又针对学生的实际学习情况。
>
> 同时，要遵从认知规律，合理安排复习规划。在因材施教，分层教学中，要注重学法辅导，教师备课不仅要备教材，还要备学生，不仅要备教法，还要钻研学法。做到为了不教而教，为了学生真正提高学习能力而教，这样才能取得事半功倍的效果。

在 2022 年 2 月 6 日的"创新人才教育研究会振兴县域教育数学名师与涿州中学数学骨干教师讨论会、研究会、培训会"上，原人大附中数学专家王金战深入分析了高考评价体系，阐述了"一核四层四翼"的命题思想，结合高考真题论述了要重视高考的教育功能和导向功能，发挥考试的立德树人作用，引导学生培育和践行社会主义核心价值观，促进素质教育发展。

这些新的教育教学理念和方法，对工作在高三一线的教师具有很好的引导作用。

武汉市常青树教育集团万玉霞校长及团队，在调研的基础上，与保定市高新区商定帮扶方案，从办学理念、办学特色、学校管理、德育路径、课堂教学、队伍建设、评价体系、教育教学质量、教科研进行全方位指导，并建立了专家团队、导师和教师团队，通过引领、融合提升的方式，分层带动对口校共同进步。

培训大会结束后，保定在全市教育系统开展"大学习"活动，实现思想统一；开展"大讨论"活动，推动入脑入心；开展"大宣传"活动，做到家喻户晓；开展"大对接"活动，借力加快发展；开展"大督查"活动，确保落实到位。

同时，围绕"什么是教育？我们应该怎样做教育？怎样才能振兴保定教育，实现基础教育质量的整体提升？"进行交流、讨论；并加强与各名校的对接合作，学习名校的教学理念和成功经验做法，让先进理念在保定教育深耕厚植、生根发芽、结出硕果。

江苏锡山高级中学与竞秀区教体局签署《战略合作协议书》，实行"九对接"：锡山中学"未来教室"与竞秀区"智慧好课堂"对接，校本课程研发对接，项目化管理对接，教科研对接，教师专业化成长对接，德育建设对接，学校办学理念对接，家校合作共建育人共同体项目对接，教育家型校长、班主任培养对接。竞秀区各基地校根据"九对接"制定具体实施方案，开展线下线上交流，实现线上线下同步对接、常态对接。

天津南开中学选派了 10 名骨干教师担任清苑区实验基地指导教师，并与清苑区商定帮扶方案，双方基于"1530"工程提出"1+5+N"和"1+3+N"，即把清苑区学校中层以上领导（N）纳入校长对接，把全区学科教师（N）纳入专家教师对接，形成全方位、多层次、立体式对接格局。

为扩大优质教育资源覆盖面，保定市教育局与创新人才教育研究会还联合举办了多场调研会、培训会，邀请全国知名基础教育专家，通过工作汇报、专家讲座、成绩分析、经验分享等形式，对全市教师进行全方位系统培训，为他们"充电蓄能"。

北京三十五中与保定满城区研究确定了《北京三十五中教育集团、北京市志成教育基金会与保定市满城区实验基地教育合作项目实验方案》《满城区基础教育高品质发展三年提升行动实施方案》，制定了合作创新发展规划和周密的时间表和路线图。按照工作方案，满城区成立"朱建民名校长工作室"，保定二十八中、满城镇中学、满城小学等九所学校校长，以及对应学段和学科的青年骨干教师成为首批工作室学员。朱建民校长三次带队到满城区调研指导，并作专题报告，按计划、有步骤地推动北京三十五中优质教育资源在满城落地生根、开花结果。

宁夏六盘山高级中学与顺平县教体局共同制定了《振兴县域教育顺平实验基地工作方案》，提出了"一年抓规范、两年上台阶、三年大变样"的发展思路和"一八三一○"发展构想，即1个发展规划、8个质量提升抓手、10项基本发展制度、10项常规管理措施、10项发展保障措施，提出"以高中为主体，以初中为主架，建立顺平基础教育发展共同体"，确定了假期短期集中培训、实地指导、网络交流沟通、远程集体备课、同课异构、课改研讨、跟岗实践等多种帮扶方式，稳步推进"1530"工程。

"互联网＋教育"在保定

为了打破跨越时空的局限，加强全国名校与保定中小学校"面对面"互动，我第一时间想到应用我们已经开展了16年的"国家基础教育资源共建共享联盟"和实施8年的"双师教学"项目，在保定实施"互联网＋教育"方案。

2021年6月中旬，经过讨论，"互联网＋教育"保定实施方案总体规划为"3+1+2"，即开展三个项目，运用一个综合平台，形成两个工作机制。三个项目是联盟基础教育资源共享项目，"双师教学"项目，在线联合教研项目；一个综合平台就是国家基础教育共建共享网络平台；两个工作机制，一是形成"联盟"现有中小学教学资源在保定市中小学校落地实施，二是形成"联盟"与保定市各名校基地联手，通过互联网提升保定市基础教育质量。

6月25日，"联盟"秘书组实地考察了保定市望都、涞水两县的5所学校，并指导当地两位老师上了两堂"双师教学"课。望都县教师王静说：

> 刚接到"双师教学"任务时，我对此没有丝毫认识。北京的"联盟"老师积极联系，约我们开腾讯视频会议，将这一全新的授课方式深入浅出地讲解给我们。带着一种好奇，我登录了"双师教学"网站，发现人大附中等名校的名师共同打造了精彩纷呈的教育教学资源。真实生动的课堂，扎实高效的讲解，制作精美的课件，思路清晰的教学设计，顿时吸引了我的目光。

浏览了北大附小四年级语文的几节课例，从课文的学习、语文园地的讲解，到习作、口语交际等，内容一应俱全。再三考虑后我选择了口语交际课——"朋友相处的秘诀"，我想从中学习一下口语交际课的上课方式，提高学生收集信息、整理信息、互动交流的能力。经过反复观看北大附小的课堂实录视频，切实感受到教师语言精练，思路清晰，组织学生合作交流有方法、有策略，点评有针对性。我参考这节课的流程组织了自己的课堂。我选取了两个片段呈现出来，边看边组织学生思考，表达自己的观点，再跟对方同学PK，学生们都兴致盎然地参与其中。

因为技术不熟练，担心网络不通，我们提前录制了小视频插入PPT中。课后，北京的专家及时对我们进行指导，手把手教给我们操作方法，尤其是视频节点的选取标记，网站和课件的自如切换，让我们备感温暖。

"双师教学"的尝试使我切身感受到：一节课改变一种理念，创新一种形式，实现师生共同成长。我相信，只要我们积极主动地学习名师课堂，在实践中学习，在实践中改进教学理念，就一定会摸索出一套全新的教学模式，实实在在地提高教学质量。

2021年7月5日，"创新人才教育研究会振兴县域教育保定市互联网＋教育实验基地"揭牌成立，由"联盟"秘书长王军担任基地主持人。实验基地按照"3+1+2"的总体规划，扎实推进工作：

——为保定市所有中小学校教师开通国家基础教育资源共建共享联盟网络平台，平台资源包含视频、试题、教案、讲义、电子书本等6万多件资源，覆盖各类专题教育和学科课程资源体系。

——为保定市中小学校提供联盟"双师教学"资源和服务，包含68门中小学常规课程，37门校本选修课，2门小语种课程。

——利用互联网技术手段，进行联合教研，在网络学习的基础上，通过网上备课、上课、评课、同课异构等方式，促进教师的专业发展。联合教研平台向保定市各县（市、区）学校和教师开放。

保定市各县(市、区)实验基地主持人也可以组织所在学校上传公开课、教案、专家讲座公益课等到"联盟"平台上,供保定市中小学校教师使用;可以组织所在学校教师,在"互联网＋教育"实验基地的协助下开发"双师教学"资源,为对口县(市、区)提供"双师教学"资源和服务;可以利用"互联网＋教育"基地在线教研软件系统组织建立网上联合教研组,指定教研组组长,分配一学年的教研任务,指定每个分任务的负责人;通过网络直播、点播、资料下载、课堂实录上传等方式分享备课资料、开展公开课评课,进行同课异构,组织专家讲座等。

2021年7月22日,"互联网＋教育"实验基地通过互联网直播的方式开启了第一场培训,面向涿州市48所中小学校,共有两千多名教师参加了此次直播培训交流会。

11月18日,"互联网＋教育"实验基地联合涿州市教体局开展了"同课异构"活动。此次活动邀请了涿州市高新区学校孙佳玥老师和涿州市实验中学李志智老师作课程教学示范。其中,孙佳玥老师采用了常规式教学方法,首先通过问题带学生进入课堂,并组织学生提问、上台做题、小组讨论、展示。学生在这个过程中,理解知识并将知识内化。李志智老师则采用与"视频＋自讲"相结合的"双师教学"模式,并在视频播放中伴有暂停,向学生提问,增加学生小组讨论并展示的环节,帮助学生突破重难点,加强小组合作。

"双师教学"小试牛刀后,李志智老师深有感触地说:

2021年9月22日,我有幸参加了创新人才教育研究会组织的"双师教学"课。人大附中分校李晨光老师负责线上教学,我和田英老师负责线下课堂巡查辅导。这是一次优质资源的输入,我被主讲老师新的教学理念深深吸引。初次接触"双师教学",我接触到了优秀的老师,我的学生也在课堂与人大附中分校的优秀学子交流,实现了教学相长,打造了"定制"精品课堂。

再次走进"双师课堂",是2021年11月18日参加涿州市初中数学双师"同课异构"活动。这一次我作为主讲教师,在课堂中引入"双师模式"。我在中小学教育联盟网查阅了相关资料、PPT、视频材料等,并结合学生特点,引入视频片段,适当调整了教学设计和课件。创新人才教育研究会联系了北大附中云南实验学校高杨丽老师,通过微信对我这节课进行了细致的指导。根据高老师的建议,我逐个做了调整。比如设计让学生自己创新出题这个环节,这在直播中是个很难把控的环节,对我来说是个挑战。可事实证明,在课堂上,出题—抽题—展示—互评，学生们都顺利地完成了。而且，热烈讨论的场面，也使他们加深了对知识的理解。正是这节直播课，让我真正走入了"双师课堂"。

感动于"双师"活动的强大，感动于每次开展"双师"活动刘彭芝会长都亲自观看、指导，感动于我这个县市级的无名之辈能接触到这么多优质的师资。"双师"活动营造了更加和谐高效的研讨氛围，提升了教学方法和教学技能，促进了优质校和薄弱校共同发展。我相信，我会一直走在"双师"的路上……

针对此次"同课异构"活动，人大附中吴建兵老师、北大附中云南实验学校高杨丽老师进行了点评。他们均表示，此次"同课异构"活动，可以促进教师理念的更新和教学方式的变革，有利于提高教师的课堂教学水平，深化教师理论素养，激发教师教学灵感，并推进"双师教学"在课堂的运用。

当天，涿州市全体初中数学教师在线观看了此次"同课异构"活动直播。他们表示，看到不同教师对同一教材内容的不同处理方法，受益匪浅。

我也参加了涿州的这次"同课异构"活动。"互联网＋教育"实验基地组织的"同课异构"网络直播活动对提升教师教育教学水平很有意义，我们建议实验基地可以扩大范围，充分发挥支持保定教育的40多个基地学校的作用，开展更多更丰富多彩的"双师教学"课程。

"互联网＋教育"实验基地与各县（市、区）基地学校如东北育才学校、新疆华山中学、北京史家小学、武汉市常青树实验学校开展"双师教学"项目交流会，制订"双师教学"课程开发计划，共同商议把名校"双师"项目带给保定的中小学校，并搭建完成基地学校的"双师教学"项目网络页面。

2021年7—11月，"互联网＋教育"实验基地与保定市22个县（市、区）进行联系，在各县（市、区）的积极支持下，在基地主持人王军、工作人员位永华、张小娇等老师的组织下，已经为保定市1503所中小学校5万余名教师建立了"联盟"平台账号，无偿提供在线数据库资源，进行了38场直播培训，组织了2次"同课异构"活动，开展了2次远程教研活动，1次远程互动教学活动。

为了加强与保定中小学校跨越时空的"面对面"交流和互动，使优质教育资源真正落到每一所帮扶学校，各基地名校不但积极开放本校的网络资源，并通过线上云课堂与对口校进行"面对面"交流。

苏州十中周颖校长及专家团队到涞源县燕赵学校、涞源一中、涞源二中、王安镇中学调研考察后，结合调研情况制定了《江苏省苏州第十中学与涞源县中学交流互学方案》《苏州市振华中学对涞源县初中学校学科结对帮扶建议》《燕赵学校帮扶方案》，并启动了与涞源一中"教学资源共享互动线上云课堂"。云课堂内容涵盖高一年级数学、英语、语文、物理、化学、生物6个学科，高二年级物理、化学、生物3个学科，以及高三年级英语、地理、历史3个学科。涞源一中三个年级、6166名学生、493名教师参加线上共享课堂互动学习，同时该资源还共享给涞源县基础教育全体师生。

远距离帮扶怎么做？成都七中易国栋校长带专家团队到易县中学、实验中学、第二高级中学等学校调研考察后，决定充分发挥成都七中网校优势，他们与易县教体局制定了《对接交流实施方案》，围绕网校对接制定了双方同时备课、同时授课、同时作业、同时考试的"四同时"和授课教师、把关教师、远端教师、技术教师"四位一体"的可行性方案。成都七中网校为易县5所对接学校开通了教师、学生账号，并组织了网校平台使用培训。通过实际操作培训，解决了对接技术问题，对接学校教师们对成都七中网校资源有了准确的掌握和理解，并开始使用这些资源为自己的教学服务。

上海复兴高级中学对定兴县4所高中学校的教师进行线上培训，开展教学观摩、线上答疑、协同备课，并接受定兴中学选派的骨干教师到上海复兴高级中学跟岗学习。

北京顺义牛栏山第一中学向博野县对口校全面提供优质课程资源，供教师学员随时观摩学习。邀请对口学校参加"全国著名教师著名班主任高峰论坛"、"新时代教研发展公益论坛"、"中国教育高质量发展名校长高峰论坛"、"教学评价改革和育人模式创新校长专场论坛"等研讨交流活动。与博野中学举行线上"同课异构"活动，10个科目的20位教师进行了"同课异构"展示，围绕学科核心素养对教材进行选取重构，提升了教研水平和教学质量。

上海市嘉定区教育学院对曲阳县各高中的英语和数学教师以及各中小学的语文、道德与法治教师进行线上培训，提升了参训教师的学科素养，先进的教学理念和"生本课堂"的教学模式逐步在曲阳落地生根。

上海松江二中与对口的白沟新城学校多次开展线上交流活动，每次交流都主题明确、内容充实，以定课题、定项目、定任务等方式落实交流成果，确保帮扶工作取得实效。

四川绵阳中学、广东沙滘中学、内蒙古乌兰浩特市第十二中学、上海外国语大学闵行外国语中学、北京史家教育集团、湖南桃源一中、东北育才学校等对口支教专家组多次通过线上线下方式，为涿州教育把脉问诊。

全国 40 多所名校的优质教育资源，通过一条条看不见的网线源源不断地送到了保定。

二、当好"调音师"和"场外指导"

> 振兴县域教育，不是落在纸上、说在嘴上的空话口号，也不是画在空中的楼阁愿景，而是担在肩上的重任，落在脚下的行动。

跟岗、比武，积极对接县域名校

保定市教育创新发展大会向全市教育工作者发出了建设教育强市的动员令，围绕全面贯彻教育方针、全面提高教育质量，以学生为着眼点、以教师为着力点、以课堂为切入点，保定市开展了一系列扎实有效的活动。

一是开展大比武活动。保定市教育局印发了《关于在全市基础教育阶段开展教育教学质量提升大比武的通知》，将评比活动与教育教学工作紧密结合，面向全市城乡基础教育全学段、全学科、全体校长及全体教师组织评比，最终有4237名教师和校长获奖。

二是开展大评课活动。从2021年9月中旬至12月下旬，开展了为期三个月的走进课堂听课评课活动，深入32所省级示范性高中，听课852节，进行评课活动近千次。

三是"学名师、访名校"。从2021年9月1日至10月30日，保定教体局深入各县(市、区)17所"全面提高教育教学质量先进单位"走访调研，与52名"名校长"、305名"名师"面对面座谈交流，在全市营造"学名师、访名校，求进取、争先进"良好氛围，助推全市教育质量快速提升。

研究会根据保定市委、市政府的部署，进一步加强各名校与对口校之间的交流合作，以同课异构、同步教研、教师研修等方式开展线上交流活动，持续开展学校调研、交流学习、跟岗培训等线下培训活动，提升教师教学水平。

徐水区对接的学校是山东杜郎口中学、西安铁一中两所名校。区委区政府高度重视对接工作，区委书记亲自与杜郎口中学和西安铁一中的校长进行沟通，成立对接工作领导小组。区委书记、区长担任组长，区人大副主任、主管副区长和教体局局长任副组长，责任到人、分工合作。双方结合实际，反复讨论协商，确定了《山东杜郎口中学对口帮扶徐水教育工作实施方案》，与西安铁一中商定设立名师工作室、互派交流教师、建立学科教研共同体、教育资源共享、课堂教学模式改革等具体合作方案。

项目启动后的 8 个月里，杜郎口中学崔其升校长 5 次带团队走访保定，到 10 余所学校实地考察交流，先后组织专家讲座、汇报交流几十场，徐水近 50 名骨干教师作了汇报发言，数千人次参加了交流活动。

2021 年 10 月 17—22 日，徐水区教体局领导带领徐水几所中小学骨干教师、教研员一行 15 人，到杜郎口中学跟岗学习一周。语文教师王文静在《我的杜郎口之行》中写道：

> 深入杜郎口原汁原味的课堂观摩体验后，我们深受震动，学生的精神面貌与我们的课堂截然不同！学生们小组围坐，开始都是端坐桌前，等到讨论展开的时候，课堂就是他们自由发挥的舞台，看不见黑板就站起来，听不清发言就带着书和笔记去黑板前蹲下，课堂上人人在动，人人在学，真叫人心里暗暗叫绝。

王文静等十几名教师不仅从早读，上、下午反思会，教研活动，专家讲座到晚自习全程跟岗，还要讲课接受导师评课指导。她说，我讲"怀疑与学问"一课时，考虑到学生没接触过议论文相关知识，就在课前利用早读讲了议论文的三要素——论点、论据、论证。结果指导老师提醒我"讲得太多了！只需要把三要素呈现在屏幕上让学生记一下即可"。

> 听了导师的话，我有些疑惑不解。不给学生讲透这三个要素，怎么进行下边的训练呢？结果我真是低估了这里的学生，他们凭着自己的识记，居然理解了三要素，并且大部分学生还能从文中对应找出来。最让我吃惊的是，我板书"本文 1、2 段在全文中的作用"，小组讨论后，有个学生居然能把这两段话背下来再讲解它的作用，实在是令人刮目相看！

高林村中学杨小梅老师、户木中学陈金玲老师，对杜郎口中学"以学生为主体，以兴趣为动力，以探究为方法，使学生生动活泼、主动发展"的理念感触尤深。

张丰学校袁华老师则以"改变自己，将所学所获更好地运用到自己的工作中去"为题，写下了自己在杜郎口中学的所见所感：

> 早上，不论在教室、走廊、还是花坛旁，都能看到学生早早投入晨读的身影；课堂上或晚自习，困了的学生会自己到教室一侧（不影响其他同学）站立；课堂上回答错的同学会一直站着，直到组长帮助或老师回访后掌握了正确答案才坐下。在杜郎口中学，我时时刻刻都在感叹：这里学生的学习积极性、投入度真是让人佩服！

这种深入学校、深入课堂的全方位跟岗，让徐水的校长、教师有机会细致入微地观察，身临其境学到管理和教学的方法妙招，对杜郎口中学的教学改革有了更深切的感受。

记得6月1日我在涿州作"什么是教育？我们应该选择怎样的教育？"报告时，请崔其升校长上台作了十几分钟发言。他现身说法，谈到杜郎口中学为什么要进行教学改革，为什么我们的办学质量达不到理想的高度，提出"因为我们的定位错了。我们习惯于把课堂教学定位在知识传授上、定位在重点难点上，课堂聚焦的不是学生的行为、状态，他们的表现和表达。必须把课堂的时间和空间还给学生，这是对学生的尊重。一个人只有受到尊重，内在动力才能被激发，智力才能被开发"。

徐水的校长和教师在杜郎口中学亲眼看到了那些来自乡镇的孩子走上讲台敢说、会说，拿起粉笔、作业本敢写、会写；理解了什么是以学生为本的课堂，怎样做是聚焦于学生学而非教师教，如何让学生从观望者变为参与者，成为课堂的主角；感受到孩子们获得尊重后焕发出的活力、潜力与自信。老师们为什么用"深受震动"、"让人佩服"、"感触尤深"来表达自己在杜郎口中学的感受？我想，是他们在这里看到了不一样的课堂，不一样的学生，不一样的教育理念。也许，我们期待的转变和提升，便由此开始，正由此发生。就像高林村中学、户木中学数学组老师离开杜郎口中学时所说的——

> 我们每个人都心得满满，找到了属于自己的教学渡口。今天，我们从这里扬帆起航，明天，一定会收获桃李芬芳！

与曲阳县对接的湖南省桃源一中，是一所全国闻名的县域中学。燕立国校长作为振兴县域教育保定（曲阳）实验基地特聘主持人，于 7 月 5 日带领各学科骨干教师一行 11 人，在保定教育创新发展大会后立即奔赴曲阳一中、永宁中学调研。同日，曲阳县另一所对接学校上海市嘉定教育学院的骨干教师也走访了永宁小学、灵山小学、北镇中学、晓林中学、第二初级中学、东旺乡中心学校，与部分校长进行座谈交流。

虽然湖南桃源与河北曲阳相距遥远，但一桥飞架南北，借助线上平台这个桥梁，7 月 22 日，桃源一中就将《帮扶曲阳县教育 2021 年 7 至 8 月计划》发至县教体局。计划中提出两项措施：

1. 曲阳县各学科普高教师学习桃源一中课堂标准，每个备课组提交一个生本课堂设计；
2. 曲阳的校长及骨干教师团队到桃源一中考察学习。

同时，桃源一中还向曲阳教体局提供了 10 个学科的课堂标准和 11 个学科的生本课堂教案示例。10 月 1—15 日，双方通过线上平台，进一步商定第三个项目，曲阳 30 名教师学员比武课活动，及各科目具体时间安排、教师讲课准备、导师线上听课评课等一系列事宜。

活动分授课和评课两个阶段进行，每学科 3 名教师在各自学校不同年级进行授课网络直播，全县该学科教师全员线上听课；桃源一中导师依据《生本课程标准》为授课教师线上评课。10 月 19—26 日，生本课堂大比武 10 月赛程结束，来自永宁中学、曲阳一中、曲阳四中、曲阳五中和恒阳中学九大学科和心理学科的 30 名教师参加了授课比武，桃源一中 16 位导师线上评课。导师们高度评价参与本次课堂比武的授课教师在课堂设计、师生互动、合作探究、课外延伸等教学环节中的优点和特色，同时坦率提出存在的不足，并展示了桃源一中在这些教学环节上的设计和处理。

比武课让曲阳的教师把学习桃源一中先进的教学理念和方法应用到实际教学中，从中学到如何将思维权、动手权、话语权、归纳总结权还给学生，实现了以讲促学，以比带训，以评代培，教师间的质疑探讨、沟通碰撞也促进了群体共同的进步提升。

表 6-3   曲阳实验基地学员生本课堂比武课安排表

科目	授课教师	单位	授课题目	授课日期	评课导师
化学	倪小玲	永宁	难溶电解质的沉淀溶解平衡	10/19 上午	雷蕾
	马子婷	四中	化学能与电能的转化		
	王莉	一中	综合卷讲评		
数学	杨旭东	五中	直线与圆的关系	10/19 下午	聂爱华
	杨花	恒阳	正弦定理		佘兴国
	韩伟会	一中	指数函数的图像与性质		刘增光
心理	杨洁	一中	向阳而生　静待花开	10/20 上午	罗莺莺
	王子麒	四中	做自己情绪的主人		
	李敏红	五中	学会生活，快乐学习		
历史	王会儒	五中	工业革命	10/20 下午	夏友刚
	高坤铮	恒阳	新航路的开辟		
	王涛	永宁	社会主义建设道路的初期探索		
生物	潘林	恒阳	核酸是遗传信息的携带者	10/21 上午	刘新刚
	宋洁	恒阳	基因指导蛋白质的合成		
	宋蒙	四中	细胞核的结构和功能		
英语	孙换娜	一中	必修一 Unit2 Teenage Life	10/21 下午	廖娅
	孙晓珊	四中	表语从句		周磊
	王亚静	永宁	Reading for writing		张迪芳
语文	郭铁民	一中	第三单元古代诗词鉴赏方法总结	10/22 上午	彭宏
	荀玉凤	五中	思乡怀人类诗歌鉴赏		郭福炎
	张向美	永宁	百合花、荷花淀诗意探寻		肖程
地理	豆小凤	五中	荒漠化问题（复习课）	10/26 上午	刘美桃
	白明珠	恒阳	农业区位因素分析与评价微应用		
	王丹	永宁	一轮复习综合卷讲评		

续表

科目	授课教师	单位	授课题目	授课日期	评课导师
政治	李晓阳	恒阳	伟大的改革	11/3 上午	苏应良
	卢创达	四中	文化对人的影响（必修 3）		
	刘娜	五中	人民代表大会，国家的权力机关		
物理	李凤娟	一中	第三节，牛顿第三定律	11/4 上午	万红波
	李晓超	永宁	电容器复习课		
	闫帅	四中	自由落体运动（必修 1）		

杜郎口中学和桃源一中都是名校，都处在乡镇、县域，他们与徐水区、曲阳县的深度对接虽然刚刚开始，但从崔其升校长团队和燕立国校长团队以及西安铁一中、上海市嘉定教育学院各尽所能、倾其所有的无私给予中，我们已看到各名校长基地主持人及导师们乐于公益、无私奉献的情怀；从对接学校校长教师以及政府部门如饥似渴、迫不及待地虚心求教中，看到了保定教育振兴的希望。

与 名校牵手培育优秀师资

随着 2021 年 7 月"振兴县域教育保定实验基地项目"的全面铺开，保定 1180 名教师分别与全国 17 个省市的 40 余位名校长、近 400 位名师拜师结对，这是保定教育史上规模最大、涉及全国名校名师最多的师资培养工程。对于所有参与项目的校长和教师来说，走进名校，跟着名师学艺，接受名师的具体指导，不再是遥远的期盼，而是实实在在地变成了现实。

东北育才学校、湖南雅礼中学都是具有深厚历史积淀闻名全国的老校。东北育才学校创立于 1949 年，是张闻天、徐特立等老一辈革命家创立的具有光荣传统的红色学校，是区域领先、全国知名的优质学校。湖南雅礼中学创办于 1906 年，是一所既有厚重的历史文化、又面向未来办学成果卓著的百年名校。东北育才学校校长高琛和湖南雅礼中学校长刘维朝都是全国人大代表，不仅是教育家型的优秀校长，且都具有教育情怀，在提升自身办学品位的同时，更致力于履行名校承担的社会责任。

这两所名校一北一南，距保定安国市和唐县都有千里之遥。振兴县域教育保定实验项目使这两地的县域中学有幸与名校牵手，安国中学、祁州中学 9 个学科的 40 名骨干教师接受东北育才学校名师的结对指导；湖南雅礼中学的 9 位名师成为唐县一中 30 名骨干教师的导师。

东北育才学校在高琛校长的部署下，第一时间组建校内名师团队，并根据实际情况充实调整。根据振兴县域教育保定实验基地项目要求，每位名校长导师要带领本校 10 位名师组建团队，与对接区县结对帮扶。东北育才学校的名师团队不仅涵盖高考学科和心理学科，而且将体、音、美、信息技术学科纳入其中，组建起高中学段全学科 28 人的名师团队。与安国实际对接后，发现首批参训的 5 位校长 2 人来自高中、3 人来自初中。于是，他们在已有高中名师团队的基础上，补充了初中教师力量，组建了 33 人的全学科名师团队，满足了初高中对接帮扶的需求，为安国培养优秀校长和优秀教师提供了强大的人力保障。

我当中学校长多年，深知作为一个涵盖从幼儿园到高中四个学段教育集团的掌门人，高琛校长肩负的责任有多重，育才学校每位名师承担的教育教学任务有多繁重。组建如此规模的名师团队，充分显示了他们博大深厚的教育情怀与担当，帮扶就要倾尽全力的一片赤诚。

其实，参与"振兴县域教育保定实验基地项目"的每一位名校长、每一位名师，都是在自身工作十分繁重的情况下额外承担了大量对接帮扶工作，为保定教育付出了难以计数的时间与心血。每念及此，我心中便充满了敬佩与感激之情。

东北育才学校与保定安国远隔千里，如何为参训的校长教师提供切实有效的指导，高琛校长组织导师团队开展专题研讨，完善细化《安国实验基地工作方案》和《安国实验基地三年行动计划》，对各学科名教师工作室的工作目标和实施方案进行详细部署，同时组建项目微信群，进行经常性的对接指导。

培养优秀师资的主要渠道是课堂，东北育才学校与安国一中、祁州中学密切配合，始终聚焦课堂，围绕教改、提高课堂效率、高考备考等重点问题深入研讨，资源共享。2021 年 10 月，东北育才学校开展高三第一轮复习研讨课活动，历时一周，涵盖九个高考学科。东北育才名师团队致力于以学生为主体的生本教育，培养学生高阶思维，呈现了尊重个性、凸显学科核心素养的生动课堂，有效激发了学生的热情。安国中学、祁州中学的老师们全程在线观摩、课后研讨反思，对如何使高三课堂教学更具有实效性、针对性、指导性，让学生真正成为课堂主体，有了更深的认识。

表 6-4 东北育才学校帮扶安国线上研讨课

序号	姓名	学科	时间	课节	课题	班级	会议号
1	史文茹	物理	10.11（周一）	8：50—9：30	单摆测重力加速度实验	高三4班	
2	郭兵	化学	10.12（周二）	8：50—9：30	常见气体的实验室制备净化和收集	高三1班	
3	齐楚	政治	10.12（周二）	9：45—10：25	法治社会	高三5班	
4	许志威	历史	10.13（周三）	8：50—9：30	新航路开辟	高三5班	436487 08706
5	马江宁	数学	10.13（周三）	9：45—10：25	直线和圆的位置关系	高三3班	
6	陈慧卓	英语	10.14（周四）	8：50—9：30	应用文写作——邀请信	高三1班	
7	李丽丽	生物	10.14（周四）	9：45—10：25	神经冲动的产生和传导	高三2班	
8	刘硕	语文	10.15（周五）	9：45—10：25	古诗结构	高三3班	
9	齐兵	地理	10.15（周五）	10：35—11：15	自然环境的差异性	高三6班	

操作说明：

东北育才学校双语高中部 10 月 11—15 日的高三各学科研讨会将以线下教室上课，线上腾讯会议分享的形式进行。

东北育才学校邀请您参加腾讯会议

会议主题：东北育才学校—高三研讨课

会议时间：

物理：2021/10/11 8：50—9：30　　化学：2021/10/12 8：50—9：30

政治：2021/10/12 9：45—10：25　　历史：2021/10/13 8：50—9：30

数学：2021/10/13 9：45—10：25　　英语：2021/10/14 8：50—9：30

生物：2021/10/14 9：45—10：25　　语文：2021/10/15 9：45—10：25

地理：2021/10/15 10：35—11：15

点击链接入会，或添加至会议列表：

https://meeting.tencent.com/dm/027YJ6aD30t3

安国中学政治组教师在观摩东北育才学校齐楚老师"法治社会"一课后，在教学反思中写道：

齐老师教学理念先进，教学技巧纯熟，教学功底扎实，采用案例教学法，在教学中以社区治理为例，以学生搜集到的社区治理中存在的问题为情境，设置问题串，引导学生深入思考。学生在分析解决问题的过程中，体验到使法治成为公民信仰的重要性，明确了建设法治社会各方应尽的责任，在潜移默化中增强了法治意识，培养了学生公共参与的精神。齐老师的整个教学过程既发挥了教师的主导作用，又发挥了学生的主体地位，突显了对学生政治学科核心素养的培养，强化了政治课铸魂育人的功能，实现了政治性与学理性的统一。

2021年暑假期间，安国中学与东北育才学校联系，想围绕新高考改革、拔尖创新人才培养、"强基计划"应对等工作困惑与育才的老师们进行探讨交流。为了给予安国中学实质性的支持和帮助，东北育才名师团队多次召开碰头会，分工协作，梳理总结以往经验，做了充分准备。在9月28日的线上交流活动中，东北育才学校语文、数学、外语、物理、化学、生物六个学科的高三备课组组长详细介绍了育才高三复习的计划和多年的备考经验，并针对安国中学的复习计划和教学困惑进行交流。东北育才学校郜琳莅副校长还围绕育才高三年级教育教学管理和尖子生培养等相关工作，把多年来东北育才的具体做法和实施策略进行了毫无保留的详尽分享。

在日常教学过程中，东北育才学校的名师团队借助网络平台开展持续、有效的沟通，实现了对接指导常态化。一方面，通过各学科的微信群，针对安国老师们的实际问题，名师团队线上答疑解惑，切磋交流，力求把多年积累的教育教学经验毫

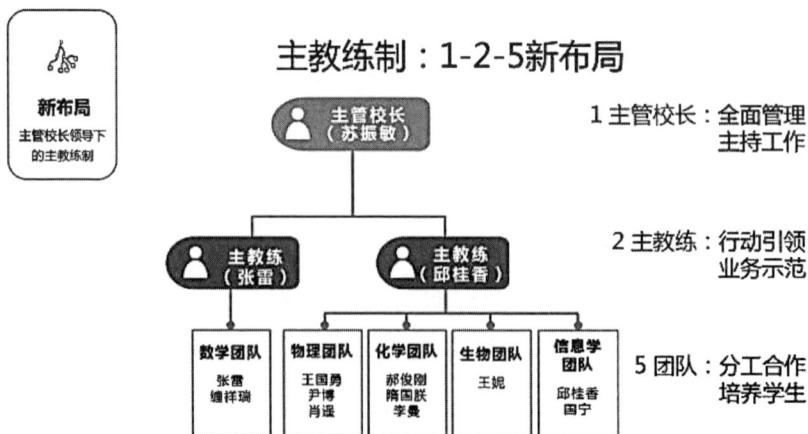

图 6-7　东北育才学校共享管理经验

无保留地予以分享。如生物学科针对安国老师提出的如何调动学生学习积极性、如何使用学案、如何有效开展分层教学等具体问题和困惑，教研组长孙耀老师耐心解答，给予实际帮助。历史学科的许志威老师任高三年级组长、教研组长、班主任，工作任务繁重，忙完了白天的工作，晚上详尽答复安国老师的问题，有时直到深夜。另一方面，通过腾讯会议等实现网络集体教研，如组织历史、化学、政治、物理、生物、地理六个学科的高考备考研讨会。同时将学校自编的学案、学科作业本、阶段习题等教学资源与安国的老师们共享。

湖南雅礼中学组成了以刘维朝校长为主持人的名师团队，与唐县一中结对帮扶。唐县县委书记邓艳学带队到雅礼中学考察学习，他在交流中动情地说："打造振兴县域教育保定实验基地是一件功在当代、利在千秋的大事，抓教育就是最大的民生，就是最好的发展。雅礼中学对口帮扶唐县是唐县之福、之幸，唐县将倍加珍惜机会，主动对接沟通，把教育帮扶合作推向更高层次、更宽领域。"刘维朝校长表示，唐县一中有着良好的发展基础，雅礼中学愿意在创新人才教育研究会规划的思路下，全面与唐县一中对接合作，助力唐县教育振兴和发展。

雅礼中学实行导师负责制，每位导师负责指导唐县一中 3 至 4 名教师。两校商定了详细的合作计划，安排落实到人，时间落实到周，并挂牌上墙。

表 6-5 唐县实验基地周工作计划表

周次	起止日期	内容
预备周		两校拔尖创新人才培养在线交流会
第一周	8 月 29 日—9 月 4 日	刘维朝校长在线报告会（9 月 2 日）
第二周	9 月 5 日—9 月 11 日	做好在线教研交流相关准备 唐县团队到雅礼中学交流（9 月 7 日）
第三周	9 月 12 日—9 月 18 日	雅礼中学高一语数外 3 学科录播课 雅礼中学新老高一教学交流（周三、周四） 唐县一中 9 学科录播课（雅礼学科导师指导）
第四周	9 月 19 日—9 月 25 日	雅礼中学高一语数外 3 学科录播课 雅礼中学高一理化生政史地 6 学科录播课 唐县一中教研活动：新高一新教材新学情初高中教学衔接研讨
第五周	9 月 26 日—10 月 2 日	雅礼中学高一语数外 3 学科录播课

周次	起止日期	内容
第六周	10 月 3 日—10 月 9 日	国庆假
第七周	10 月 10 日—10 月 16 日	雅礼中学高一语数外 3 学科录播课 雅礼中学高一理化生政史地 6 学科录播课 雅礼中学主题研讨：课堂教学转型与评价（周三、周四） 唐县一中 9 学科录播课
第八周	10 月 17 日—10 月 23 日	雅礼中学高一语数外 3 学科录播课 唐县一中教研活动：课堂教学模式转变的理解与尝试
第九周	10 月 24 日—10 月 30 日	雅礼中学高一语数外 3 学科录播课 雅礼中学高一理化生政史地 6 学科录播课 唐县一中 9 学科录播课
第十周	10 月 31 日—11 月 6 日	雅礼中学教学开放日 唐县一中九学科录播课 唐县一中教师来雅礼跟岗实习 3 周（暂定）
第十一周	11 月 7 日—11 月 13 日	雅礼中学高一语数外 3 学科录播课 雅礼中学高一理化生政史地 6 学科录播课 唐县一中 9 学科录播课（雅礼学科导师指导）
第十二周	11 月 14 日—11 月 20 日	雅礼中学高一语数外 3 学科录播课 雅礼中学主题研讨：提高试卷讲评的有效性（周三、周四） 唐县一中 9 学科录播课
第十三周	11 月 21 日—11 月 27 日	雅礼中学高一语数外 3 学科录播课 雅礼中学高一理化生政史地 6 学科录播课 唐县一中教研活动：习题课有效性研究
第十四周	11 月 28 日—12 月 4 日	雅礼中学高一语数外 3 学科录播课 雅礼中学主题研讨：信息技术 2.0 与教学的融合（周三、周四）（唐县一中在线参加） 唐县一中 9 学科录播课（雅礼学科导师指导）
第十五周	12 月 5 日—12 月 11 日	雅礼中学高一语数外 3 学科录播课 雅礼中学高一理化生政史地 6 学科录播课 唐县一中教研活动：课堂教学模式改变探索与实践
第十六周	12 月 12 日—12 月 18 日	雅礼中学高一语数外 3 学科录播课 唐县一中 9 学科录播课

周次	起止日期	内容
第十七周	12 月 19 日—12 月 25 日	雅礼中学高一语数外 3 学科录播课 雅礼中学高一理化生政史地 6 学科录播课 唐县一中 9 学科录播课
第十八周	12 月 26 日—1 月 1 日	雅礼中学高一语数外 3 学科录播课 唐县一中 9 学科录播课
第十九周	1 月 2 日—1 月 8 日	雅礼中学高一语数外 3 学科录播课 雅礼中学高一理化生政史地 6 学科录播课 唐县一中 9 学科录播课
第二十周	1 月 9 日—1 月 15 日	期末总结

按照这张翔实的对接安排表，唐县一中高一年级所有备课组全程参与雅礼中学的教研活动，并按照雅礼中学教研活动主题，认真讨论交流，写出教研活动总结，使唐县一中的教研活动与全国名校同步，打开了老师们的眼界与思路，使教科研上了一个层次。

在这张工作安排表中，我们看到最多的是两校之间各个学科录播课的频繁交流。一方面，雅礼中学不断把自己的优质录播课分享给唐县一中；同时观看唐县一中教师的录播课，各位导师在充分肯定的同时，给出中肯的建议，予以有效的指导。例如：化学录播课的反馈意见：

老师结合真实的问题情境，合理引导，学生参与积极，课堂气氛活跃，课堂节奏把握得比较好，教师个人的整体素质高，气场强大，气势足，整体感觉不错！将我认为有待加强的与王老师沟通。

1. 课件的制作稍显不足，文字过多，且在成堆的文字中挖空，往往适合于复习课，对于新授课不太合适，且某些时候课件呈现的时机不合适，如问过滤操作要注意的要点是什么时，课件已经呈现，学生没思考的时间，且影响设问的意义。

2. 在硝酸钾和氯化钠的分离时，蒸发浓缩，降温结晶及蒸发浓缩，趁热过滤，没有讲清楚浓缩的程度及标准，过于笼统，且在表格对比中，课件一带而过，没有注重学生的参与。

3.分液漏斗不仅下面的旋塞要检查漏不漏水，顶部的塞子也要同样检查漏不漏水，且顶部的塞子要用橡皮筋或绳子固定，不能随意放在讲台上，以免不配套。振荡时过于柔弱，且没有下口朝上，静置时应打开顶部活塞。

4.教师讲得太多，双边活动形式有点单一，师生互动，生生互动不够，担心学生，不放心学生（其实我也是这样的），在这方面要共同努力，尤其是后面的问题，完全可以让学生思考，学生回答，同学补充来进行。

在资源共享方面，雅礼中学倾力帮扶唐县一中，无私分享他们的课件、试卷、学案等资源，使唐县一中教师深刻地感受到雅礼中学作为名校的担当。

东北育才学校与安国中学、祁州中学；雅礼中学与唐县一中是振兴县域教育保定实验基地所有结对帮扶学校的缩影。

名称	修改日期	类型	大小
21--22学年上学期10月月考试卷及答案	2021/10/19 8:55	文件夹	
21--22学年上学期期中卷	2021/11/23 17:33	文件夹	
地理	2021/10/20 9:14	文件夹	
生物	2021/10/30 9:58	文件夹	
语文	2021/10/19 8:06	文件夹	
政治	2021/10/20 9:27	文件夹	

名称	修改日期	类型	大小
（定稿）高一政治必修一练习	2021/10/19 8:02	DOCX 文档	1,435 KB
参考答案	2021/10/19 8:02	DOCX 文档	40 KB
如何提高作业的实效性	2021/10/19 8:23	DOCX 文档	14 KB
新老高一交流21.9.15	2021/10/19 8:04	DOC 文档	15 KB
政治组 田锋 基于问题情境的"四层五环...	2021/10/19 8:04	DOCX 文档	211 KB
主题研讨：课堂教学转型与评价（政治组...	2021/10/19 8:05	PPTX 演示文稿	9,265 KB

名称	修改日期	类型	大小
参考答案（语文必修上）	2021/10/19 8:07	看图王 PDF 文件	2,165 KB
记叙文技法微探（胡洪来）(1)	2021/10/23 9:27	看图王 PDF 文件	798 KB
青春印象——第1单元内容梳理	2021/10/19 8:08	PPTX 演示文稿	3,652 KB
同步作业（语文必修上）	2021/10/19 8:07	看图王 PDF 文件	4,222 KB
新建 DOCX 文档	2021/10/23 10:29	DOCX 文档	12 KB
新教材的使用体会	2021/10/19 8:06	PPTX 演示文稿	6,169 KB
昭：新教材教学实践研讨与交流	2021/10/19 8:06	PPTX 演示文稿	3,759 KB

图 6-8　雅礼中学共享教学资源

名师的成长有一个逐步积累、由量变到质变的过程，需要搭建平台、精心培育，也需要耐心守候和等待。我注意到雅礼中学与唐县一中帮扶对接全部从高一年级做起，很佩服两校领导眼光的长远。我相信，有了一以贯之的长久努力，有了天时地利人和，我们会静待花开，拥抱硕果。

让课堂活起来，让学生动起来

振兴县域教育保定实验项目启动伊始，我们把工作站选在涿州。涿州历史文化悠久，有"天下第一州"的美誉，而且产业基础较好，经济总量在保定 22 个区县中排名第一，但其基础教育水平在保定市还处于偏后位置。所以我们把提升保定地区县域教育的突破口选在涿州，把教育教学改革的切入点直指课堂。

涿州市委市政府对研究会专家团队来到涿州表示热烈欢迎和由衷的感谢。时任市委书记姚运涛说："创新人才教育研究会进驻涿州，为涿州教育把脉问诊，传经送宝，带来了科学的教育理念和丰富的教育资源，将指导涿州为振兴县域基础教育积累新经验、探索新模式。"

2021 年秋季开学，涿州中学实施了一系列教育教学改革。我和创新人才教育研究会专家团队在前期分别深入涿州市涿州中学、物探一分校、涿州二中、涿州三中、物探四分校、物探六分校、靖雅学校七所高中校进行了实地调研，了解各校校情、学情、师资队伍状况；又多次到涿州中学分学科召开教师座谈会，倾听教师汇报，把脉创新课堂教改，为老师们答疑解惑。

教育部国培计划"名校长领航班"人大附中基地首期学员、创新人才教育研究会副会长宁致义，副秘书长杨晓薇，受研究会委派带领专家团队负责对接涿州中学，主抓学校教学改革工作。

宁致义校长带队进驻涿州中学后，首先把课改的重心瞄准课堂，提出"好课堂是动起来的课堂，是教师引领学生'真心动'的课堂"。"动"的标志在于学生的"学、做、展、悟"，教师的"编、验、点、导"是否到位。基于此，涿州中学推行了课堂环形座位法、导学案、长短课、课堂歼灭战、课本剧等一系列促进课堂教学改革的创新举措。其改革的目的是为了促成"教师的十变"、"学生的十变"和"教研的六变"。

教师十变：

1. 变知识教师为学生导师　　2. 变师道尊严为良师益友

3. 变舞台演员为课堂导演　　4. 变空洞说教为身体力行

5. 变为教而教为为学而教　　6. 变上课备课为课堂设计

7. 变课堂讲授为课堂引导　　8. 变作业批改为分享成果

9. 变询问原因为认真倾听　　10. 变处处监督为时时陪伴

学生十变：

1. 变被动接受为主动探索　　2. 变课堂听讲为积极展示

3. 变死记硬背为理解感悟　　4. 变只读教材为畅游书海

5. 变只做作业为静心思考　　6. 变题海无边为精练经典

7. 变单打独斗为同伴合作　　8. 变上课接受为处处学习

9. 变为学而学为为教而学　　10. 变只顾分数为全面发展

教研六变：

1. 变单纯的统一进度为统一教学内容和教学方式

2. 变单一的教材研究为以研究新课标为主

3. 变单一的知识研究为研究学生为主

4. 变单一的选题为自主命题为主

5. 变单一的业务研究为全方位的育人研究

6. 变依赖教辅材料为编写导学案

这"26变"，写在纸上不到300字，念在口中不过几分钟，但若融入涿州中学师生的理念，落在教与学的实践，对全校干部、师生来说，注定要经历一个艰难的过程。需要反复学习、消化、反思；需要抛弃那些业已习惯的东西，甚至可能意味着颠覆自己。让我感到欣喜的是，涿州中学的老师们在思考，在研究，在探索，在行动。

英语教师任会明以"创新教育改革理念下的'变'与'不变'"为题，谈到自己的思考：

从教20来年，我们很多教师都是围着高考大纲，高考试题，如何让学生多考点分在转，这种唯分数论的模式让我们忽略了教育的本质，忽视了学生的情感，泯灭了学生的求知欲，断送了学生自主学习、探究的能力，只是在培养做题、考试的机器。我们和学生起早贪黑，披星戴月，没有周末，没有法定节假日，甚至寒暑假也都被牺牲掉用来补课，这样的教育让老师和学生苦不堪言，可又无力转变。

创新教育改革的模式给我们所有人都提出了一个难题，那就是在高考以分数论英雄大前提不变的情况下，一线教师该怎样转变才能真正实现教育的育人功能？怎样转变才是顺应新时代的教育创新？怎样转变才能办出人民满意的教育？这一系列的问题值得我们所有涿中人深思。

也有教师向专家提出自己对课堂教学改革的思考以及实践中的困惑：

从尊重学生主体地位的角度，应该如何设计和落实课程？

怎样保证从学习者兴趣出发的课程依旧能与学生未来的发展需要合拍？

为了改变教师讲得多、学生被动学的问题，采取"多提问"等各种方式调动学生，但班内学生分层明显，出现顾此失彼的现象怎么办？

尝试让学生动起来，课堂上多讨论，多展示，但是进度被落下，感觉很矛盾，怎么办？

更多的教师，则是在课堂教学的创新实践中边学习、边思考、边探索。比如生物教师王曙光说，自己接受新的课堂教学方式经历了"从怀疑—试着干—再到笃行"三个阶段：

7月5日创新人才教育大会后，因疫情形势严峻，学校不能组织集体学习研讨，假期中，我就在家里读宁校长写的《与教师的对话》《与班主任的对话》，一共有36个对话。一开始读不进去，有地方读不懂，我就反复看，前后看了有七八遍，一边读着同时预想着学生的情况，竟特别期待开学了。

为了引导学生接受新课堂模式，大胆展示自己；为了让家长了解创新教育中的自主学习不是放羊式的放任自流；为了带动授课组老师一起践行创新教育，摸索适合学生的课堂模式，王曙光老师做了很多尝试：

　　为了带动学生主动反思学习上出现的问题，我带头在晨会上分享自己的教学反思："前一天生物课上讨论题时，关于菲林试剂要现配现用，我听到一个同学小声问另一个同学'为什么呀？'，可我当时没有意识到这是引导同学们进行创新思考和实证的契机，只满足于讲授课本和参考书中总结出的结论。"

　　入学教育后，我通过两节班会把创新课堂对学习过程要求的学、做、展、悟和好学生标准进行了深度解读。对学生来说最难的环节是展示——"把自己的思想、观点、方法、疑惑、问题在课堂上以言语、文字等方式告诉大家"——我的字写得不好，就带头挂出自己的字，告诉学生展示出来，就知道问题出在哪，就可以对照问题去改进。学习也是如此。说出自己的理解和问题，能帮助启发别人解决问题，自己的收获会更多。

　　在涿州中学，宁致义校长向老师们提出"好老师的标准是：嘴动要少，去引导；眼动要宽，观察到；脚动行走学生中；耳动要听学生讲；脑动思考如何践行创新；心动要走进学生心中；手动做出示范标准"。"好教研组的标准是：课听起来，交流分享起来，不同学科借鉴起来，一起研究学生来，大家一起干起来。"涿州中学的教师们，也正在以自己的智慧和匠心，努力向着这个标准迈进。

　　为了让课堂活起来，让学生动起来，高二年级组织了一次全年级的课本剧表演评比，以活动促教学，以展示促提升。语文教师尹士强在活动总结中写道：

　　　　为了演出成功，学生需要研究文本，构思情节，揣摩人物形象，设计场景，这也是一个再创造的过程。每一个内容和环节都需要深入研究，这就激发了学生的兴趣，调动了潜能，他们自主合作，深入探讨交流，学习内容的广泛、思考的深度都是平时课堂教学难以企及的。更主要的是，改变了老师提问，学生被动回答的局面。由"要我学"，转变为"我要学"，实现了"在做中学，在学中做"学以致用的目的。变被动为主动，变消极为积极，变死记硬背为活学活用。

　　尹士强老师的班里有个学生，平时学习是班级的尾巴，通过课本剧演出，一改过去沉默寡言的形象，不仅能把台词背得滚瓜烂熟，还把角色演得惟妙惟肖。谈到课本剧活动给自己带来的变化，这个学生说：

　　一个人如果始终和周围环境隔着一层薄纱，感受并不能完全真实地透出去，而外部环境的喜怒哀乐也不能全部浸过来。幸运的是课本剧帮我撕开了这层薄纱。未参加课本剧前，我是一个寡言少语的人，整日为学习的压力而焦虑，更不愿主动去结交朋友。天天因为学习不理想过着迷茫沮丧的日子，真羡慕那些成绩优异而又有很多朋友围绕在身边的同学，真想成为他们中的一员。

　　当文艺委员通知我演三仙姑这个角色后，我内心怀着很大的期待开始研读《小二黑结婚》课文，并未因三仙姑是个落后的农村妇女而嫌弃，她活灵活现的形象反使我对这个角色产生了兴趣，想试一把。

　　也许是因那次表演的成功，我的形象在班里来了个大变样。大家不再叫我名字，都叫我"三仙姑"。我知道同学们没有恶意，这是一种变相的夸奖。我在班里也不再拘束别扭，渐渐地交了许多朋友。很多人都说因为演三仙姑我改变了性格。哈哈，可能课本剧打开了我的某个通关密码吧！这就是课本剧的魔力，这也是我们成长中的一次历练。如果你不尝试，你永远都不知道你能做得多出色。

　　记得王曙光老师在总结的最后写道："最初我以为，践行创新理念，实行课堂教学新模式是要走出20多年的'舒适圈'，得受三年罪才能适应。践行过程中发现，我们走出的是'受罪圈'，正在走近教育的乐园。"

　　什么是教育的乐园？我想，它应该是师生共同学习成长的乐园，是教师实现了自我价值，引领着学生快乐学习、健康成长，是学生焕发了个性潜能，主动学习、自由发展，成为自己想要成为的出色的人。

　　提高教育质量，改革教学方式，着力点是教师，切入点是课堂。教师不变，课堂不变，教育就不会变，学生也不会变。而师生一起践行创新教育的过程，也是师生情感渐深、创新感悟渐深的过程。

　　当然，涿州中学在推行"学、做、展、悟"、环形座位、课本剧等系列课堂教学改革举措中，也出现了老师们说的"教学任务完不成"、"准备学案比传统备课牵扯更多精力"、"部分学生不习惯环形座位"等各种具体问题，他们共同面对的则是"在高考大前提不变的情况下，一线教师该怎样转变才能真正实现教育的育人功能"的大课题。这也是教育教学改革走向深入必然面对的问题。

　　值得欣慰的是，涿州中学的干部教师，没有因此而裹足不前或简单否定改革，而是在问题中思考，在实践中不断学习、研究、探索、寻找答案。

因为他们有一个共识——"不改不行！"

因为他们相信——"创新教育的路会践行渐宽、践行渐远，距离我们期待的成绩和成果会践行渐近！"

"再放大"之旅

一个人的生命有大小之分。一所学校的生命也有大小之分。人大附中联合总校的成立，本身就是人大附中放大生命、开展教育帮扶的产物。因此，不少成员校都是"实现社会责任最大化"理念的自觉践行者，在自身发展成为优质校后，走上了再辐射、再放大之旅，开始了回馈社会的反哺行动。在保定振兴县域教育的实验中，他们对口助力，倾心帮扶。在坚持不懈的努力下，新的教育理念正在生长，优质教育的种子正在发芽。

人大附中航天城学校的对口助力对象是高碑店。保定实验基地项目启动后，周建华校长带领团队到高碑店调研。通过"把脉会诊"，发现存在的主要问题是：高三毕业生出口质量不高；名师少；教研体系不完善；优质生源外流严重。基于问题，周校长有针对性地制定帮扶方案，提出"重塑高碑店教育新高地"的目标。

改变，先从思想开始。不久，周校长再赴高碑店，给当地的校长和教师作了一场专题报告，以航天城学校创建高质量教育体系的实践探索为例，对党建、德育、课程、教学、教师队伍等十大办学要素进行深入讲解。

为了助力高三科学备考、提升品质，9月12日，周建华校长带领人大附中校长助理丁利、高三年级组长孔瑛到高碑店调研指导。他们深入高碑店一中听课、座谈、听取工作汇报，了解高三各学科第一轮复习的总体思路和具体安排。随后，组织召开专题讲座，给出有针对性、操作性强的改进意见和复习建议。

周建华校长特别指出，目前的课堂，老师讲知识、讲题型比较多，要转变思想，从素养导向出发，这是要重点调整的一个方向。当得知高碑店一中高三学生每个月只过一个双休日，其他三个双休日都在学校考试，他建议：一是不要都用来考试，可以适当安排一些自习；二是拿出半天时间，不做任何安排，让学生和老师喘口气、进行休整。讲到这里时，场上在座的高三教师都热烈地鼓掌。

为了给高碑店培养"种子教师"，人大附中航天城学校每学期接收一批优秀校长、优秀教师到校跟岗学习。周建华校长带着校领导亲自遴选，和当地推荐的优秀教师一个个面对面交流。第一批跟岗教师8月份入校。一个学期过去了，这种沉浸式的学习方式，开阔了他们的眼界，提升了他们的能力。

孟国华是高碑店二中的数学老师，已有23年教龄。他在跟岗体会中写道：

> 已届不惑之年的我，20多年的教学生涯，早已使我磨去锋芒，失去初为人师的激情。近几年感觉自己到了瓶颈期，也曾努力寻求改变，但总感觉那些新理念离我很遥远，不知道如何有效地融入我的教学中。
>
> 这次跟岗学习令我大开眼界、茅塞顿开。我的指导老师人大附中航天城学校孙福明副校长学识渊博、经验丰富，在跟岗学习中，我领略了他极具功底的教学风采。同时，也听了张海玲、李雪松、周海英等老师的课，轻松的课堂氛围、先进的育人理念让我深受启发。在这段时间，我参加了听课、评课、教研、集体备课、片区活动等一系列活动，了解了更多先进的教育理念和教学方法，教学技能也有了提高。
>
> 在这里，我深深感受到人航的魅力和人航人的精神。我跟岗所在的初二年级，数学组虽然人不多，但大家齐心合力、精诚合作，充满了教学教研的热情，这种精神深深地感染着我，激励着我。
>
> 非常荣幸能在这样的集体中生活学习过，这必将成为我教学生涯中最有意义的一段岁月。通过这次跟岗学习，我明确了自己的方向，立志更好地把所见所学运用到工作中，不断提升业务能力，为振兴家乡的教育事业添砖加瓦。

赵美辰是高碑店市东盛实验中学的一位仅有五年教龄的年轻音乐教师。来到航天城学校后，她累计听音乐课60余节，每个年级的校本课程和国家课程都听过，写下了丰富的听课笔记。她不仅记录教学环节，还观察记录授课教师的教态，教师的语言、引导动作、眼神表情等。她还经常去不同的班级听同一节教学内容的课，用不同颜色的笔标注自己的想法，每周都整理形成文字。在深入学习和思考中，总结出一套适合自己的备好一节音乐课的方法。

另一方面，人大附中航天城学校通过和高碑店中小学开展线上集体教研活动，来增强高碑店教师自身的"造血"功能。10月17日，围绕核心素养视域下的单元整体教学设计研究这一主题，航天城学校语文、数学、英语、历史、生物五个学科的八位教师，与高碑店各初中的教师一起教研。高碑店教体局专门召开联合教研推进会，引导老师们将学到的先进理念和教学经验落实到自己的课堂上。在之后的两个月，又开展了五六次活动，每次高碑店都会有四五百名校长教师参加，老师们对"单元整体教学设计"、"大概念教学"、"落实核心素养"、"教材和学情分析"等有了更深入的认识。

联合教研开展两个多月后，高碑店教体局在当地组织开展单元整体教学设计展示活动等，以航天城学校为范本，开始着手打造自己的教研体系，这是非常可喜的进步。

经过将近一个学期的磨合，航天城学校和高碑店的合作渐入佳境，双方都对未来充满了信心。

人大附中分校对涿州中学高三数学组进行对口帮扶，还承担了接收保定三中的教师干部跟岗学习的任务。走进人大附中分校，保定三中的李军老师对"爱与尊重"的理念有了更深的体会，他说：

> 在人分，爱与尊重的理念已融入每个师生的血脉之中，化为他们共同的理想信念，使得上下同心、师生同向。跟岗学习期间，感受最深的就是人分人的温度。有个高一学生，厌学情绪严重，经常请假不来上学。年级组长和班主任约谈家长，当得知该生在播音主持方面很有天赋，年级组长王海虹老师特意找到校广播台，破格录取他为播音员，安排他每天在大课间播音。王老师跟这位学生约定好，如果你请假不来上课，请先安排好当天的播音工作。从那以后，这个学生每天都正常上学。

人大附中朝阳学校的对口助力对象是保定市莲池区，两地深入对接，频繁互动。8月底，朝阳学校举办暑期培训大会，设北京一个主会场和莲池五个分会场，保定市二中分校、保定市二十二中、保定市二十一中、五尧中学、永华南路小学等五所学校的领导和教师全员全程参会。朝阳学校安排小学部和初中部的14名优秀教师担任导师，与莲池区5所学校的42名教师结对帮扶。"双减"政策推出后，多次以此为主题，与五所学校开展协同教研、信息技术专题培训等活动，分享打造高效课堂、开发课后服务资源等经验和做法，推动"双减"工作落地见效。

人大附中西山学校与阜平县政府签订《关于深化合作帮扶提升教育质量的协

议》，阜平县聘请刘彦校长挂职县教育和体育局副局长，全面主持北京名校长工作室的工作。

改变从观念开始。2021 年 9 月，刘彦校长"构建未来的学习共同体"的报告为阜平县教育系统 3000 多名教育管理者和教师打开了一扇新的窗口，新的育人育才观念，新的教育教学理念，如春风拂面，让他们深刻认识了什么才是教育，什么才是面向未来的教育。

西山学校校长助理刘祥志给阜平县的班主任、教师学员以"'心'与'新'的融合，'辛'与'欣'的收获"为题，分享了青年教师如何做好班主任和教学工作的成功经验。

2022 年春季，西山名师工作室以"教师基本功培训"为主题，线上开展了三期名师大讲堂系列送教活动，阜平县 5 所受援学校的 30 名骨干教师及 74 所中小学的 1000 余名骨干教师接受了培训。5 月份，西山学校又为阜平县提供了涵盖初中和高中的 34 节名师的优秀教学设计、导学案和课件等资源，5 所受援学校分学科组织了校本教研，学习研究名师的教学设计思路，共有 200 多名骨干教师参加。这些活动提升了教师教学水平，促进了教育质量的提高。

他们还在阜平县设置了初高中贯通培养创新实验班。刘彦校长带队深入阜平调研，为当地教育出谋划策，积极推进育人机制创新，探索初高中贯通培养模式。充分借鉴人大附中西山学校和石景山学校的有益经验，实施初高中衔接优秀创新人才培养改革试验。

目前，阜平县受援的 5 所学校正在西山学校的引领示范下，努力建设成为县域内理念先进、管理规范、业绩突出的优质中学，并成为带动相邻学校一起发展的领军学校。

北航实验学校吴鹏程校长带领团队到望都固店中学、望都中学等调研考察，在此基础上与望都县教体局制定对口助力方案。望都县组织中学校长和骨干教师 18 人赴北航实验学校进行了为期三天的校本培训。借助北航实验学校优势资源，望都县各中小学尝试组建社团开展航模活动，并招募航模教练 26 名，开展多种形式的师资培训活动。此外，北航实验学校还充分发挥美术教育特色，与固店中学开展美术教研协作，建立符合时代要求和美术教研教学的工作机制。

人大附中深圳学校的对口助力对象是高阳县。王华校长及其团队三次到高阳调研指导，高阳县先后两次遴选 7 名骨干教师到深圳学校跟岗学习 6 周，参加各学科教学教研、集体备课、沙龙研讨等活动。他们走进课堂，观摩备课组的常态课，推门听课，累计听课 583 节，还参与了丰富多彩的学生活动，全方位感受深圳学校在德育、学校文化、课程改革和课堂教学等方面的创新举措。

人大附中二分校、人大附中朝阳分校等对口支教专家组多次通过线上线下方式，为涿州教育把脉问诊。人大附中二分校校长龚月萍、人大附中朝阳分校副校长陈民艳及专家团队多次深入涿州进行调研指导。

在这条再辐射、再放大的路上，他们正以人大附中人的精神和使命感，坚定不移地行动着、探索着，不遗余力地助力保定教育的振兴和发展。

为了培养更多杰出的教育人才，给当地教育注入持久的能源和活力，在保定市委书记党晓龙的建议下，我和党书记研究讨论创意成立河北大学双卓教育学院，这一想法得到河北大学郭健书记的坚决支持。7 月 28 日，"河北大学双卓教育学院（筹）"揭牌。这一举措，开启了地方政府、高等院校、全国学会组织合作支持基础教育创新发展的新模式。

双卓教育学院旨在立足保定，培养当地 22 个县的教师和校长，同时兼顾雄安，服务河北，面向全国，培养一批卓越校长和卓越教师。它既是保定市提升基础教育办学质量的重要抓手，也是河北大学增强服务地方基础教育发展的重要途径。创新人才教育研究会将会发挥自身的智力和资源优势，大力支持双卓教育学院的建设与发展。通过三方携手，共同将双卓教育学院打造成为保定的教育名片，为保定市推进基础教育优质均衡发展、建设教育强市作出新的更大贡献，为我国基础教育优质均衡发展提供可借鉴的路径。

向前有梦，未来可期。

十年、二十年，随着时间的推移，我们将会越来越深刻地体悟到这场实验的重大意义，越来越为自己能推动这场实验而深感荣幸和欣慰。

启示

创新人才教育研究会应地方政府发展教育的迫切需求，在教育主管部门的认可和支持下，探索了社会团体利用自身教育资源自觉承担帮扶义务，开展"面对面"大规模促进县域中小学教育优质均衡发展的新路径。

1. 研究会将全国 17 个省市优质教育资源引入保定，46 位全国著名中学校长、专家分别结对 22 个县（市、区），各名校校长带领学校的骨干教师为所结对的区域提供共享资源、开展线上线下各种培训、帮助改革教育教学实践等，从而实现对保定市基础教育水平整体提升的全覆盖、全帮扶。这一面对面的教育帮扶模式如能推广，将有力助推国家基础教育，尤其是县域中小学校的优质均衡发展。

2. 大规模面对面教育帮扶项目，必须坚持党的领导，发挥当地政府的主导作用。保定市委市政府对该项目给予了相应政策等全方位支持，市委书记亲自推进，带动影响了各县、市、区的一把手，使得该项目能够顺利开展。

3. 大规模面对面教育帮扶项目的实施，需要聚集大量的优质教育资源，必须有教育专家倾力投入，策划组织，才能整合协调数量庞大的优秀校长、优秀教师加入到教育帮扶中去。

4. 振兴县域基础教育，着力点是提升当地校长、教师的整体素质。通过教育专家举办线上线下系列专题讲座，名校校长教师深入当地学校听课评课、诊脉研讨，区域学校教师与结对学校教师集体备课、拜师学艺，到结对学校参观学习、跟岗培训等多种方式，实现当地校长、教师从理念到实践的渐进改变和教育教学水平的切实提升。

5. 振兴县域基础教育，必须充分发挥现代信息技术的力量，跨越地域障碍、远程实时共享。创新人才教育研究会在保定的教育帮扶实验，通过线上线下结合的方式，既加强人员交流、现场指导，又利用信息技术开展双师教学、同课异构、集体备课，实现了优质教育资源共享、城市和县域教育共进。

6. 创新人才教育研究会几十所会员校在此次教育帮扶中作出了重要贡献。我们的教育放大之旅从人大附中出发，在途中吸引了一个又一个同行、一所又一所学校一起前行，通过体制机制改革等一系列措施，让参与其中的学校和教育工作者都踏上了放大之旅，自觉地将优质教育资源的种子播撒向县域高中，为振兴中国基础教育，促进优质均衡发展贡献力量。

2022 年 4 月，我们在保定开展振兴县域教育综合实验近一周年的时候，传来了一个巨大喜讯：中共中央组织部、中央编办、国家发展改革委、教育部、财政部、人力资源社会保障部、农业农村部、国家乡村振兴局八部委联合发文，将组织东部 8 个省份开展教育人才"组团式"帮扶，支持西部 10 个省份 160 个国家乡村振兴重点帮扶县的高中学校和职业学校提升管理和教育教学水平。

听闻这个信息，我既激动又振奋。中央的战略决策真是英明，非常了不起！这是一项从根本上阻断贫困代际传递，为乡村振兴解现实之困、谋长远之策的伟大工程，是推动教育均衡、促进教育公平、实现教育高质量发展的重大举措，是中国教育史上空前的壮举和创举。

在激动又振奋的同时，我还欣慰和自豪，因为我们在河北保定开展的振兴县域教育综合实验，与国家的政策、与人民的期盼、与时代的脉搏，同心相应，同频共振。

6月初，中央组织部、教育部为了发挥专家对重点帮扶县教育人才"组团式"帮扶工作的研究、咨询、指导、服务作用，决定成立国家振兴乡村重点帮扶县教育人才"组团式"帮扶工作专家顾问委员会，专家委员会由65人组成，我受聘担任主任委员。

作为一名从教50多年，在教育帮扶之路上探索奋斗了20多年的教育工作者，我仿佛又听到了出征的号令，禁不住心潮澎湃，激情满怀。庆幸我能在有生之年为这项功在当代、利在千秋的事业贡献力量，我深感责任重大，使命光荣。

老骥伏枥，志在千里；千里之行，始于足下。我和我的战友们整装再出发，在教育帮扶的新征程上踔厉前行，行稳致远。

投身中央八部委国家振兴乡村重点帮扶县教育人才"组团式"帮扶工作，是我教育生命的"再放大"之旅。我将不忘初心，不负重托，不辱使命，在中组部、教育部的领导下，与专家顾问委员会的同志们共同努力，以高度的政治责任感、满腔的热情和扎实有效的工作，在这次"再放大"之旅中成就我们更大的光荣和梦想。

教育帮扶，任重路远。我们在保定开展的振兴县域教育实验还在进行中，我们参与的教育人才"组团式"帮扶已经起步，我们将以坚固心和长久远，一步一个脚印，为实现心中美好的愿望——让每个孩子都能在家门口上好学校，让边远乡村的孩子也能受到最好的教育——不畏艰难，继续奋斗！

这些年，我总是在与时间赛跑，从来不敢停下脚步，就是想为基础教育多做一些事。一位了解我的上海校长说：

> 其实，刘校长的动机和目的再纯洁不过了，那就是培养出更多的优秀校长和教师，为推动中国基础教育均衡优质发展助力。任何人、任何事，都无法改变她坚定地走在这条道路上的决心。

我说过："人的生命有大小之分。小生命蕴含在自己的身体内；大生命则体现在人群和社会中。一所学校的生命也有大小之分。小生命蕴含在自己的校园内，大生命则体现在整个教育事业中。"

从克服困难到河南新密办学，到义无反顾驻守北京远郊延庆山区支教；从非典时期面向全市师生开放"空中课堂"，到牵头创建覆盖全国的"基础教育资源共建共享联盟"；从借助远程教育技术手段探索提升乡村教育水平的"双师教学"，到承担教育部"国培"项目为国家培训优秀教师、优秀校长；从帮助周边一所薄弱校改变面貌，到作为优质教育资源基地"孵化"出一大批优质校、示范校；从点对点、点对面帮扶，到组织来自全国 17 个省（市、自治区）、由 4 名全国知名教育专家组成的首席专家团队、46 名全国著名中学校长、专家组成的校长导师团队，带领上千名优秀教师组成的教师导师团队，面对面到保定开展振兴县域教育综合实验和参与国家振兴乡村重点帮扶县教育人才"组团式"帮扶工作。

教育帮扶 20 余载，从小我走向大我，我和人大附中团队以及创新人才教育研究会同仁躬身实践，不断探索，为优质中学促进教育均衡探索出了一条行之有效的道路。在我们持久而有效的帮扶下，更多的孩子享受到了优质教育，更多的教师成为了优秀教师，更多的校长成长为优秀校长，更多的学校成为人民满意的学校。

为了让更多的孩子享受到优质教育，我和我的团队仍在辛苦而幸福地奔跑着。

后　记

写完《放大之旅》，心里一片温暖。

人大附中人都是勤快做实事的人，都是热情送温暖的人。教育帮扶的故事，就是温暖的故事。美好的教育，一定是温暖的教育。人人都能送出小温暖，世界就有大温暖。

温暖之后，是意犹未尽。无论是我自己，还是我在书中讲述的同事，都是在一线埋头务实的人，我们缺乏文学才情，没有生花妙笔，难以将教育帮扶中的嘉言懿行和清操亮节，完整细致、生动鲜活地再现出来。人大附中教育帮扶的实践，远比这本书讲述的要精彩得多。

人大附中和创新人才教育研究会的教育帮扶仍在路上，我期待并相信，将来一定会有比这本《放大之旅》写得好的书问世。

在本书成稿和出版过程中，徐华莹、崔潞、张莉莉、陈华、王帆、王军、杜祥、徐铮、史艳辉、王锋、杨浔、裴振宇作了大量的采访、资料整理、文字工作，吴芯雯、王珉珠作了审校工作。人民出版社总编辑辛广伟、编辑张伟珍对本书的出版给予了大力的指导和帮助。在此，我向他们表示由衷的感谢！

刘彭芝

2023 年 1 月

责任编辑：张伟珍

版式设计：汪　莹

图书在版编目（CIP）数据

放大之旅：教育帮扶二十年 / 刘彭芝 著 . —北京：人民出版社，2023.5

ISBN 978 – 7 – 01 – 024752 – 6

I.①放…　II.①刘…　III.①中学 – 校长 – 学校管理 – 文集

　IV.① G637.1-53

中国版本图书馆 CIP 数据核字（2022）第 074343 号

放大之旅

FANGDA ZHILÜ

——教育帮扶二十年

刘彭芝　著

人民出版社 出版发行

（100706　北京市东城区隆福寺街 99 号）

北京汇林印务有限公司印刷　新华书店经销

2023 年 5 月第 1 版　2023 年 5 月北京第 1 次印刷

开本：710 毫米 × 1000 毫米 1/16　印张：19

字数：328 千字

ISBN 978 – 7 – 01 – 024752 – 6　定价：78.00 元

邮购地址 100706　北京市东城区隆福寺街 99 号

人民东方图书销售中心　电话（010）65250042　65289539